선원제전집도서과평
禪源諸詮集都序科評

동국대학교 불교기록문화유산아카이브사업단(ABC)
본서는 문화체육관광부 지원으로 동국대학교 불교학술원에서 간행하였습니다.

한글본 한국불교전서 조선 40
선원제전집도서과평

2018년 2월 10일 초판 1쇄 인쇄
2018년 2월 20일 초판 1쇄 발행

지은이 설암 추붕
옮긴이 이정희
펴낸이 한태식
펴낸곳 동국대학교출판부

주소 04620 서울시 중구 필동로 1길 30
전화 02-2260-3483~4
팩스 02-2268-7851
Homepage http://dgpress.dongguk.edu
E-mail book@dongguk.edu
출판등록 제2-163(1973. 6. 28)
편집디자인 동국대학교출판부
인쇄처 보명C&I

© 2018, 동국대학교(불교학술원)

ISBN 978-89-7801-617-9 93220

값 20,000원

이 책의 무단 전재나 복제 행위는 저작권법 제98조에 따라 처벌받게 됩니다.

한글본 한국불교전서 조선 40

선원제전집도서과평
禪源諸詮集都序科評

설암 추붕雪巖秋鵬
이정희 옮김

동국대학교출판부

선원제전집도서과평 禪源諸詮集都序科評 해제

이 정 희
전 동국대학교 불교문화연구원 교수

1. 개요

　설암 추붕雪巖秋鵬(1651~1706)의 『선원제전집도서과평』(이하 『도서과평』)은 규봉 종밀圭峯宗密(780~841)의 『선원제전집도서』(이하 『도서』)에 과목을 붙이고 필요한 몇 곳에 논평을 추가하여 회편 간행한 문헌이다. 우선 『도서』는 여러 선가에서 선문禪門의 근원도리를 밝힌 언구나 게송을 모아 하나의 전적으로 엮은 『선원제전집禪源諸詮集』에 대한 전체 서문에 해당된다. 본래 『선원제전집』은 모두 100권으로 이루어진 방대한 전집이지만 회창법난(845)과 당말 오대의 난을 겪으면서 그 전부를 잃어버리고 유일하게 남은 것이 바로 서문인 『선원제전집도서禪源諸詮集都序』이다. 종밀은 선종(하택종)과 화엄을 동시에 수학하여 당말 이후 송대 불교의 기초를 다진 고승으로 손꼽힌다. 당시 선가禪家와 교가敎家는 서로 자신들의 입장만을 고수하여 상대방을 비방하고 훼손하는 일이 끊이지 않았다. 이를 개탄한 종밀은 『선원제전집』을 지어 선과 교가 다르지 않음을 밝히고 선교 일치를 주창했다. 『도서』에는 이러한 종밀의 사상이 잘 드러나 있다고 하겠다.

이 책은 일찍이 고려에 전해져, 지눌(1158~1210)의 『법집별행록절요병입사기法集別行錄節要并入私記』(이하 『절요』)와 함께 승가교육에 사용된 것으로 보인다. 그 후 이 책은 오랜 세월 한국 선학 교육의 귀감으로 자리매김해 온 매우 비중 있는 저술이다. 조선 시대에도 일찍이 청허 휴정(1520~1604)과 그의 스승 벽송 지엄(1464~1534)이 초학자들의 교육에 『도서』와 『절요』를 도입한 흔적을 찾아볼 수 있다.

『도서』에 제일 먼저 과목을 붙인 학자는 상봉 정원(1621~1709)이다. 상봉 정원은 이미 『도서』 가운데 전후 맥락이 잘못 이어진 것을 바르게 고치고, 오자와 탈자를 철저하게 바로잡았다. 그리고 여기에 과목을 붙여 『선원제전집도서분과禪源諸詮集都序分科』라는 제목으로 이를 출간했다. 이후 추붕은 이러한 정원의 업적을 기초로 과목을 다시 만들고 자신의 견해를 보태어 보다 진전된 과문을 작성하였다. 이후 정혜와 유일은 규봉 종밀의 선교일치 사상을 독자적으로 해석한 『도서과기都序科記』와 『도서과목병입사기都序科目并入私記』를 썼다. 이들 두 책은 『도서』의 깊은 뜻을 간략하고 분명하게 밝힌 의미 있는 저술로 인정받았다. 연담 유일은 정원, 추붕, 정혜 등 세 사람의 『도서』 과문 가운데 정혜의 『도서과기』는 추붕의 『도서과평』보다 낫고, 추붕의 『도서과평』은 정원의 『도서분과』보다 더 낫다고 평가했다. 그러나 이러한 정혜와 유일의 업적은 앞선 두 저술을 기반으로 하고 있다는 점에서, 『도서분과』와 『도서과평』을 과소평가할 수는 없을 것이다. 추붕의 『도서과평』 가운데 논평하는 부분은 10여 군데에 불과하지만 그것은 단순히 언구에 대한 주석이 아니라 내용의 핵심을 꿰뚫는 깊이 있는 해석이라는 점에서 그 의미가 크다고 하겠다.

17세기 후반 추붕과 동시대에 활동한 월담 설재가 승가교육과정을 정비하면서 『도서』와 『절요』를 사집四集 과정에 편입시킨다. 추붕의 『도서과평』도 이러한 일련의 상황들과 무관하지 않은 것으로 보인다. 조선 시대 불교가 오랫동안 침체를 벗어나지 못했지만 17세기 후반부터 18세기 후

반까지 100년간은 불교학 연구가 가장 활기를 띠던 시기라고 할 수 있다. 임자도에서 새로운 불서가 발견된 이래, 백암 성총의 활약으로 많은 불서들이 간행 유통되었으며 고증학의 영향으로 불서를 보다 체계적이고 분석적으로 해석하려는 노력이 이어졌다. 이는 후일 사기私記가 출현하는 계기가 되었고 선禪 논쟁의 먼 요인으로도 작용하게 되었다. 추붕의 『도서과평』도 이러한 연장선상에서 찬술된 것으로 파악된다.

2. 저자

설암 추붕은 강동 사람으로 속성은 김金 씨이다. 법흥사의 종안에게 출가하여 체발하고 벽계 구이 선사에게 경론을 배웠다. 그는, 외모는 가냘프고 허약하였지만 눈빛만은 맑고 빛났던 것으로 전해진다. 계행이 청정하였으며, 사람들을 대할 때는 누구에게나 평등하여 귀천을 두지 않았다고 한다. 당대 화엄대가로 명성이 높던 월저 도안(1638~1715)을 찾아가니, 도안이 단번에 인정하고 의발을 전수하였다고 행장은 밝히고 있다. 도안은 청허 휴정의 고족인 편양 언기(1581~1644)의 법을 받은 풍담 의심(1592~1665)의 제자로 청허 아래 제3세에 해당된다.

설암 추붕은 10여 년간 월저의 문하에 머무르며 수학한 후 남방으로 내려와 불법을 홍포하였다. 그는 깊은 교학의 이해와 높은 계행 그리고 뛰어난 언변으로 당대의 불자들을 감동시켰다고 한다. 백암 성총(1631~1700)과 동시대에 활약한 추붕은 임자도에서 불경을 수습한 이래(1681) 새롭게 전개되는 불교학 연구의 학풍을 성총과 함께 이끌어 간 인물로 보인다. 성총은 추붕보다 20년을 앞선 당대의 대종장이지만, 추붕은 서한에서 『기신론필삭기起信論筆削記』를 보여 달라고 서슴없이 자신의 뜻을 전하기도 하였다. 이로써 본다면, 추붕은 그의 빛나는 안광처럼 성격 또한 과감하고 거침이 없었던 인물이었던 것 같다.

추붕이 성총에게 『기신론필삭기』를 보고자 청탁한 것은 그 문헌이 임자도에서 발견된 후 아직 출판되지 않은 시기로 추정되며, 그전에는 이 책의 존재가 알려지지 않았던 것으로 보인다. 추붕은 원본이 낡아 판독하기 어렵다는 소문을 듣고 그것을 베끼고자 한 것으로 볼 때, 후일 출간을 염두에 둔 것이 아닌가 생각된다. 당시 원본의 상태가 좋지 않아 성총도 간행을 주저했던 『기신론필삭기』를 손수 필사코자 한 것을 보면, 추붕의 학문적 열정과 자신감 그리고 교학적 식견을 짐작할 수 있다. 성총은 그 후 그것을 정서하여 간행했지만 추붕의 도움을 받았는지는 확인되지 않는다. 그러나 『기신론필삭기회편』 서문에 노년이 되어 시력이 떨어지고 정신도 총명하지 못하다고 한 성총의 기록으로 볼 때, 추붕이 이 책의 간행에 참여했을 가능성을 전적으로 배제할 수만은 없을 것으로 보인다.

청허 휴정(1520~1604)을 전후하여 활기를 띠기 시작한 강원의 승가교육은 100여 년 후인 월담 설제(1632~1704)의 때에 이르러 오늘날의 강원교육 형태로 정비된다. 백암 성총이나 추붕도 같은 시대에 활동한 불교학자들이다. 실제로 교육과정을 정비한 것도 성총이 임자도에서 수습한 불서 간행에 힘입어 이루어진 것으로 보인다. 현재의 강원교재 중 『기신론필삭기』나 청량의 『화엄경수소연의초』도 모두 이 당시에 간행된 것이다. 이로부터 100여 년간은 교육과정이 정비되고 많은 도서가 간행되었으며 사기私記가 출현하는 등, 조선 시대 중 불교학에 대한 관심이 가장 컸던 시기라고 할 수 있다. 이것은 모두 당시에 활약한 이들 고승들의 노력에 힘입은 바 크다고 하겠다.

1700년대 말 연담 유일, 인악 의첨, 백파 긍선 등은 승가교육과정의 강의 내용을 기록한 사기를 집대성한 대표적인 불교학자들이다. 이들이 집성한 사기는 강원에서 교과목 강의의 전범으로 사용되어 왔다. 이러한 사기를 처음 기록으로 남긴 시기가 바로 이때이다. 백암 성총은 『치문사기』

를 지어 판본으로 전하였고, 모은 진언은 『화엄경과도』를 만들었으며, 상봉 정원은 『도서』와 『절요』의 분과를, 설암 추붕은 『도서』와 『절요』의 과평을 찬술했다. 과목으로 나누는 것은 원본을 체계적이고 분석적으로 해석하기 위한 것으로 문헌에 대한 구조적 이해방법이다. 이런 점에서 설암 추붕은 백암 성총, 상봉 정원 등과 같이 선과 교에 능한 대종장들과 함께 승가교육과 불교학연구에 새로운 길을 연 선구적 학자라 할 수 있다.

『도서』와 『절요』는 일찍부터 강원에서 널리 읽혀 왔고, 과목이 붙여져 출판되기에 이른 것이다. 1700년대 말부터 강원교재를 중심으로 많은 사기들이 유행하였지만 실제로 출간된 책은 회암 정혜와 연담 유일의 『도서』와 『절요』 사기뿐이다. 그만큼 조선 시대에는 『도서』와 『절요』가 중요한 문헌으로 평가받았다는 것을 알 수 있다. 추붕의 『도서과평』은 이들 두 저술이 나오는 데 적지 않은 영향을 끼쳤을 것으로 보인다. 이런 점에서 추붕의 『도서과평』과 『절요과평』은 당시의 불교학 연구 경향을 잘 반영한 저술이라고 할 수 있다.

추붕이 1704년 56세의 세수로 입적하기 이전에 이 『도서과평』과 함께 많은 시와 글들을 남겼다. 이러한 시문을 모은 것이 세 권의 『설암잡저』와 두 권의 『설암난고』이다. 두 책은 모두 제목처럼 편집이 잘 정비되지 않은 채 출간되어 시와 문이 혼재되어 있는 것을 볼 수 있다. 그러나 그 내용은 정치하고 충실하다. 주로 시가 많은 분량을 차지하고 있으며, 소, 기, 권선 등의 글도 다수 실려 있다. 추붕은 시에서 산중의 일상과 자연 등을 격조 높은 언어를 사용하여 서정적으로 잘 그려 내었고, 기타의 다른 기문 등에서도 호소력 있는 글솜씨로 자신의 의도를 명료하게 드러내었다.

그는 스승인 월저 도안에 앞서 56세라는 비교적 이른 나이에 입적하였지만, 학문에 대한 열정과 후진을 생각하는 마음은 학자들의 사표가 되기에 부족함이 없었다. 특히 그가 찬술한 『절요』와 『도서』의 과평은 강원교육의 새로운 길을 연 가장 의미 있는 업적이라 하겠다.

3. 서지 사항

『선원제전집도서과평』은 영조 16년(1740) 평안도 영변 보현사에서 간행한 목판본으로 동국대학교 중앙도서관에 소장되어 있다. 상하 두 권으로 구성되어 있으며 간행하기 3년 전인 영조 13년(1737)에 쓴 청월 국선의 발문이 실려 있다. 청월 혜원淸月惠遠은 청허 아래 제7세로 설암 추붕의 제자인 벽허 원조의 손제자에 해당된다. 청월 국선은 추붕의 『도서과평』에 대한 발문을 쓴 같은 해에 역시 추붕이 쓴 『법집별행록절요사기과평』의 발문도 썼다. 『법집별행록사기과평』은 그동안 잃어버린 것으로 알고 있었으나 서지가 박상국이 찾아서 공개한 것이다. 그러나 이들 책 이외의 다른 목판본은 아직 발견되지 않고 있다.

4. 내용과 성격

1) 종밀의 『선원제전집도서』

『선원제전집도서』는 종밀의 선교일치 사상을 가장 체계적이고 간명하게 정리한 글이다. 앞에서 언급한 것처럼 『선원제전집』은 규봉 종밀(780~841)이 선문의 근원 도리를 바르게 전하기 위해 여러 선가의 게송과 언구를 모아 기록한 문헌으로 100권에 이르는 방대한 저술이었다. 그러나 여러 차례의 법난으로 원문은 모두 일실되고 현재 남아 있는 것이 그 전체 서문인 『선원제전집도서』이다.

이 책은 이미 고려 지눌(1158~1210) 이전에 『법집별행록』과 함께 우리나라에 전해진 것으로 보인다. 『법집별행록』은 지눌에 의해 절요節要의 과정을 거치고 사기私記가 덧붙여진 이후, 『도서』와 더불어 승가교육에 사용되면서 매우 비중 있는 문헌으로 평가 받아 왔다. 조선 시대에도 그 중요성이 인정되어 이들 문헌은 강원의 교재로 채택되었으며, 오늘에까지 그 전통을 이어오고 있다.

교재를 세분하여 과문으로 나누고, 분과한 문장 앞에 일일이 과제를 붙여 회편 간행한 것은 『도서』와 『절요』가 처음이다. 더구나 이 두 책은 상봉 정원, 설암 추붕을 비롯하여 회암 정혜, 연담 유일 등 선교에 능한 네 사람의 대가가 각각 다르게 분과하고 주석한 것이다. 과목을 작성하는 것은 교재를 체계적으로 이해하기 위한 것으로, 전체 또는 부분적으로 철저한 분석과 정밀한 해석이 요구된다. 이런 점에서 분과는 문헌 이해의 기초가 된다. 이 책에 대한 여러 차례의 새로운 분과와 해석 및 출판은 이 책이 조선 시대에 얼마나 큰 관심과 주목의 대상이었는가를 말해 주고 있다. 이는 선교통합이라는 조선 시대 불교사적 과제와 무관하지 않다는 것을 시사하고 있는 것이다.

『도서』는 선禪과 교敎를 3교敎 3종宗으로 분류 대비하여 차이점과 공통점을 드러내고 두 가르침이 궁극적으로 다르지 않다는 것을 밝힌다. 이 책은 모두 상하 두 권으로 구성되어 있다. 상권에서는 먼저 선과 교의 관계를 파악하기 위한 열 가지 기준을 보여 준다. 다음 그 기준에 따라 선의 3종과 교의 3종을 비교대조하여 경전이라는 척도로 그 심천을 판단한다. 먼저 선과 교의 관련성을 판단하는 열 가지 기준은 다음과 같다.

① 스승에게는 본말이 있다.
② 선에는 여러 종파가 있다.
③ 경은 목수의 줄자와 같다.
④ 경에는 방편과 실제가 있다.
⑤ 세 가지 인식기준이 있다.
⑥ 여러 가지 의심이 있다.

⑦ 법과 의미는 같지 않다.
⑧ 마음은 성상에 통한다.
⑨ 오와 수, 돈과 점이 있다.
⑩ 스승은 방편을 준다.

이상의 기준에 따라 선의 3종과 교의 3종을 대비하고 하나하나 증거에 의거하여 그것을 회통한다. 여기서 선의 3종이란, ① 식망수심종息妄修心宗(망을 쉬고 마음을 닦는 종, 즉 상종相宗), ② 민절무기종泯絶無寄宗(완전히 소멸하여 붙일 곳이 없는 종, 즉 공종空宗), ③ 직현심성종直顯心性宗(심성을 곧바로 드러내는 종, 즉 성종性宗)의 3종이고, 교의 3종은 ① 밀의의성설상교密意依性說相敎(밀의로 본성에 의거하여 상을 설하는 교, 즉 상교相敎), ② 밀의파상현성교密意破相顯性敎(밀의로 상을 깨뜨리고 본성을 드러내는 교, 즉 공교空敎), ③ 현시진심즉성교顯示眞心卽性敎(진심이 곧 본성임을 드러내어 보여 주는 교, 즉 성교性敎)의 3종이다. 명칭에서 보는 것처럼 선禪은 종지에 따라 상종相宗, 공종空宗, 성종性宗으로 구분되고, 마찬가지로 교敎도 교의에 따라 상교相敎, 공교空敎, 성교性敎로 각각 나뉜다.

이와 같이 선과 교는 3종과 3교로 구분되지만 그 의미는 상종과 상교가 다르지 않고, 공종과 공교가 다르지 않으며, 성종과 성교가 다르지 않다는 것이다. 실제로 상相을 깨뜨려 성性을 드러내고, 성性에 의거하여 상相을 설하며, 진심이 곧 성性임을 드러낸다는 것이 종밀의 설명이다. 이것은 결국 3교가 성性을 드러낸다는 점에서는 모두 다르지 않다. 이와 같이 상권에서는 선교의 본원과 지류를 추궁하여 선교 각 종파의 차이점을 밝히고, 궁극적으로 3교 3종이 일치한다는 것을 보여 준다.

하권에서는 심성의 같고 다름, 돈점의 막히고 어긋남, 배열한 제가의 언교, 본말의 차례 등 제반 문제들을 분석하고 정리한다. 상권에서 말한 3교는 여래가 일생 동안 설한 경과 보살이 지은 모든 논을 다 포괄하고 있다는 것이다. 종밀의 해석에 따르면, 3교는 그 의미는 서로 다르게 보이지만 법으로 볼 때 어떤 차별도 없다. 세 가지 의미 중, 공空과 유有, 성性과 상相을 상대하여 설명하는 것은 비교적 이해하기 쉽지만, 공종과 성종의 종지는 유사하여 구별이 어렵기 때문에 하권에서는 먼저 이들 두 종파의 다른 점을 비교한다고 말한다.

다른 점에도 열 가지 기준이 적용되는데, 이는 다음과 같다. ① 법法과 의義, 진과 속의 뜻이 다름, ② 심心과 성性이라는 두 명칭이 다름, ③ 성性이라는 글자의 두 본질이 다름, ④ 참된 지혜와 참된 앎이 다름, ⑤ 아법유무가 다름, ⑥ 차전·표전이 다름, ⑦ 명칭과 본질을 인정하는 것이 다름, ⑧ 이제와 삼제가 다름, ⑨ 삼성의 공유가 다름, ⑩ 불덕의 공유가 다름 등의 열 가지이다. 그러나 공종과 성종이 그 의미에 있어서는 이와 같이 다르지만 법으로는 모두 일미一味로 다르지 않다는 것이 규봉의 해석이다.

다음은 돈점頓漸에 대한 설명이다. 『도서』에서는 이치로 설하는 것이 돈頓이고 근기를 따라 설하는 것이 점漸이라고 말한다. 또 점이란 중中·하下의 근기를 위한 교설이고, 돈이란 상근기上根機를 위한 교설이라는 것이다. 금생으로만 보면 돈이라 할 수 있지만 숙세에까지 넓혀 본다면, 모두가 점이지 돈이 아니라고 해석한다. 왜냐하면 지난 생의 오랜 수행 결과로 지금의 돈오가 있기 때문이다. 이러한 논의들은 결국 돈오점수가 법체가 아니고 근기와 관련된다는 것을 강조하는 것이다. 그러므로 여러 가지 돈점설이 있지만 먼저 돈오한 이후에 점수하는 것이 가장 핵심이라고 『도서』는 밝힌다. 태양이 단번에 뜨지만 이슬은 점차로 사라지고, 어린아이가 단번에 태어나지만 자라서 차차 성인이 되는 것처럼 돈점도 이와 같다는 설명이다. 따라서 돈오와 점수는 근기에 따른 것으로, 그 근원은 세존의 일진심체一眞心體로부터 유출되었으며, 일대사인연을 위한 것이기 때문에, 권실일반權實一般이나 시종이법始終二法이 아니고 동일한 불설에 의거한 일미교설一味敎說이라고 설명한다.

마지막으로 마명 보살의 『대승기신론』의 설에 따라, 규봉은 일심一心의 진여眞如와 생멸生滅 이문二門을 열어, 미오迷悟와 본말시종本末始終을 보여준다. 일심은 미묘하여 진실하고 여여하지만 미혹함과 깨달음의 연을 따른다는 것이다. 업을 지어 괴로움을 받으면 중생이 되고 수도하여 진여를 증득하면 불지견을 얻는다는 것이 일심설의 주요 내용이다. 규봉은 『대승기신론』의 이러한 일심진여가 무명으로 인해 전개되는 차별현상인 삼세육추三細六麤의 설을 미迷의 십중十重과 오悟의 십중十重으로 재편하고 미의 십중을 돌이켜 오의 십중에 이르는 수행의 점차와 그 경계를 도표로 밝힌다. 이는 중생이 수행을 통해 성불에 이르는 수도의 길이기도 하다. 결국 규봉은 3교 3종을 일미로 통합하고, 일심 이문을 전개하여 미혹한 중생이 어떻게 깨달음에 이르는가를 제시해 준다. 이와 같이 『도서』는 편견과 아집을 일심으로 화회하고 불법이 오래 머물기를 바라는 규봉의 염원이 담겨 있는 문헌이다.

2) 추붕의 『선원제전집도서과평』

한편 추붕이 이러한 규봉의 저술을 ① 총서대강(전체 개요를 서술함), ② 별석의상(별도로 의미를 해석함), ③ 총결회향(결론으로 회향함)이라는 세 부분으로 나눈다. 전체 문장을 세 부분으로 분과하는 것은 정원과 유사하지만 분류기준이나 그 방법은 현저히 다르다.

먼저 추붕은 『도서』의 본문을 크게 이사본말理事本末과 해행시종解行始終의 두 부분으로 나눈다. 이사본말은 선의 3종과 교의 3종을 비교 대조하여 유사성과 상이성을 설명하고, 궁극적으로 선과 교가 다르지 않다는 것을 서술하는 부분이다. 해행시종은 돈오점수가 근기를 따른다는 부분부터 미의 십중을 전환하여 오의 십중에 이른다는 『대승기신론』의 설까지이다. 이로써 본다면, 추붕이『도서』의 전체 내용을 선교일치와 실천행으로 파악한다는 것을 알 수 있다. 정원도 본문을 명칭에 대한 해석, 본문의 서술, 총결회향으로 나누지만, 해당 범위와 과목 명칭이 추붕의 분과와 전적으로 같지는 않다. 정원은 선과 교의 돈오점수에 대한 갈등과 반목, 그리고 그것을 구제하는 내용을 본문에 포함시키지만, 추붕은 그것을 총서總序에 배정한다. 또 정원은 이사본말과 해행시종을 추붕과 달리『도서』를 찬술한 의도에 포함시킨다.

정원이『도서』를 3종과 3교가 서로 반목하고 비난하는 폐단을 구하려는 화회의 글이라고 파악하는 반면, 추붕은 3교와 3종의 화회는 실천으로 귀결된다는 것을 강조하는 문헌으로 이해한다.『도서』에 대한 추붕의 해석은 매우 폭넓고 실천 중심적 관점에 기초하고 있다는 것을 알 수 있다. 그러므로『도서』해석에 있어서 앞 사람의 글보다 뒷 사람의 글이 더 낫다는 연담 유일의 평가는 충분한 이유가 있다고 하겠다.

추붕의『도서과평』은『도서』의 내용 전체에 대한 논평이 아니라,『도서』를 과목으로 나누고 그 중요 과목에 해설을 붙인 것이다. 그것은 모두 12곳으로, 평왈評曰이라는 해설 3곳, 과목에 대한 설명 8곳, 결왈訣曰이라는 주석 1곳이다. 상권과 하권 중에서 상권에는 평왈 1곳과 과목 해설 4곳이 있고, 하권에는 평왈 2곳, 과목 해설 4곳, 결왈 1곳이 있다. 평왈 중 상권의 1곳은 공유 논쟁에 대한 해석이고, 하권의 2곳은 돈점설에 대한 논평이며, 나머지는 모두 과목에 대해 설명하는 글이지만 형식에 있어서 큰 차이는 없다.

『도서』는 상권에서 청변과 호법의 공유空有 논쟁을 진공과 묘유라는 화회의 관점에서 해석한다. 추붕은 교학의 접근방법에 두 가지가 있다고 본다. 하나는 상반相反의 논리이고, 하나는 순응의 논리이다. 진공과 묘유를 상반의 측면에서 해석하면, 진공은 묘유를 완전히 배제하고 반대로 묘유는 진공을 철저히 배척한다는 설명이다. 물과 파도의 관계로 예를 들면,

전자는 파도 전체를 물이라 하는 것이고 후자는 물 전체를 파도라고 하는 것과 같다는 것이다. 반대로 순응하는 측면에서 보면, 진공과 묘유가 둘이 아니다. 물이 곧 파도이고 파도가 곧 물과 같다는 설명이다. 이런 각도에서 청변과 호법은 공과 유를 극도로 상반되는 관점으로 보는 것이고, 세친과 용수는 극도로 순응하는 관점으로 본다는 것이 추붕의 평가이다.

이어 돈점에 대한 추붕의 견해를 살펴본다. 추붕이 『도서』에서 가장 큰 관심의 대상으로 보는 것은 돈오와 점수이다. 『도서』에 의하면 교에는 돈교와 점교가 있고 선에도 돈문과 점문이 있다는 것이다. 돈과 점은 서로 보완하는 관계이지만 선하는 사람은 돈만을 강조하고 교하는 사람은 점만을 주장하기 때문에 돈점의 논쟁이 있어 왔다는 것이 규봉의 지적이다. 규봉은 『도서』에서 이러한 쟁론을 화회하여 돈점의 오해를 불식시킨다.

돈오와 점수 중, 점수는 중中·하근下根을 위한 교설로서 축기점逐機漸과 화의점化儀漸이 있고, 돈에도 축기돈逐機頓과 화의돈化儀頓이 있다는 것이다. 축기란 중생의 근기에 따르는 것을 말하고, 화의란 중생교화의 형식 또는 방법을 가리킨다. 돈교 중 축기돈이란 상근기를 가진 지혜로운 자가 참된 법을 보여 주면 듣고 바로 깨달아 부처와 동일해지는 것을 지칭하고, 화의돈이란 숙세의 연이 익은 상근기를 위해 일시에 궁극적 진리를 다 설하는 것을 말한다. 그러나 비록 단번에 깨닫는다고 하여도 모든 공덕이 한꺼번에 성취되는 것은 아니다. 깨달은 후에도 아직 남아 있는 범부의 습기를 점차 제거하여야 성인의 덕이 서서히 드러나게 된다는 것이 『도서』의 설명이다.

이에 대해 추붕은 만일 상근의 지혜로운 자라면 돈오로 불과에 이르렀으니 수행문에 의지할 필요가 없을 것이고, 수행에 의지한다면 상근기가 아니니 어떻게 돈오 후에 범부의 습기를 제거할 수 있는가라는 문제점을 지적한다. 그는 동시에 이러한 모순을 다음과 같이 해결한다. 앞에서 점수를 말한 것은 수행문에 따른 것으로, 공종인과 상종인이 돈오를 주장하는 성종인을 비난하는 것을 깨뜨리기 위한 것이고, 지금 여기서 돈오와 점수를 말하는 것은 돈오와 점수가 서로 돕는 의미를 나타내기 위해 공상空相 2교의 수행문을 들었다는 것이다. 따라서 두 견해가 서로 상충되는 것 같지만 수행의 방편이라는 점에서 모순되지 않는다는 것이 추붕의 해석이다. 또 돈오와 점수를 3종과 3교의 관점에서 본다면 참된 일심의 본체이고, 불타의 뜻으로 본다면 일대사인연일 뿐이라는 것이다. 이것은 규봉이 선교를 통합하는 핵심적인 주제이다. 그러므로 추붕의 교학 이해가 『도서』의 근원에 맞닿아 있는 것을 볼 수 있다.

이와 같이 추붕이 깊은 교학적 식견과 밝은 선적 안목을 지닌 종장이라는 것을 누구도 부인하지는 못할 것이다. 『도서과평』이 비록 짧은 글이지만 핵심을 꿰뚫는 예리한 해석은 『도서』 이해의 지남으로 평가받기에 부족함이 없다고 하겠다.

차례

선원제전집도서과평禪源諸詮集都序科評 해제 / 5
일러두기 / 38

선원제전집도서과평 상권 禪源諸詮集都序科評 卷上

제1편 배휴의 서문
제1. 사람을 들어 법을 찬탄함 ······ 41
 1. 총체적으로 표함 ······ 42
 2. 별도로 해석함 ······ 42
  1) 좁은 견해로 각기 집착하여 서로 다툼 ······ 42
   (1) 먼저 약이 되는 가르침을 밝히고 그에 의거하여 세움 ······ 42
    ① 두 가지로 표함 ······ 42
    ② 두 가지로 해석함 ······ 43
    ③ 두 가지로 결론지음 ······ 45
   (2) 앞에서 말한 것을 따라 상호 비난함을 바로 밝힘 ······ 46
   (3) 부처나 조사도 도움 되는 것이 없음을 결론으로 드러냄 ······ 47
  2) 대사가 탄식하고 화회함 ······ 47
   (1) 때를 당하여 침묵하기 어려움을 탄식함 ······ 47
   (2) 교설에 의거하여 하나임을 드러냄 ······ 48
    ① 하나의 법임을 듦 ······ 48
    ② 네 가지 비유를 끌어옴 ······ 48
     가. 처음 두 가지 비유는 교教와 종宗의 법이 일미一味임을 바로 비유함 ······ 49
     나. 뒤의 두 가지 비유는 선禪 하는 사람과 강설하는 사람이 수순하여 화회함을 겸하여 비유함 ······ 49
   (3) 근기에 따라 이익을 성취함 ······ 50
    ① 깊은 공을 서술한 것을 찬탄함 ······ 50

② 어린아이를 기르는 것과 같음을 찬탄함 …… 52
　　　③ 자비와 지혜가 부처와 같음을 찬탄함 …… 53
　3. 총체적 결론 …… 54
제2. 질문에 의거하여 의심을 품 …… 55
　1. 세 가지 질문을 세움 …… 55
　2. 세 가지 질문에 답함 …… 55
　3. 통탄스러움을 결론으로 책망함 …… 57
제3. 총체적으로 탄식하며 권하는 결론 …… 57

제2편 선원제전집도서
제1. 제목 …… 59
　1. 두 제목을 표하여 세움 …… 59
　2. 작자의 명칭 …… 59
제2. 본문 …… 60
　1. 큰 강령을 총체적으로 서술함 …… 60
　　1) 선의 근원을 바로 밝힘 …… 60
　　　(1) 제목을 해석하고 명칭을 분간함 …… 60
　　　　① 총 제목을 표하여 서술함 …… 60
　　　　② 두 제목을 나열하여 해석함 …… 61
　　　　③ 난문을 해결하고 결론으로 분간함 …… 62
　　　(2) 명칭에 의거하여 의미를 해석함 …… 62
　　　　① 근원을 해석함 …… 62
　　　　　가. 잘못된 해석을 표하여 둠 …… 62
　　　　　나. 의혹을 풀고 근원을 보임 …… 63
　　　　　다. 잘못된 해석을 결론으로 깨뜨림 …… 64
　　　　② 선을 해석함 …… 64
　　　　　가. 홀로 공용을 밝힘 …… 64
　　　　　　가) 청정한 법을 생기게 함 …… 64
　　　　　　나) 도를 구함에 반드시 의지해야 함 …… 65
　　　　　　다) 염불도 선을 닦아야 함 …… 65
　　　　　나. 깊고 얕음을 대응하여 구별함 …… 66

가) 진성을 들어 표시를 세워 일으킴 66
         나) 별도로 깊고 얕음을 밝힘 66
         다) 깊은 선을 단순하게 결론지음 68
      다. 난문을 회통하여 수승함을 드러냄 68
   2) 모든 전적을 거듭 밝힘 69
     (1) 별도로 폐단을 밝힘 70
       ① 이사본말의 폐단 70
         가. 그 유래를 표하여 일으킴 70
         나. 폐단이 되는 것을 바로 밝힘 70
       ② 해와 행에 있어서 시종의 폐단 71
         가. 유래를 표하여 일으킴 71
         나. 폐단이 되는 것을 바로 밝힘 71
     (2) 폐단을 구하는 것을 회통하여 밝힘 72
       ① 바로 밝힘 72
         가. 시종을 표하여 일으킴 72
         나. 폐단을 구하는 것을 바로 밝힘 73
         다. 잠복된 난문을 해석하여 해결함 73
       ② 난문을 해결함 74
         가. 타인을 책망하는 것이 자신을 미혹하게 하는 장애가 된다는 것을 해결함
              74
         나. 어리석은 선과 산란하고 얕은 지혜를 가진 사람의 비방을 전환하여 해결함
              75
   3) 모으는 뜻을 간략히 통함 76
2. 별도로 의미의 형태를 해석함 76
  1) 이 책을 찬집하는 내력 76
    (1) 선전만을 모은 것을 바로 밝힘 77
      ① 체제와 법식을 질문하여 밝힘 77
        가. 선은 불교를 간략하게 취한 것이 아니라는 것을 질문함 77
        나. 불조사의 나타난 본질이 각각 다르다고 답함 78
          가) 총체적으로 표함 78
          나) 별도로 해석함 78

다) 결론으로 답함 …… 80
　② 편찬하여 모은 것을 설명함 …… 80
　　가. 질문 …… 80
　　나. 대답 …… 81
(2) 겸하여 교의를 수용하도록 가까이서 해결해 줌 …… 81
(3) 별도로 찬술한 삼장의 글을 전환하여 소통함 …… 82
　① 질문 …… 82
　② 대답함 …… 83
　　가. 총체적으로 대답함 …… 83
　　나. 개별적으로 대답함 …… 83
　　　가) 장의 명칭을 표시하여 나열함 …… 84
　　　나) 문장에 의거하여 그에 따라 해석함 …… 85
　　　　(가) 첫째 글 …… 85
　　　　　㉮ 거듭 표함 …… 85
　　　　　㉯ 분별하여 밝힘 …… 86
　　　　　　ㄱ. 옛것을 들어 겸하여 전함 …… 86
　　　　　　　ㄱ) 바로 밝힘 …… 86
　　　　　　　ㄴ) 난문을 해결함 …… 87
　　　　　　ㄴ. 지금의 미혹한 집착을 꾸짖음 …… 87
　　　　　㉰ 결론으로 대답함 …… 88
　　　　(나) 둘째 글 …… 89
　　　　　㉮ 문장을 거듭하여 분간하고 해석함 …… 89
　　　　　㉯ 가려 밝힘 …… 89
　　　　　　ㄱ. 모든 종파를 취하여 서로 어긋남을 보여 줌 …… 89
　　　　　　ㄴ. 후학을 들어 화해할 것을 밝힘 …… 91
　　　　　　　ㄱ) 이유를 바로 밝힘 …… 91
　　　　　　　ㄴ) 질문과 대답으로 널리 밝힘 …… 91
　　　　　㉰ 따르고 빼앗아 결론으로 대답함 …… 93
　　　　(다) 셋째 글 …… 93
　　　　　㉮ 문장을 거듭하고 표하여 밝힘 …… 93
　　　　　㉯ 표한 것에 의거하여 분별하고 해석함 …… 94

㈐ 문답으로 결론지어 말함 …… 94
　(라) 넷째 글 …… 95
　　　㉮ 문장을 거듭하여 분별하고 해석함 …… 95
　　　㉯ 결론으로 답함 …… 96
　(마) 다섯째 글 …… 96
　　　㉮ 거듭 표함 …… 96
　　　㉯ 분별하여 해석함 …… 97
　　　㉰ 결론으로 답함 …… 98
　(바) 여섯째 글 …… 98
　　　㉮ 거듭 표함 …… 98
　　　㉯ 나열하여 질문함 …… 99
　　　㉰ 결론으로 답함 …… 101
　(사) 일곱째 글 …… 102
　　　㉮ 거듭 표함 …… 102
　　　㉯ 개별적으로 해석함 …… 102
　　　　ㄱ. 법에 나아가 법의 의미를 밝힘 …… 102
　　　　ㄴ. 사람을 근거로 잘못에 집착함을 밝힘 …… 103
　　　㉰ 결론으로 답함 …… 105
　(아) 여덟째 글 …… 105
　　　㉮ 거듭된 글을 표하여 밝힘 …… 105
　　　㉯ 표한 것에 의거하여 별도로 밝힘 …… 105
　　　　ㄱ. 간략하게 해석함 …… 106
　　　　ㄴ. 널리 해석함 …… 106
　　　　　ㄱ) 총체적으로 표함 …… 106
　　　　　ㄴ) 별도로 해석함 …… 107
　　　　　　(ㄱ) 또 많은 종류(의 마음)에 의거하여 명칭과 본체를 간략히 보임
　　　　　　　…… 107
　　　　　　(ㄴ) 한가지로 회통하여 돌아감으로써 마음으로 통함을 자세히 밝힘
　　　　　　　…… 109
　　　　　　　㉠ 일심을 바로 밝힘 …… 109
　　　　　　　㉡ 경을 인용하여 증명함 …… 109

　　　　　ⓒ 앞의 걸림 없음을 따름 111
　　　　　㉰ 주고 빼앗아 결론지어 답함 111
　　　(자) 아홉째 글 112
　　　　　㉮ 문장을 거듭 표하여 서술함 112
　　　　　㉯ 돈과 점을 별도로 밝힘 112
　　　　　㉰ 서로 도움을 결론으로 답함 113
　　　(차) 열째 글 113
　　　　　㉮ 거듭 표함 113
　　　　　㉯ 따로 해석함 114
　　　　　　ㄱ. 약의 처방을 바로 서술함 114
　　　　　　ㄴ. 집착하는 병을 널리 밝힘 114
　　　　　　ㄷ. 결론으로 자기의 뜻을 말함 116
　　　　　㉰ 결론으로 답함 116
　2) 『도서』의 정종분 117
　　(1) 이理와 사事의 본말 117
　　　① 앞의 것을 결론짓고 뒤의 것을 일으킴 117
　　　② 선과 교로 나누어 나열함 118
　　　③ 셋을 회통하여 하나가 되게 함 119
　　　　가. 총체적으로 표함 119
　　　　나. 개별적으로 해석함 119
　　　　　가) 같음을 증득하여 집착을 깨뜨림 119
　　　　　　(가) 오직 본의만을 말함 120
　　　　　　　㉮ 선종을 해석함 120
　　　　　　　　ㄱ. 여섯 자를 총체적으로 표함 120
　　　　　　　　ㄴ. 개별적으로 3종을 해석함 120
　　　　　　　　　ㄱ) 상종 120
　　　　　　　　　　(ㄱ) 종법을 자세히 밝힘 121
　　　　　　　　　　　㉠ 열어 보여 줌 121
　　　　　　　　　　　㉡ 깨달아 들어감 121
　　　　　　　　　　(ㄴ) 결론으로 종파의 사람들을 지적함 122
　　　　　　　　　　(ㄷ) 난문을 해결하고 분간함 122

ㄴ) 공종 123
  (ㄱ) 종파의 사람과 법을 나타냄 123
    ㉠ 깨달음과 수증을 나열하여 해석함 123
    ㉡ 사람을 들어 행을 자세히 밝힘 124
  (ㄴ) 평범한 학자가 뜻에 어두움 124
  (ㄷ) 난문을 해결하고 분간함 125
ㄷ) 성종 125
  (ㄱ) 법에 의거하여 총체적으로 표함 125
  (ㄴ) 사람을 따라 개별적으로 해석함 126
    ㉠ 숫자로 표함 126
    ㉡ 열어 해석함 126
      a. 홍주가 보여 주는 것 126
        a) 바로 밝힘 126
          (a) 깨달음 127
          (b) 닦음 127
          (c) 증득 127
        b) 거두어 결론 내림 128
      b. 하택이 보여 주는 것 128
        a) 열어 보임 129
        b) 깨달아 들어감 129
          (a) 물든 연기 129
          (b) 깨끗한 연기 130
            ⓐ 깨달음 130
            ⓑ 닦음 130
            ⓒ 증득 131
  (ㄷ) 비방을 해결하여 총체적으로 결론지음 131
ㄷ. 3종을 총체적으로 결론지음 132
㉯ 교로써 증명함 132
ㄱ. 총체적으로 표함 132
ㄴ. 개별적으로 해석함 133
  ㄱ) 방편교를 비밀히 설함 133

(ㄱ) 상을 설함 133
　㉠ 명칭을 표하여 교를 세움 133
　㉡ 숫자에 따라 개별적으로 해석함 134
　　a. 첫째 글 134
　　　a) 교의 명칭을 표하여 세움 134
　　　b) 교의를 바로 해석함 135
　　　c) 교의 명칭을 결론지어 나타내 보임 135
　　b. 둘째 글 135
　　　a) 교의 명칭을 표하여 세움 135
　　　b) 교의를 바로 해석함 136
　　　　(a) 총체적으로 표함 136
　　　　(b) 개별적으로 밝힘 136
　　　　　ⓐ 고와 집을 밝힘 137
　　　　　　ⅰ) 바로 밝힘 137
　　　　　　　(ⅰ) 아집에 미혹함을 밝힘 137
　　　　　　　(ⅱ) 혹업의 과보를 밝힘 137
　　　　　　　(ⅲ) 윤회가 끊어지지 않음 138
　　　　　　ⅱ) 결론으로 답함 139
　　　　　ⓑ 도제와 멸제를 밝힘 139
　　　　　　ⅰ) 널리 신심을 깨뜨림 140
　　　　　　　(ⅰ) 심사관 140
　　　　　　　　ⓘ 거친 것을 깨뜨림 140
　　　　　　　　ⓘⓘ 미세한 것을 깨뜨림 141
　　　　　　　(ⅱ) 여실하게 관함 141
　　　　　　ⅱ) 닦음과 증득을 간략히 밝힘 142
　　　c) 경론을 회통하여 결론함 142
　　c. 셋째 글 143
　　　a) 교의 명칭을 표하여 세움 143
　　　b) 교의를 바로 해석함 143
　　　　(a) 식으로써 대경을 깨뜨림 144
　　　　　ⓐ 식이 대경을 생겨나게 하는 것임을 밝힘 144

　　　　　ⓑ 경계가 오직 식임을 밝힘 …… 145
　　　　(b) 지혜에 의하여 닦고 증득함 …… 145
　　　c) 경론을 회통하여 결론함 …… 146
　　ⓒ 총체적으로 회통하여 명칭을 결론함 …… 147
　　ⓔ 선에 배대하여 같음을 나타냄 …… 147
　　ⓜ 훼손하지 말 것을 깨우쳐 줌 …… 148
　　　a. 서로 비난함을 바로 배척함 …… 148
　　　b. 잠복되어 있는 난문을 가만히 해결함 …… 148
　　　c. 점교에 연원이 있음을 보여 줌 …… 149
　　　d. 결론으로 시비를 물리침 …… 150
(ㄴ) 상을 깨뜨리는 교 …… 151
　　ⓐ 교의 명칭을 표하여 세움 …… 151
　　ⓑ 교의를 바로 밝힘 …… 152
　　　a. 공의 이치를 널리 설함 …… 152
　　　　a) 앞의 경공境空에 거듭하여 심공心空을 표하여 서술함 …… 152
　　　　b) 심과 대경이 모두 공하다는 이유를 자세히 해석함 …… 153
　　　　　(a) 바로 밝힘 …… 153
　　　　　(b) 전전하여 해석함 …… 153
　　　b. 행하는 문을 간략히 가리킴 …… 154
　　ⓒ 경전으로 회통하여 논으로 매듭지음 …… 154
　　ⓔ 선종을 들어 배대함 …… 155
　　ⓜ 상호 비난을 바로 배척함 …… 155
　　　a. 앞의 것을 가지고 총체적으로 경책함 …… 155
　　　b. 따르고 빼앗아 결론으로 깨뜨림 …… 156
(ㄷ) 난문을 통함 …… 156
　　ⓐ 서역의 선현들이 서로 논파했으나 잘못됨이 없음을 자세히 밝힘
　　　　　…… 157
　　　a. 미한 집착을 표하여 듦 …… 157
　　　b. 원융 회통함을 자세히 밝힘 …… 157
　　　　a) 사람에 의거하여 장애를 해결함 …… 158
　　　　　(a) 바로 통하게 함 …… 158

　　　　(b) 전전하여 해결함 …… 158
　　　b) 법에 의거하여 난문을 해결함 …… 159
　　　c) 앞의 의미를 회통하여 해석함 …… 160
　　c. 옛 성인의 뜻으로 결론지음 …… 161
　ⓛ 이 땅의 후학들이 서로 비방하면서 증득함이 없는 것을 간략하게 경책함 …… 161
　ⓒ 앞에서 질문한 것에 따라 화회의 의의를 결론으로 답함 …… 162
ㄴ) 실교를 드러내어 설함 …… 162
(ㄱ) 성인의 가르침을 자세히 해석함 …… 162
　㉠ 교의 명칭을 표하여 세움 …… 162
　㉡ 교의를 바로 밝힘 …… 163
　　a. 두 가지 깨끗함을 자세히 밝힘 …… 163
　　　a) 바로 밝힘 …… 163
　　　　(a) 자성의 깨끗함 …… 164
　　　　(b) 번뇌를 떠난 청정함 …… 164
　　　　　ⓐ 생사에 빠짐 …… 164
　　　　　ⓑ 부처가 출현하여 깨달음을 엶 …… 165
　　　b) 인증 …… 165
　　　　(a) 법 …… 165
　　　　(b) 비유 …… 166
　　　　(c) 합 …… 168
　　b. 앎과 지혜가 다름을 간별함 …… 169
　　　a) 물음 …… 169
　　　b) 대답 …… 170
　　　　(a) 바로 답함 …… 170
　　　　(b) 인증 …… 170
　㉢ 앞의 것을 거듭하여 명칭을 결론함 …… 175
　㉣ 선종을 들어 배대함 …… 175
　㉤ 공과 상의 비난을 버림 …… 176
　　a. 앞의 글을 거듭하여 상호 비난을 차단함 …… 176
　　b. 설명한 것을 인용하여 결론으로 증명함 …… 176

a) 본래 의미를 곧바로 밝힘 …… 176
        b) 자취를 밟아 힐난하는 질문을 해결함 …… 177
            (a) 달마가 문자를 구별하고 마음을 전한 데 대해 힐난하는 질문을 해결함 …… 177
            (b) 하택이 '앎(知)'을 드러냄이 은밀함(密)과 다르다는 난문을 해결함 …… 178
            (c) 법이 같은데 신표인 의발이 합당한가에 대한 힐난을 해결함 …… 179
      (ㄴ) 치우친 방편을 가만히 물리침 …… 180
        ㉠ 질문 …… 181
        ㉡ 대답 …… 181
      (ㄷ) 막힌 것을 해결하고 의심을 풂 …… 183
        ㉠ 드러낸 법을 듦 …… 184
        ㉡ 두 교를 이어서 밝힘 …… 186
        ㉢ 난문을 바로 해결함 …… 187
        ㉣ 결론으로 요의를 보여 줌 …… 187
  (나) 결론으로 남은 글을 가리킴 …… 188

선원제전집도서과평 하권 禪源諸詮集都序科評 卷下

  나) 다른 점을 분간하여 집착을 깨뜨림 …… 191
  (가) 앞의 것을 이어서 뒤의 것을 표함 …… 192
  (나) 열 가지 다름을 널리 해석함 …… 192
    ㉮ 장章의 명칭을 표하여 배열함 …… 192
    ㉯ 문장에 의거하여 그에 따라 해석함 …… 193
      ㄱ. 첫째 글 …… 193
        ㄱ) 문장을 거듭하여 명칭을 표함 …… 193
        ㄴ) 표한 것에 의거해 분간하고 해석함 …… 194

(ㄱ) 공종의 해석 …… 194
  ㉠ 바로 밝힘 …… 194
  ㉡ 인증 …… 195
(ㄴ) 성종의 해석 …… 195
  ㉠ 바로 밝힘 …… 195
  ㉡ 인증 …… 195
ㄴ. 둘째 글 …… 196
 ㄱ) 문장을 거듭하여 명칭을 표함 …… 196
 ㄴ) 표한 것에 의거하여 분간하고 해석함 …… 196
  (ㄱ) 명칭이 다른 것을 바로 둚 …… 197
  (ㄴ) 두 번 거듭하여 제목을 해석함 …… 197
  (ㄷ) 성종의 수승함을 치우쳐 드러냄 …… 197
ㄷ. 셋째 글 …… 198
 ㄱ) 문장을 거듭하여 명칭을 표함 …… 198
 ㄴ) 표한 것에 의거하여 분간하고 해석함 …… 198
  (ㄱ) 바로 밝힘 …… 198
  (ㄴ) 결론으로 나타냄 …… 199
ㄹ. 넷째 글 …… 199
 ㄱ) 문장을 거듭하여 명칭을 표함 …… 199
 ㄴ) 표한 것에 의거하여 분간하고 해석함 …… 199
  (ㄱ) 공종의 해석 …… 200
  (ㄴ) 성종의 해석 …… 200
   ㉠ 바로 밝힘 …… 200
   ㉡ 인증 …… 200
ㅁ. 다섯째 글 …… 201
 ㄱ) 문장을 거듭하여 명칭을 표함 …… 201
 ㄴ) 표한 것에 의거하여 분간하고 해석함 …… 201
  (ㄱ) 공종의 해석 …… 201
  (ㄴ) 성종의 해석 …… 202
   ㉠ 바로 밝힘 …… 202
   ㉡ 인증 …… 202

ㅂ. 여섯째 글 …… 203
  ㄱ) 문장을 거듭하여 명칭을 표함 …… 203
  ㄴ) 표한 것에 의거하여 분간하고 해석함 …… 204
    (ㄱ) 차遮와 표表로 법을 나타냄 …… 204
      ㉠ 차와 표를 간략히 밝힘 …… 204
      ㉡ 경설을 널리 인용함 …… 204
        a. 두 갈래로 바로 인용함 …… 205
        b. 이유를 되풀이하여 해석함 …… 205
        c. 비유로써 예를 들어 밝힘 …… 206
      ㉢ 교를 인용하여 설명을 결론지음 …… 206
    (ㄴ) 두 종파의 다름을 분간함 …… 207
    (ㄷ) 잘못된 견해를 결론으로 경책함 …… 207
ㅅ. 일곱째 글 …… 208
  ㄱ) 문장을 거듭하여 명칭을 표함 …… 208
  ㄴ) 표한 것에 의거하여 분간하고 해석함 …… 208
    (ㄱ) 자세히 밝힘 …… 208
    (ㄴ) 법의 명칭과 본체 …… 208
      ㉠ 총체적으로 표함 …… 209
      ㉡ 별도로 해석함 …… 209
        a. 자세히 둘로 해석함 …… 209
          a) 세속법의 명칭과 본질 …… 209
            (a) 논을 인용하여 표한 것을 듦 …… 209
            (b) 문답으로 자세히 밝힘 …… 210
          b) 불법의 명칭과 본체 …… 211
        b. 거듭 의심을 경책함 …… 212
        c. 통하여 깨달을 것을 권면함 …… 213
      ㉢ 결론으로 두 종파가 같지 않음을 판단함 …… 213
ㅇ. 여덟째 글 …… 214
  ㄱ) 문장을 거듭하여 명칭을 표함 …… 215
  ㄴ) 표한 것에 의거하여 분간하고 해석함 …… 215
    (ㄱ) 공종의 해석 …… 215

(ㄴ) 성종의 해석 ······ 215
             ㉠ 숫자를 듦 ······ 215
             ㉡ 형상을 해석함 ······ 216
               a. 법에 의거하여 바로 밝힘 ······ 216
               b. 비유로써 예를 들어 밝힘 ······ 217
             ㉢ 인증 ······ 217
         ㅈ. 아홉째 글 ······ 218
          ㄱ) 문장을 거듭하여 명칭을 표함 ······ 218
          ㄴ) 표한 것에 의거하여 분간하고 해석함 ······ 218
             (ㄱ) 숫자로 명칭을 열거함 ······ 218
             (ㄴ) 종파에 의거하여 다름을 분간함 ······ 220
         ㅊ. 열째 글 ······ 220
          ㄱ) 문장을 거듭하여 명칭을 표함 ······ 220
          ㄴ) 표한 것에 의거하여 분간하고 해석함 ······ 221
             (ㄱ) 공종의 해석 ······ 221
               ㉠ 바로 밝힘 ······ 221
               ㉡ 인증 ······ 221
             (ㄴ) 성종의 해석 ······ 222
       (다) 열 가지 다름을 총체적으로 결론지음 ······ 222
    다. 총체적으로 결론지음 ······ 223
 (2) 해와 행의 시작과 마침 ······ 224
  ① 불교佛敎에 의거하여 선문禪門을 해석함 ······ 224
   가. 앞의 것을 거듭하여 질문을 일으킴 ······ 225
   나. 질문에 의거하여 결론으로 답함 ······ 225
     가) 부처가 돈교와 점교를 설한 것에 대해 바로 답함 ······ 226
      (가) 총체적으로 답함 ······ 226
      (나) 별도로 답함 ······ 226
        ㉮ 점교 ······ 226
         ㄱ. 교화 받아야 할 근기를 직접 듦 ······ 226
         ㄴ. 교화하는 가르침을 바로 밝힘 ······ 228
        ㉯ 돈교 ······ 228

ㄱ. 숫자로 표함 228
ㄴ. 거듭 해석함 229
　ㄱ) 첫째 글 229
　　(ㄱ) 근기에 따른 오悟와 수修를 듦 229
　　　㉠ 법에 의거하여 바로 드러냄 229
　　　　a. 법을 듣고 단번에 깨달음 229
　　　　b. 교에 의거하여 점차적으로 닦음 230
　　　㉡ 비유로써 예를 들어 밝힘 231
　　(ㄴ) 경을 모아 결론으로 보여 줌 231
　　(ㄷ) 선을 배대하여 같음을 밝힘 232
　ㄴ) 둘째 글 232
　　(ㄱ) 화의化儀를 바로 밝힘 232
　　(ㄴ) 의미를 들어 집착을 깨뜨림 233
　　　㉠ 사법계를 밝힘 234
　　　㉡ 십현문을 밝힘 234
　　　㉢ 장애 없음을 밝힘 235
나) 선이 돈점의 문을 연 것을 바로 답함 236
(가) 앞의 것을 결론짓고 뒤의 것을 일으킴 236
(나) 돈과 점을 바로 밝힘 236
　㉮ 점漸은 근기를 위하여 세 가지로 대응함 236
　㉯ 바로 근기를 위한 한 가지 대응 238
　　ㄱ. 표하여 듦 238
　　ㄴ. 인증 239
　㉰ 돈頓이 근기를 위한 한 가지 대응 240
　　ㄱ. 근본문(本門)을 총체적으로 밝힘 240
　　　ㄱ) 상근의 출중함 240
　　　ㄴ) 유사한 예를 지적하여 장애를 해결함 241
　　ㄴ. 총설總說을 열어 별설別說을 성립시킴 242
　　ㄷ. 장애를 해결하여 총체적으로 결론지음 243
　㉱ 돈과 점은 오직 근기에 있음 244
(다) 널리 지적하고 간략하게 결론지음 244

다) 돈과 점이 서로 반대되는 것 같다는 의심을 별도로 결론지음 ······ 245
　(가) 앞에서 서술한 것을 결정함 ······ 245
　(나) 의심을 끊는 것을 바로 밝힘 ······ 245
　　㉮ 표하여 둚 ······ 246
　　㉯ 비유로 밝힘 ······ 246
　　㉰ 결론으로 찬탄함 ······ 247
② 미루어 궁리함에 의거하여 자세히 관찰하고 해석함 ······ 248
　가. 잠복된 난문을 조용히 해결함 ······ 249
　　가) 서문에 의거, 거듭 힐난함 ······ 249
　　나) 수집한 것을 들어 의미를 해석함 ······ 249
　나. 본말을 알게 함 ······ 250
　　가) 총체적으로 표함 ······ 250
　　나) 개별적으로 해석함 ······ 251
　　　(가) 교敎가 온 곳을 깊이 연구함 ······ 251
　　　(나) 불타가 설한 의도를 관찰함 ······ 252
　　　　㉮ 불타의 의도를 바로 밝힘 ······ 252
　　　　　ㄱ. 총체적으로 표함 ······ 252
　　　　　ㄴ. 별도로 해석함 ······ 252
　　　　　　ㄱ) 일대사를 널리 밝힘 ······ 252
　　　　　　　(ㄱ) 일승을 바로 설함 ······ 253
　　　　　　　　㉠ 바로 밝힘 ······ 253
　　　　　　　　㉡ 인용하여 해석함 ······ 254
　　　　　　　　　a. 이치를 끊어 버리고 수행함 ······ 254
　　　　　　　　　b. 미혹한 중생에게 열어 보임 ······ 255
　　　　　　　　　　a) 개시함을 바로 밝힘 ······ 255
　　　　　　　　　　　(a) 오직 본의만을 말함 ······ 255
　　　　　　　　　　　(b) 직접 불타의 뜻을 드러냄 ······ 256
　　　　　　　　　　b) 숙세에 선행을 심어 증입함 ······ 256
　　　　　　　　　　c) 하열한 근기가 눈멀고 귀먹음 ······ 257
　　　　　　　(ㄴ) 방편으로 삼승을 보임 ······ 259
　　　　　　　　㉠ 근기가 어리석고 우둔함을 보여 줌 ······ 259

　　　　ⓒ 사유하고 칭찬받음 …… 259
　　　　ⓒ 수순하여 교화를 엶 …… 260
　　(ㄷ) 셋을 회통하여 하나로 돌아감 …… 262
　　(ㄹ) 법은 다름이 없음을 보임 …… 263
　ㄴ) 제도하여 마치고 본원으로 돌아감 …… 264
ㄷ. 결론으로 권함 …… 265
⑭ 불타의 말씀을 통하여 해석함 …… 266
ㄱ. 앞의 것을 거듭하여 총체적으로 표함 …… 266
ㄴ. 의미를 해석하여 형상을 보여 줌 …… 267
　ㄱ) 두루 일심이문에 의거하여 서로 어긋남이 없음을 밝힘 …… 267
　　(ㄱ) 일심이 이문을 포함함을 밝힘 …… 267
　　(ㄴ) 앞의 것을 이어 그 까닭을 반복하여 해석함 …… 268
　　(ㄷ) 네 가지 의미를 묶어 이문을 이룸 …… 268
　　(ㄹ) 불타의 말씀이 진실임을 결론으로 보여 줌 …… 269
　ㄴ) 별도로 후문에 근거하여 범성凡聖이 두 모양임을 밝힘 …… 269
　　(ㄱ) 미혹함과 깨달음을 총체적으로 논함 …… 270
　　(ㄴ) 개별적으로 명칭과 의미를 보임 …… 270
　　　㉠ 범부의 근본과 지말 …… 270
　　　　a. 사람에 의거하여 숫자로 표함 …… 271
　　　　b. 숫자에 의거하여 개별적으로 해석함 …… 271
　　　　　a) 본각 …… 271
　　　　　b) 불각 …… 272
　　　　　　(a) 근본불각 …… 272
　　　　　　(b) 지말불각 …… 272
　　　　　　　ⓐ 삼세 …… 273
　　　　　　　ⓑ 육추 …… 274
　　　　c. 어리석고 우둔함을 결론으로 보여 줌 …… 276
　　　㉡ 성현의 시작과 마침 …… 277
　　　　a. 장애를 끊는 차례를 밝힘 …… 277
　　　　　a) 닦아서 끊음을 총체적으로 밝힘 …… 277
　　　　　b) 개별적으로 그 문을 보여 줌 …… 278

(a) 참되고 청정함을 믿고 앎 278
　　　(b) 보리심을 냄 280
　　　(c) 수증계위의 차이 280
　　　　ⓐ 믿는 지위 280
　　　　ⓑ 현인의 지위 281
　　　　ⓒ 성인의 지위 282
　　　　　ⅰ) 현인과 성인을 합해서 논함 282
　　　　　ⅱ) 오직 본위에 해당됨 284
　　　　ⓓ 불위 285
　　　　　ⅰ) 등각 285
　　　　　ⅱ) 묘각 285
　　c) 정각을 이룬 것을 결론으로 삼음 286
　b. 역순이 서로 뒤집어짐을 드러냄 286
　　a) 거듭 표함 286
　　b) 개별적으로 해석함 287
　　　(a) 처음의 1항을 자세히 밝힘 287
　　　　ⓐ 앞의 1항과 2항이 대응되는 이유를 해석함 287
　　　　ⓑ 역차逆次가 어긋나는 이유를 해석함 287
　　　(b) 나머지 8항을 대응하여 뒤집음 289
　　　(c) 성불로 결론지어 해석함 290
　　　　ⓐ 시각과 본각이 둘이 아님 290
　　　　ⓑ 인과가 다름이 없음 291
ⓒ 다하여 가지런히 보게 함 291
　a. 도표의 뜻을 밝힘 291
　b. 그림을 보는 차례를 정함 292
　c. 그림에 표기하는 뜻이 있음을 분간함 292
　d. 글의 출처를 나타냄 293
　e. 바로 도표를 그림 293
　　a) 중생심 293
　　b) 생멸문 296
　　　(a) 불각위不覺位 중의 제법諸法 296

　　　　　　(b) 각위覺位 중의 제법諸法 …… 298
　　　　　　　　ⓐ 돈오 …… 298
　　　　　　　　ⓑ 점수 …… 301
　　　　　　　　ⓒ 삼대 …… 301
　　　　　　c) 진여문 …… 303
　　　　ㄷ. 스스로 의심을 풀게 함 …… 305
　　　　ㄹ. 막힌 것을 해결하여 결론으로 설명함 …… 305
　　　　　ㄱ) 중생과 불이 평등하다는 의문을 해결함 …… 305
　　　　　ㄴ) 반대로 설명하는 데 따른 힐난을 해결함 …… 307
　　　　　　(ㄱ) 비유에 의거하여 바로 답함 …… 307
　　　　　　(ㄴ) 법의 예에 의거하여 결론함 …… 308
　　　다. 해解와 행行을 결론으로 권함 …… 308
　　　　가) 총체적으로 서술함 …… 308
　　　　나) 개별적으로 밝힘 …… 309
　　　　　(가) 비유에 의거하여 앎에 걸림이 없기를 권함 …… 309
　　　　　(나) 일에 의거하여 행을 폐하지 못함을 밝힘 …… 310
　　　　　　㉮ 행문을 표하여 일으킴 …… 310
　　　　　　㉯ 세심하게 닦을 것을 바로 밝힘 …… 310
　　　　　　　ㄱ. 경계를 살펴 수행을 권함 …… 310
　　　　　　　ㄴ. 옛말을 인용하여 득도를 권함 …… 311
　　　　　　㉰ 문답으로 절실히 권함 …… 312
　　　　　　　ㄱ. 망이 공한데 왜 닦는가를 물음 …… 312
　　　　　　　ㄴ. 체는 공한데 현상이 성립되는 것에 대해 답함 …… 313
　　　　　　　　ㄱ) 묻는 것에 바로 답함 …… 313
　　　　　　　　ㄴ) 반복하여 결론으로 경책함 …… 314
　3) 유통으로 총 결론함 …… 314
　　(1) 서술한 것을 모아 다 회통함 …… 315
　　　① 질문 …… 315
　　　② 대답 …… 315
　　　　가. 질문을 뒤집어 답을 취함 …… 315
　　　　나. 권고를 따라 다 통함 …… 317

(2) 차례에 따랐음을 총 결론함 318
　① 이유를 표하여 서술함 318
　　가. 표하여 일으킴 318
　　나. 바로 밝힘 318
　　　가) 도에 들어가는 차례 318
　　　나) 당해 종파의 불편함 319
　　　다) 제가諸家가 통하지 않음 320
　　　라) 마땅히 달마가 으뜸이 됨 321
　② 바로 차례를 밝힘 322
　③ 계박을 풀어 머무름이 없음 323
　④ 현재의 법이 오래 머묾 324
3. 회향으로 총결함 324

후발後跋 326
간기 328

찾아보기 / 329

일러두기

1 '한글본 한국불교전서'는 문화체육관광부의 지원을 받아 동국대학교 불교학술원에서 수행하고 있는 '불교기록문화유산아카이브(ABC)사업'의 결과물을 출간한 것이다.
2 이 책은 『한국불교전서』(동국대학교출판부 간행) 제9책에 수록된 『선원제전집도서과평禪源諸詮集都序科評』을 저본으로 번역하였다.
3 본서는 과목科目을 나누는 데 가장 큰 특징이 있다. 본문에서 과목의 숫자를 ( ) 안에 표시하였다. 가령 "과분문삼科分文三"은 "과목을 나눔(3항목)"과 같이 표시하였다. 이는 '과목을 나눔'이라는 내용 아래 세 가지 항목이 있음을 표시하는 것이다.
4 본문의 체제는 크게 세 가지로 구분하였다.
   배휴 서 : 배휴가 지은 『도서』의 서문을 가리킨다.
   도서 : 『도서』의 원문을 가리킨다.
   원주 : 『도서』에 본래 달려 있던 주석을 가리킨다.
   과평 : 조선 시대 설암 추붕의 주석을 가리킨다.
5 과목표의 전체 순서는 별도의 자료로 작성하였다.
6 번역문에 이어 원문을 수록하고 고리점(。)을 찍었다.
7 원문의 교감 사항은 번역문의 각주와 별도로 원문 아래 부분에 제시하였다.
   ㉭은 『한국불교전서』 편찬자가 교감한 내용이다.
   ㉡은 번역자가 교감한 내용이다.
8 약물은 다음과 같다.
   『 』 : 서명
   「 」 : 편명, 산문 작품
   T : 대정신수대장경
   H : 한국불교전서

선원제전집도서과평 상권

| 禪源諸詮集都序科評* 卷上 |

해동사문 설암 추붕 과평
海東沙門 雪巖秋鵬 科評**

---

* ㉾ 건륭 5년(1740) 평안도 영변 보현사普賢寺 간본(동국대학교 소장)을 저본으로 하였다. 제목은 『韓國佛敎全書』 편자가 보입補入하였다.
** ㉾ 찬자撰者의 이름은 '洪州…裵休述'의 뒤에 있었지만, 편자가 이곳으로 옮겼다.

제1편 배휴의 서문

선원제전집도서 서

禪源諸詮集都序叙

홍주 자사 겸 어사중승 배휴[1] 지음

洪州刺史兼御史中丞裵休述

과목을 나눔(3항목)

科分文三

제1. 사람을 들어 법을 찬탄함(3항목)

一擧人讚法三

---

[1] 배휴(797~870) : 당唐의 맹주 제원 사람, 또는 하동 사람으로 알려져 있다. 당 선종 때 평장사, 절도사 등의 관직에 올랐다. 해서를 잘 썼고 문장에 능하였다. 규봉 종밀(780~841)에게 화엄을 배웠으므로 종밀이 경소를 지을 때면 언제나 배휴에게 서문을 쓰게 했다. 일찍이 완릉에서 황벽 희운(?~850)을 만나 함께 선에 관해 토론하였으며, 그 말을 기록하여 『宛陵集』을 완성하였다. 선무제 때 불교가 대란을 만났을 때에는 중신이 되어 불교를 보호하기도 하였다.

1. 총체적으로 표함

一總標

배휴 서 규봉 선사가 선禪의 근원이 되는 모든 전적들을 모아 선장禪藏[2]으로 삼고 전체의 서문을 썼다. 하동 배휴는 이를 일찍이 없었던 일이라고 하였다.

圭峯禪師。集禪源諸詮。爲禪藏而都序之。河東裵休曰。未曾有也。

2. 별도로 해석함(2항목)

二別釋二

1) 좁은 견해로 각기 집착하여 서로 다툼(3항목)

一小見各執相諍文三

(1) 먼저 약이 되는 가르침을 밝히고 그에 의거하여 세움(3항목)

一先明藥敎據立三

① 두 가지로 표함

一雙標

---

2 선장禪藏 : 경·율·논 삼장에 대비하여 선가의 전적을 일컫는 말.

배휴 서 여래께서 세상에 출현하여 근기에 따라 가르침을 세우신 이래, 보살이 중간에 나와 병에 맞추어 약을 처방하였다.

自如來現世。隨機立敎。菩薩間生。據病指藥。

② 두 가지로 해석함

二雙釋

배휴 서 그러므로 일대시교[3]로 깊고 얕은 삼문三門을 열고, 하나의 참되고 맑은 마음으로 성性과 상相의 다른 법을 펼치셨다. 마명[4]과 용수[5] 두 대사가 불타의 경전을 홍포하였으나, 공空과 성性으로 종취宗趣를 달리하였고, 혜능[6]과 신수[7] 두 선사가 달마[8]의 마음을 함께 전했으나 돈頓과 점漸[9]으로 품수稟

---

3 일대시교 : 불타가 보리수 아래에서 성도하여 입멸할 때까지 설한 교법.
4 마명(100~160년경) : 중인도 바라문 출신으로 카니슈카 왕과 긴밀한 관계를 가졌다. 처음 외도의 법을 익혔으나 뒤에 협존자와 대론한 후 깊이 느낀 바 있어 불문에 귀의하였다. 삼장을 널리 배우고 내외전에 통달하였으며, 범어 문학의 선구적 역할을 한 사람이다. 이 글에서 마명을 성종으로 간주한 것은 마명의 저술로 알려진 『大乘起信論』 사상에 의거한 것이다. 그러나 『大乘起信論』의 저자에 대해서는 여러 가지 논란이 있다.
5 용수 : 남인도 바라문 출신. 어려서부터 총명하여 베다·천문·지리·도술 등에 통달하였다. 출가하여 삼장을 널리 배웠으나 만족하지 못하고 유력하다가 설산에서 노 비구를 만나 대승경전을 전해 받았다. 이를 통해 대승의 실제 의미를 통달하였으며, 외도가 불교를 공격하자 그들을 교화하고 불법을 홍포하였으며, 중론 및 대승경전 주석서를 다수 찬술하여 대승불교의 체계를 수립하였다.
6 혜능(638~713) : 당의 선승으로 선종 제6조. 광동 사람으로 『金剛經』 읽는 소리를 듣고 깨달은 바 있어 5조 홍인에게 찾아가 선을 전해 받았으며, 남해의 법성사 인종 법사를 만나 출가하여 구족계를 받았다. 조계 보림사에서 신수와 대응되는 돈오법문을 홍포하였다. 대범사에서 법당을 세우고 곧바로 조계산에 들어가 대법을 선양하다가 국은사에서 세수 76세로 입적하였다. 저술로는 그의 제자들이 기록한 『六祖法寶壇經』과 『金剛經口訣』 등이 있다. 그의 문하에는 40명의 법을 받은 제자들이 있다.
7 신수(605~706) : 당의 승려, 북종선의 개조이다. 개봉 사람으로 50세에 5조 홍인의 제

受를 달리하였다. 천태[10]는 오로지 삼관三觀[11]에 의자하였고, 우두[12]는 한 법도

자가 되었다. 홍인 입적 후 강릉 당양산으로 가서 법을 전하였다. 많은 승려들이 그에게 귀의하여 명성이 높아지자, 측천무후가 그에게 귀의하고 그를 궁중으로 모셔 우대하였다. 남종 혜능의 선에 대해 그가 전한 선을 북종선이라 한다. 세수 102세로 천궁사에서 입적하였다.

8 달마(?~528) : 보리달마를 가리킨다. 중국 선종의 초조로 선가에서는 서천 28조로 꼽는다. 남인도 향지국 왕자이다. 처음 반야다라에게 도를 배우며 40여 년 동안 수학하였다. 반야다라에게 법을 받아 자국에서 널리 법을 폈다. 520년 양 무제 때 중국으로 건너와 무제와 만났으나 뜻이 맞지 않아 숭산 소림사에 머물며 9년간 면벽참선하였다. 제2조 혜가에게 법을 전하였다.

9 돈頓과 점漸 : 선가의 돈오와 점수를 말한다. 돈오란 단계적인 수행에 의거하지 않고 단번에 깨닫는 것이고, 점수는 깨달은 후에 그 깨달음에 입각하여 점차로 훈수熏修하는 것이다. 규봉은 미迷한 것을 깨닫는 것이 돈이고 범부를 고쳐 성인이 되는 것을 점이라고 하였다. 특히 규봉은 돈오점수를 체계화하였고, 고려의 지눌은 규봉의 돈점설을 계승하여 더욱 심화시켰다. 지눌은 자성이 본래 공적하여 불佛과 다름이 없음을 깨닫지만 오래 익혀 온 습기는 단번에 제거할 수 없기 때문에 점수가 필요하다고 해석한다.

10 천태(538~597) : 천태 대사 지의를 가리킨다. 천태종의 개조로 18세에 출가하여 혜광에게 율학과 대승교를 배웠으며, 560년 혜사를 찾아가 심인을 받았다. 38세에 천태산에 들어가 수선사를 창건하고 『法華經』을 중심으로 하는 천태종을 개창하였으며, 석존 일대의 교설을 시간에 따라 5종으로 분류하고 교화 방법과 사상 내용을 4종으로 나누어 불교를 체계화하였다. 실천을 중시하고 선관에 의한 지관선법을 주창하여 천태선의 보급에 힘썼다. 그가 일생 동안 설교한 내용을 제자 관정이 필수한 『法華玄義』·『法華文句』·『摩訶止觀』 외에도 많은 저술이 남아 있다.

11 삼관三觀 : 천태종의 공관空觀·가관假觀·중관中觀의 삼관을 가리킨다. 밝은 지혜로 공·가·중의 이치를 관하는 것이다. ① 공관 – 공이란 성상을 모두 떠난 것이다. 일념의 마음이 안에 있지도 않고 밖에 있지도 않으며 중간에 있지도 않다고 관한다. 이러한 공관은 가관을 통해 들어가며 견혹과 사혹을 끊는다. ② 가관 – 공관을 따라 들어가는 것으로 평등관이다. 가假란 만유의 법은 공하여 하나도 실재하는 것이 없으나 그 차별한 모양이 분명한 것은 대체로 가假의 존재라는 것이다. 이 가관으로 진사의 세혹 細惑을 끊는다. ③ 중관 – 중도제일의제관中道第一義諦觀이라고도 한다. 중이란 '중정 中正'의 의미로, 두 극단이 상대한다는 생각을 떠난 것이다. 일념의 마음이 공도 아니고 가도 아니며, 공에 즉하고 가에 즉한 것을 말한다. 일념이 중임을 관하기 때문에 일념이 중이고 일체가 중이다. 그러나 공도 아니고 가도 아니며 중도 아닌 것이다. 이 중관으로 무명혹을 제거한다. 일심 삼관의 관점에서는 공·가·중 셋이 모두 원융 무애한 것으로 본다. 공에 즉하여 가와 중을 관하고, 중에 즉하여 가와 공을 관하는 것이다. 이것을 즉공·즉가·즉중의 관법이라고 한다.

12 우두(594~657) : 당의 선승인 법융을 가리킨다. 선사는 19세에 경사를 통달하고 우연히 반야경을 보다가 불법에 귀의하여 출가하였다. 643년 우두산에 들어가 선실을 세우고 선관을 닦으니 많은 사람들이 모여들었다. 도신이 소문을 듣고 직접 찾아가 3조

없다고 하였으며, 강서[13]는 전체가 온통 진眞이라 하였고, 하택[14]은 지견知見을 곧바로 가리키라고 하였다. 그 외에도 공空과 유有가 서로 논파하기도 하고, 진眞과 망妄이 서로 받아들이기도 하며, 어기어 빼앗기도 하고 수순하여 취하기도 하며, 은밀히 가리키기도 하고 드러내어 설하기도 하니, 서역과 중국에 그 종파가 번성하게 되었다.

故一代時教。開深淺之三門。一眞淨心演性相之別法。馬龍二士。皆弘調御之經。而空性異宗。能秀二師。俱傳達摩之心。而頓漸殊稟。天台專依三觀。牛頭無有一法。江西擧體全眞。荷澤直指知見。其他空有相破。眞妄相收。反奪順取。密指顯說。西域中夏。其宗寔繁。

③ 두 가지로 결론지음

三雙結

배휴 서 참으로 병의 원인이 천 가지면 약도 수만 가지가 생겨나듯이, 근기에 맞추고 기량을 따르면 (방편이) 한 가지로 같을 수 없는 것이다.

승찬의 돈교법문을 전하였다. 그 후 이 산이 법계의 중심이 되었고, 그의 법을 우두종이라 불렀다. 한때 그 세력이 왕성했으나 송대 이후에 쇠퇴하였다.

13 강서 : 마조 도일(709~788)을 말한다. 당대의 선승으로 남악 회양의 제자이다. 회양 문하에서 깨달음을 얻은 후 선법을 전해 받고 769년에 종릉(강서 진현) 개원사에서 회양의 법을 펴니 제자들이 운집하였다. 그 때문에 마조의 법을 강서선이라고 불렀으며, 홍주종이라고도 칭했다.

14 하택(684~758) : 하택은 당대의 선승 신회神會의 호로서 하택종의 종조이다. 13세에 육조 혜능을 참방하였고, 육조 입적 후 사방을 유력하다가 732년 칙명으로 남양 용흥사에 들어가 선법을 선양하였다. 육조의 입멸로 남방의 선인 돈종이 침체되자, 북방 신수종이 흥성하였다. 이에 하택은 신수의 점문漸門을 공격하니, 북종선이 다시 쇠퇴하고 남종선이 부흥하게 되었다. 그 후 하택이 안사의 난에 공을 세우자 숙종이 하택사 안에 선원을 지어 그를 거주케 하였다. 여기에서 육조의 종풍을 드날리니 세상 사람들이 하택 대사라고 불렀다.

良以病有千源。藥生多品。投機隨器。不得一同。

(2) 앞에서 말한 것을 따라 상호 비난함을 바로 밝힘

二躡前正明相非

배휴 서 비록 모두가 깨달음의 문이고 다 진실한 도이기 때문에 모든 종파의 문하에는 다 통달한 사람이 있지만, 각기 자신이 익힌 데 안주하여 통하는 것은 적고 막히는 것은 많아 수십 년을 지나면서 스승의 법이 점점 더 붕괴되어 갔다. (자파를) 계승하여 문호를 만들고 각기 자신의 주장을 펼치며, 경론으로 창과 방패를 삼아 서로를 공격하니, 누가 창을 만들고 누가 갑옷을 만드느냐에 따라 사정이 변화하게 되었다.

雖俱爲證悟之門。盡是正眞之道。所以諸宗門下。皆有達人。然各安所習。通少局多。數十年中。師法益壞。以承稟爲戶牖。各自開張。以經論爲干戈。互相攻擊。情隨凾矢而遷變。

원주 『주례』[15]에서 "함인函人【함函의 음은 함含이다.】은 갑옷을 만드는 사람이다."라고 하였으며, 『맹자』에서는 "화살 만드는 사람이 어찌 갑옷 만드는 사람보다 어질지 못하겠는가. 그렇지만 갑옷 만드는 사람은 오직 사람이 상하는 것만 걱정하고, 화살 만드는 사람은 오직 사람이 상하지 않는 것만을 걱정한다."라고 하였으니, 그것은 대개 익힌 직업이 그렇게 만드는 것이다. 지금 배우는 사람들도 단지 자기 종파의 무리만 따라 피차 상대방의 잘못이라고 하는 것뿐이다.

---

15 『주례』: 중국 주대의 예제를 가리킨다.

周禮曰。函【音含】人爲甲。孟子曰。矢人豈不仁於函人哉。函人唯恐傷人。矢人唯恐不傷人。蓋所習之術使然也。今學者。但隨宗徒。彼此相非耳。

배휴서 법은 남이냐 나냐에 따라 높아지기도 하고 낮아지기도 하여 시비가 분분하고 복잡하니, 사리를 분석하여 식별할 수가 없다.

法逐人我以高低。是非紛拏。莫能辨析。

(3) 부처나 조사도 도움 되는 것이 없음을 결론으로 드러냄

三結現佛祖無益

배휴서 지난날 세존과 보살 및 제방의 선가와 교가들이 마침 후인들에게 쟁론을 일으키고 번뇌의 병을 더 보태게 하였으니, 무슨 이익이 있겠는가.

則向者世尊菩薩。諸方敎宗。適足以起諍後人。增煩惱病。何利益之有哉。

2) 대사가 탄식하고 화회함(3항목)

二大師發歎和會三

(1) 때를 당하여 침묵하기 어려움을 탄식함

一歎時難黙

배휴서 규봉 대사가 오래도록 탄식하면서, "내가 이때를 당하여 침묵할 수 없다."라고 하였다.

圭山大師。久而歎曰。吾丁此時。不可以默矣。

(2) 교설에 의거하여 하나임을 드러냄(2항목)

二約敎現一二

① 하나의 법임을 듦

初擧一法

배휴서 이에 여래의 3종 교의敎義[16]로 선종의 3종 법문法門[17]을 인증하게 되었다.

於是以如來三種敎義。印禪宗三種法門。

② 네 가지 비유를 끌어옴(2항목)

後引四喩二

---

16 3종 교의敎義 : 『都序』에서 3종 교의란, 불타의 모든 가르침을 ① 밀의의성설상교密意依性說相敎, ② 밀의파상현성교密意破相顯性敎, ③ 현시진심즉성교現示眞心卽性敎의 3종으로 정리한 것을 가리킨다.
17 선종의 3종 법문法門 : ① 식망수심종息妄修心宗, ② 민절무기종泯絶無寄宗, ③ 직현심성종直顯心性宗의 세 가지이다. 규봉 선사는 이 선의 3종과 위 교의 3종을 배대하여 선과 교가 다르지 않다는 것을 주장하고 있다.

가. 처음 두 가지 비유는 교教와 종宗의 법이 일미一味임을 바로 비유함

初二喩正喩教宗法爲一味

배휴 서 금쟁반·금비녀·금팔찌를 녹여 하나로 금붙이를 만들고, 소·낙·제호[18]를 섞어 한 가지 맛이 되게 하였다.

融鉼盤釵釧爲一金。攪酥酪醍醐爲一味。

나. 뒤의 두 가지 비유는 선禪 하는 사람과 강설하는 사람이 수순하여 화회함을 겸하여 비유함

後二喩兼喩禪講人順和會

배휴 서 그물코와 옷깃을 드니 그물과 옷 전체가 따라오고,

振綱領而擧者皆順。

원주 『순자』에 이르기를, "갖옷[19]의 옷깃을 들어 올림에 있어, 다섯 손가락을 굽혀 끌어당기니 끌려오는 털의 숫자를 다 헤아리지 못한다."[20]라

---

18 제호 : 소의 젖을 정제하여 만든 것이 낙이고, 그 낙을 정제한 것이 소이다. 제호는 가장 정제된 우유로 불성에 비유한다.
19 갖옷 : 모피로 안감을 댄 옷이다.
20 『荀子』「勸學」편에 있는 말. 왕선겸王先謙의 『荀子集解』에서 왕염손王念孫의 견해를 인용하여 다음과 같이 말하였다. "돈頓이란 끌어당기는 것을 가리킨다. 갖옷의 옷깃을 끈다는 것은 다섯 손가락을 굽혀 끌어당기면 전체 갖옷의 털이 다 따라온다는 것을 말하는 것이다.(頓者。引也。言挈裘領者。詘五指而引之。則全裘之毛皆順也。)"

고 하였다.

荀子云。如振裘領。屈五指而頓之。順者不可勝數。

배휴 서 도시를 목표로 하여 오는 사람들은 모두 뜻을 같이하는 사람들이다.

據會要而來者同趣。

원주 『주역약례周易畧例』[21]에 이르기를, "도시를 목표로 사방에서 들어오는 사람들을 보니, 육방六方에서 모여들었지만 많은 것은 아니었다."라고 하였다. 『도서都序』가 원교圓敎에 의거하여 모든 종파를 인증하니, 비록 백가라도 통괄하지 못하는 일이 없었다.

周易略例云。據會要以觀方來。則六合輻輳。未足多也。都序據圓敎以印諸宗。雖百家。亦無所不統。

(3) 근기에 따라 이익을 성취함(3항목)

三就機成益三

① 깊은 공을 서술한 것을 찬탄함

初歎敍述深功

---

21 『주역약례周易畧例』: 삼국시대 위나라 왕필이 쓴 『周易』의 주석서이다.

배휴 서 그래도 오히려 배우는 사람들이 밝히기 어려울까 염려하여, 다시 종지와 근원에 대한 본말, 진과 망의 화합, 공空과 성性의 은현隱顯, 법과 의미의 차별, 돈頓과 점漸의 동이同異, 부정 표현과 긍정 표현의 호환, 방편과 진실의 심천深淺, 통함과 편협함의 옳고 그름을 곧바로 보여 주었다.[22]

尚恐學者之難明也。又復直示宗源之本末。眞妄之和合。空性之隱顯。法義之差殊。頓漸之異同。遮表之回互。權實之深淺。通局之是非。

원주 이 아래의 글은 서술한 것이 명백히 드러나 간절히 사람들이 깨닫게 하고자 함을 찬탄한 것이다.[23]

此下歎叙述明顯。而丁寧欲人悟也。

배휴 서 귀에 대고 말해 주고, 손바닥을 가리키듯 보여 주며, 사자처럼 몸을 펴서 소리치고 연민과 부드러움으로 이끌지 않음이 없다.

莫不提耳而告之。指掌而示之。頻伸以吼之。愛軟以誘之。

원주 이하는 자비로 염려함이 어린아이를 기르는 것과 같음을 찬탄한 것이다.

此下歎慈悲憂念。如養赤子也。

---

22 상봉 정원의 『都序分科』에는 이 아래에 다음과 같은 주석이 있다. "8대 법요를 찬탄하여 후학이 밝히기 어려울까 걱정하였다."
23 이 문장은 주석문을 본문으로 잘못 취급한 것 같다. 상봉 정원의 『都序分科』는 주석으로 보아 본문 아래에 배열하였다.

② 어린아이를 기르는 것과 같음을 찬탄함

二歎如養赤子

배휴 서 젖을 먹이고 약을 주는 것은 부처의 씨앗이 일찍 사라질까 걱정하는 것이며

乳而藥之。憂佛種之夭傷也。

원주 스스로 선근을 끊고 천제가 되는 것이 '일찍 사라지는 것(夭傷)'이다.

自斷善根而作闡提。夭傷也。

배휴 서 품어서 껴안는 것은 물에 떠내려가거나 불에 탈까 염려하는 것이다.

腹而擁之。念水火之漂焚也。

원주 배(腹)는 품는 것이니, 자식이 태어나 3년을 지나야 부모의 품을 벗어나 물과 불의 염려가 없게 된다. 지금 사람이 점점 자라 오욕에 빠지는 것이 물과 불이다.

腹。抱也。子生三年然後。免於父母之懷。無水火之慮。今人稍長大。沉於五欲。是水火也。

배휴 서 이끌어 인도함은 삿된 가르침과 소승의 미혹한 함정에 빠질까 두려워한 것이고,

挈而導之。懼邪小之迷陷也。

원주 이미 선근이 있고, 그에 더하여 오욕을 여의었지만, 다시 대승에 들어가지 못할까 염려하는 것이다.

旣有善根。又離五欲。復恐不入於大乘也。

배휴 서 휘저어 흩어 버림은 투쟁이 굳어질까 걱정하는 것이다.

揮而散之。悲鬪諍之牢固也。

원주 이미 대승법에 들었지만, 오히려 서로 시비하기 때문에 그것을 휘저어 흩어 버리는(揮散) 것이다. 이것이 바로 『도서』의 으뜸 취지다.

旣入大乘法中。又互相是非。故揮散之。即都序之宗趣也。

③ 자비와 지혜가 부처와 같음을 찬탄함

三歎悲智同佛

배휴 서 태양도 긴 밤의 어둠을 깨뜨릴 수 없고, 자애로운 어머니도 죽은 후에 그 자식을 보호할 수 없는 것이다.

大明不能破長夜之昏。慈母不能保身後之子。

원주 이 아래는 자비와 지혜가 부처와 같음을 찬탄한 내용이다. 부처의 광명이 비록 찬란하지만, 우리 스승을 얻은 후에야 그 광명을 돌이켜 고루 비추었고, 부처의 자비가 너르지만, 우리 스승을 얻은 후에야 중생들을 더욱 이롭게 하였다.

此下歎悲智與佛同也。佛日雖盛。得吾師然後。廻光曲照。佛悲雖普。得吾師然後。弘益彌多。

배휴 서 우리 스승(규봉)은 부처의 광명을 받들어 그 빛을 중생들에게 고루 비추니 의심의 장막이 모두 제거되었으며, 부처의 마음을 따라 대비를 널리 펼치니 억겁이 다하도록 중생들을 이롭게 하였다.

若吾師者。捧佛日而委曲廻照。疑曀盡除。順佛心而橫亘大悲。窮刼蒙益。

3. 총체적 결론

三摠結

배휴 서 곧 세존은 가르침을 연 주인이시고, 우리 스승은 그 가르침을 화통한 사람이다. 본말이 서로 부합하고 원근이 서로 비추니, 세존의 일대 가르침에 대해 할 수 있는 일을 다 마친 분이라고 하겠다.

則世尊爲闡敎之主。吾師爲會敎之人。本末相符。遠近相照。可謂畢一代時敎之能事矣。

원주 세존이 가르침을 펴신 이래 오늘날까지 그 가르침을 화해하여 통하게 하니 할 수 있는 일을 다 마치신 것이다.

自世尊演敎。至今日。會而通之。能事方畢。

제2. 질문에 의거하여 의심을 품음(3항목)

二假問遣疑三

1. 세 가지 질문을 세움

一立三問

배휴 서 어떤 사람이 말했다.
"여래 이후로 일찍이 전체를 회통한 적이 없었는데, 지금 하루아침에 종지를 어겨 지키지 않고, 관문을 폐지하여 의거하지 않으니, 비밀한 법장과 은밀한 도에 어찌 어긋나지 않겠는가."[24]

或曰。自如來未嘗大都而通之。今一旦違宗趣而不守。廢關防而不據。無乃乖秘藏密契之道乎。

2. 세 가지 질문에 답함

二還三答

배휴 서 대답하였다.[25]

---

24 이 질문은 불타께서 응기설법으로 중생을 제도하여 설하신 법문이 각각 다른데, 왜 설법의 본뜻을 어기고 통합을 말하느냐고 힐난하는 것이다.
25 상봉 정원의 『都序分科』에는 다음과 같은 주석이 있다. "당본에서는 '대답하였다. 불타

"여래가 처음에는 비록 삼승을 따로 설했지만, 그 후에는 하나의 도道(일승)로 회통하였다."

答曰。如來。初雖別說三乘。後乃通爲一道。

과평 "30년 전 운운"이라고 한 주석 57자는 당본唐本에 없으므로 지금 수록하지 않는다.[26]

三十年前云云。注五十七字。不在唐本。今以不錄。

배휴 서 『열반경』에서 가섭보살이 "모든 불타에게 은밀한 말씀은 있지만, 비밀한 법장은 없다."라고 말하자, 세존이 찬탄하여 "여래의 말씀은 널리 열려 있어 명백히 드러나니 청정하고 거리낄 것이 없다. 어리석은 사람이 알지 못하여 비밀한 법장이라 하지만, 지혜로운 자는 깨달아 알기 때문에 비밀한 법장이라 하지 않는다."라고 말씀하셨다. 이것이 그 증거이다. 그러므로 왕도王道가 흥성하면 변방의 관문을 닫지 않아도 오랑캐가 지켜 주고, 불도佛道가 정비되면 제법을 모두 지니게 되니, 방비하는 일은 마군과 외도가 맡아 준다.

가 법화열반 회중에서 이미 일미로 융합하였지만, 단지 여기에 어두운 자가 알지 못하기 때문에 『열반경』에서 운운.'이라고 하였다.(唐本云。答曰。佛於法華涅槃會中。亦已融爲一味。但昧者不覺。故涅槃經云云。)"

26 상봉 정원의 『都序分科』에는 다음과 같은 주석문이 있다. "30년 전에는 혹 소승을 설하고, 혹 공교空敎를 설하며, 혹 상교相敎를 설하고, 혹 성교性敎를 설하였으므로 듣는 사람들이 각기 근기에 따라 증득하여 깨달으니, 서로 통하여 알지 못하였다. 40년 후에 영취산에 앉아 삼승을 회통하고, 구시나가라에 나아가 일성一性을 드러내니, 이것이 전후의 궤칙이다.(三十年前。或說小乘。或說空敎。或說相敎。或說性敎。聞者各隨機證悟不相通知也。四十年後。坐靈鷲而會三乘。詣枸尸而顯一性。此前後之軌則也。)" 이 57자는 『都序』의 판본에 따라 있기도 하고 없기도 한 주석으로 보인다.

故涅槃經。迦葉菩薩曰。諸佛有密語無密藏。世尊讚之曰。如來之言。開發顯露。淸淨無翳。愚人不解。謂之祕藏。智者了達則不名藏。此其證也。故王道興則外戶不閉。而守在戎夷。佛道備則諸法摠持。而防在魔外。

원주 열반원교는 제법을 화회하지만, 오직 마군의 말과 외도의 삿된 가르침만은 가려 구별한다.

涅槃圓敎。和會諸法。唯簡別魔說及外道邪宗耳。

3. 통탄스러움을 결론으로 책망함

三痛結責

배휴서 다시 정에 집착하여 그곳에 팔을 걷어붙이고 우쭐대는 것은 온당하지 않다.

不當復執情。攘臂於其間也。

제3. 총체적으로 탄식하며 권하는 결론

三總欸勸結

배휴서 슬프다. 뒤에 오는 학자들은 마땅히 불타로부터 믿음을 취할지언정 사람으로부터 취하지 말 것이며, 근본법에서 증득을 취할지언정 지말枝末로 약힌 것에서 취하지 말아야 할 것이다.

嗚呼。後之學者。當取信於佛。無取信於人。當取證於本法。無取證於末習。

원주 『도서』는 불타의 말씀으로 모든 종파를 인증하고, 근본법으로 편파적인 주장을 조명하였다. 그 때문에 그에 대한 깊은 믿음을 간곡히 권하고 있다.

都序以佛語印諸宗。以本法照偏說。故丁寧勸其深信也。

배휴서 이렇게 하는 것이 규봉 대사가 애쓰신 공덕을 저버리지 않는 일이 될 것이다.

能如是則不辜圭山大師劬勞之德矣。

원주 "슬프다. 부모님이여! 나를 낳으시느라 고생하셨다."[27]라고 하였는데, 우리 스승의 공덕은 이보다 더 크다고 하겠다. 후세 사람이 그 법을 보고 비감한 마음을 내지 않는다면 목석과 다르지 않을 것이다.

哀哀父母。生我劬勞。吾師之德。過於是矣。後之人。觀其法而不生悲感。木石無異也。

---

27 『詩經』「小雅」〈蓼莪〉.

제2편 선원제전집도서

선원제전집도서 권상【또는 '선나리행제전집禪那理行諸詮集'이라고도 한다.】

禪源諸詮集都序卷上【亦名禪那理行諸詮集】

『도서』를 과목으로 나눔(2항목)

序科分文二

제1. 제목(2항목)

初題目二

1. 두 제목을 표하여 세움

一標立雙題

2. 작자의 명칭

二作者佳號

도서 종남산 초당사 사문 종밀 술

終南山草堂寺沙門宗密述

제2. 본문(3항목)

後本文三

1. 큰 강령을 총체적으로 서술함(3항목)

一摠敍大綱三

1) 선의 근원을 바로 밝힘(2항목)

一正明禪源二

(1) 제목을 해석하고 명칭을 분간함(3항목)

一釋題揀名三

① 총 제목을 표하여 서술함

一標敍摠題

도서 『선원제전집』이란 모든 선가에서 서술한 것을 기록한 문헌으로, 선문의 근원 도리를 문자로 드러낸 구(句) 및 게송이다. 그것을 모아 하나의 장전을 만들어 후대에 물려주려 했기 때문에 전체 제목을 이 명칭으로 정한 것이다.

> 禪源諸詮集者。寫錄諸家所述詮表禪門根源道理文字句偈。集爲一藏。以貽後代故。都題此名也。

② 두 제목을 나열하여 해석함

二列釋雙題

도서 선禪이란 인도의 말로, 온전하게는 선나禪那라고 한다. 중국에서는 이것을 사유수思惟修 또는 정려靜慮라고도 번역하는데, 모두 정혜定慧의 통칭이다. 근원(源)이라고 하는 것은 일체중생의 본각진성本覺眞性이니, 불성이라고도 하고, 또는 심지心地라고도 한다. 그것을 깨닫는 것을 혜慧라 하고, 그것을 닦는 것을 정定이라고 하니, 정과 혜를 통칭하여 선禪이라 부른다. 이 본성(본각진성을 말함)이 선의 근원이기 때문에 선원禪源이라고 하고, 또 다른 이름으로 선나라고도 하는 것이다. 이행理行이란 선의 본원이 선리禪理라는 것이고, 망정을 잊고 여기에 계합하는 것을 선행禪行이라 부른다. 그 때문에 (선리와 선행을 합하여) 이행理行이라고 하는 것이다.

> 禪是天竺之語。具云禪那。中華翻云思惟修。亦云靜慮。皆是定慧之通稱也。源者是一切衆生本覺眞性。亦名佛性亦名心地。悟之名慧。修之名定。定慧通名爲禪。此性是禪之本源。故云禪源亦名禪那。理行者。此之本源是禪理。忘情契之是禪行。故云理行。

③ 난문을 해결하고 결론으로 분간함

三通難結揀

도서 그러나 지금 모은 제가의 찬술은 선리禪理를 많이 말하고 선행禪行은 적게 설했기 때문에 선원禪源이라고 제목을 붙이게 되었다.

然今所集諸家述作。多談禪理。少說禪行故。且以禪源題之。

(2) 명칭에 의거하여 의미를 해석함(2항목)

二約名釋義二

① 근원을 해석함(3항목)

一釋源三

가. 잘못된 해석을 표하여 듦

一標擧錯解

도서 지금 단지 진성眞性만을 지목하여 선禪이라고 하는 것은 이행理行의 뜻을 알지 못할 뿐만 아니라, 중국과 인도의 음도 구별하지 못한다는 것을 보여 주는 것이다.

今時有但目眞性禪者。是不達理行之旨。又不辨華竺之音也。

나. 의혹을 풀고 근원을 보임

二遣惑現源

도서 그러나 진성眞性을 떠나 별도로 선의 본체가 있는 것이 아니다. 단지 중생이 진성에 어둡고 진애塵埃에 물들면 이것을 산란이라 하고, 진애를 등지고 진성과 합하면 선정이라고 말한다. 만약 본성을 직접 논한다면 진眞도 아니고 망妄도 아니며, 등지는 것도 아니고 합하는 것도 아니다. 정定도 없고 산란도 없으니, 무엇을 선이라 하겠는가. 더구나 이 진성은 선문禪門의 근원일 뿐만 아니라 만법의 근원이기 때문에 법성이라 하고, 중생의 우매함과 깨달음의 근원이기 때문에 여래장장식[『능가경』에 나온다.]이라고도 한다. 또 모든 부처가 지닌 만덕의 원천이기 때문에 불성[『열반경』등의 경]이라고도 하며, 보살만행의 근원이기 때문에 심지心地라고도 한다.

然非離眞性。別有禪體。但衆生迷眞合塵。即名散亂。背塵合眞名爲禪之。若直論本性。即非眞非妄。無背無合。無之無亂。誰言禪乎。況此眞性。非唯是禪門之源。亦是萬法之源。故名法性。亦是衆生迷悟之源。故名如來藏藏識【出楞伽經】。亦是諸佛萬德之源。故名佛性【涅槃等經】。亦是菩薩萬行之源。故名心地。

원주 『범망경』「심지법문품」에서 이르기를, "이것은 모든 불타의 본원이고, 보살도를 행하는 근본이며, 대중과 여러 불자의 근본이다."라고 하였다.

梵網經心地法門品云。是諸佛之本源。行菩薩道之根本。是大衆諸佛子之根本也。

다. 잘못된 해석을 결론으로 깨뜨림

三結破錯解

도서 만행은 육바라밀을 벗어나지 않는다. 선문은 단지 육바라밀 중의 하나로서 그 다섯 번째에 해당하는데, 어떻게 전체적으로 진성眞性을 지목하여 하나의 선행禪行이라 할 수 있는가.

萬行不出六波羅蜜。禪門但是六中之一。當其第五。豈可都目眞性爲一禪行哉。

② **선을 해석함**(3항목)

二釋禪三

가. **홀로 공용을 밝힘**(3항목)

一獨明功用三

가) 청정한 법을 생기게 함

一能生淨法

도서 그러나 (육바라밀 중) 선정이라는 하나의 실천행이 가장 신묘하다. 그것은 자성상自性上에 무루의 지혜를 일으키며 일체의 미묘한 작용과 수많은 수행과 공덕, 내지 신통광명이 모두 선정으로부터 일어나기 때문이다.

然禪之一行。最爲神妙。能發起性上無漏智慧。一切妙用。萬行萬德。乃至 神通光明。皆從之發故。

나) 도를 구함에 반드시 의지해야 함

二求道必依

도서 그러므로 삼승의 학인이 성도聖道를 구하고자 하면, 반드시 선禪을 닦아야 한다. 선을 떠나 들어갈 문이 없고 선을 떠나 나아갈 길이 없다.

故三乘學人。欲求聖道。必須修禪。離此無門。離此無路。

다) 염불도 선을 닦아야 함

三念佛亦修

도서 염불로 왕생정토를 구하는 데도 십육관선十六觀禪[1]과 염불삼매와 반

---

[1] 십육관선十六觀禪 : 16가지 관법으로 『無量壽經』에 나온다. 십육관법 · 십육상관 · 십육묘관 등으로 불린다. 염불하는 사람들이 아미타의 신상이나 정토를 염하여 왕생 서방하는 관법이다. 그것은 다음과 같다. ① 일상관日想觀 – 정좌하고 서향하여 지는 해를 자세히 보는 것. ② 수상관水想觀 – 처음은 서방西方의 일체를 물이라고 보고, 둘째는 물이 얼음이 되어 비치는 것을 유리처럼 보는 것. ③ 지상관地想觀 – 땅의 상하가 모두 유리 보배라고 보는 것. ④ 보수관寶樹觀 – 극락세계의 나무를 모두 보배로 보는 것. ⑤ 보지관寶池觀 – 극락의 팔공덕수를 칠보 연화로 보는 것. ⑥ 보루관寶樓觀 – 앞의 총관상으로 하나하나의 세계 위에 무수한 보루가 있다고 보는 것. ⑦ 화좌관華座觀 – 불과 관음세지 두 보살이 앉아 있는 화좌를 생각함. ⑧ 상상관像想觀 – 금색불상이 화좌에 앉아 있는 것을 생각으로 봄. ⑨ 진신관眞身觀 – 무량수불의 진신을 관함. ⑩ 관음관音觀 – 미타 협시 가운데 관음상을 관상함. ⑪ 세지관勢至觀 – 협시 대세지보살 상을 관상함. ⑫ 보관普觀 – 스스로 극락세계에 왕생함을 관함. ⑬ 잡상관雜想觀 – 장륙불상이 연못 위에 있는

주삼매般舟三昧²를 닦아야 한다.

至於念佛。求生淨土。亦修十六觀禪及念佛三昧。般舟三昧。

나. 깊고 얕음을 대응하여 구별함(3항목)

二對卞深淺三

가) 진성을 들어 표시를 세워 일으킴

一擧性標起

도서 또 진성은 더럽지도 않고 깨끗하지도 않으며 범부와 성인의 차별도 없지만, 선은 깊고 얕음이 있어서 등급에 차이가 있다.

又眞性即不垢不淨。凡聖無差。禪則有淺有深。階級殊等。

나) 별도로 깊고 얕음을 밝힘

二別明深淺

모양을 관함. ⑭ 상배관上輩觀 – 구품 중 상품에 이르는 으뜸가는 무리를 관함. ⑮ 중배관中輩觀 – 중품에 생하는 중배를 관함. ⑯ 하배관下輩觀 – 하품에 생하는 하배를 관함.

2 반주삼매般舟三昧 : 정행의 일종이다. 7일 혹은 90일로 일정 기간을 정하고 삼매를 수행하면 부처를 볼 수 있다고 한다. 신업을 바르게 하고 입으로는 불 명호를 부르며 뜻으로 불체를 관하여 삼업이 상응하는 삼매를 가리킨다.

도서 법도에 맞지 않는 방법으로 상계上界를 좋아하고 하계下界를 싫어하여 닦는 것은 외도선이고, 인과를 확고히 믿어 (상계를) 좋아하고 (하계를) 싫어하여 닦는 것은 범부선이다. 아공我空이라는 치우친 진리를 깨달아 닦는 것은 소승선이고, 아공我空과 법공法空 두 공이 드러나는 진리를 깨달아 닦는 것이 대승선이다.

謂帶異計。欣上厭下而修者。是外道禪。正信因果亦以欣厭而修者。是凡夫禪。悟我空偏眞之理而修者。是小乘禪。悟我法二空所顯眞理而修者。是大乘禪。

원주 위의 네 부류에는 모두 사색四色·사공四空[3]의 차이가 있다.[4]

上四類。皆有四色四空之異也。

도서 자기의 마음이 본래 청정하여 번뇌가 없으며, 무루의 '아는 본성'이 본래 갖추어져 있다는 것을 단번에 깨달으면, 이 마음이 곧 부처로서 둘은 궁극적으로 다르지 않은 것이다. 이에 의거하여 닦는 것이 최상승선이다. 또 이것을 여래청정선이라고도 하고, 일행삼매一行三昧[5]라고도 하며, 진여삼매라고도 한

---

3 사색四色·사공四空 : 사색은 문맥으로 보아 색계色界 사선천四禪天, 사공은 무색계無色界 사공천四空天을 가리키는 것으로 보인다. 사선천에는 ① 초선천初禪天(인간의 음식을 먹지 않는다. 희락과 심사의 사유 능력이 남아 있다.), ② 제2선천(오직 의식만이 있어 희喜·사捨와 상응한다.), ③ 제3선천(오직 의식 활동만이 낙樂·사捨와 상응한다.), ④ 제4선천(오직 사捨와 상응하는 의식 활동만이 있다.)이 있다. 사공천은 무색계 사천이라고도 하는데, ① 공무변처空無邊處, ② 식무변처識無邊處, ③ 무소유처無所有處, ④ 비상비비상처非想非非想處를 이른다.
4 이 문장이 저본에는 본문으로 되어 있지만, 상봉 정원의 『都序分科』에는 주석문으로 처리되어 있고, 『都序』의 다른 판본에도 주석문으로 처리되어 있다.
5 일행삼매一行三昧 : 마음을 한 가지로 정하여 닦는 삼매다. 진여삼매眞如三昧 또는 일상

다. 이것은 일체 삼매의 근본이니, 끊임없이 닦아 익힌다면, 저절로 백천 삼매를 점차적으로 얻게 될 것이다.

若頓悟自心。本來淸淨。元無煩惱。無漏知性本自具足。此心即佛。畢竟無異。依此而修者。是最上乘禪。亦名如來淸淨禪。亦名一行三昧。亦名眞如三昧。此是一切三昧根本。若能念念修習。自然漸得百千三昧。

다) 깊은 선을 단순하게 결론지음

三單結深禪

도서 달마 문하에 계속하여 전해져 온 것이 이 선(최상승선)이다.

達摩門下。展轉相傳者。是此禪也。

다. 난문을 회통하여 수승함을 드러냄

三通難現勝

도서 달마가 오기 전, 예로부터 모든 선가에서 안 것은 오로지 다 사선四禪과 팔정八定[6]뿐이었으니, 모든 고승들이 그것을 닦아서 공용을 얻었던 것이다.

삼매一相三昧라고도 한다. 『六祖壇經』에서는 "어느 곳에서나 언제나 항상 하나의 곧은 마음을 행하는 것"이라 하였다.

[6] 사선四禪과 팔정八定 : 사선은 색계 사선이고, 색계 사선과 무색계 사무색정四無色定을 합하여 팔정이라고 한다. 색계와 무색계를 상대했을 때, 색계를 선禪, 무색계를 정定이라 한다. 그러나 욕계의 산란과 색계와 무색계의 선정 중, 색계의 선정을 정혜 균등이라 하고 무색계의 선정은 정이 많고 혜가 적다고 한다.

남악 혜사(515~577)와 천태 지의(538~597)는 삼제三諦[7]의 이치에 의지하여 삼지三止[8]·삼관三觀을 닦도록 하였으니, 교의는 비록 가장 원만하고 미묘하지만, 들어가는 문호와 그 차례는 앞에서 말한 모든 선의 행상行相과 다르지 않다. 오직 달마가 전한 법만이 부처의 본체와 전적으로 같기 때문에 여타의 여러 문파와는 현격하게 다르다.

達摩未到。古來諸家所解。皆是前四禪八定。諸高僧修之。皆得功用。南嶽天台。令依三諦之理。修三止三觀。教義雖最圓妙。然其趣入門戶次第。亦只是前之諸禪行相。唯達摩所傳者。頓同佛體。迥異諸門。

2) 모든 전적을 거듭 밝힘(2항목)

二躡明諸詮二

---

7 삼제三諦 : 천태종에 의하면, 제법실상의 진리는 공·가·중 삼제로 나눌 수 있다고 한다. 공제란 진제 또는 무제라고도 부른다. 제법이 본래 공하지만 중생이 알지 못하여 실제라고 집착함으로 인해 망견을 내게 된다. 따라서 공관으로 대치하면 진공의 이치를 깨닫게 된다. 가제는 속제 또는 유제라고도 한다. 제법이 본래 공하지만 인연이 모이면 뚜렷이 드러난다. 공 가운데 일체법을 세우기 때문에 가제라 부르는 것이다. 중제는 중도제일의제라고도 한다. 중관으로 관하면 제법은 본래 양변을 떠나지 않으며, 양변에 즉하지도 않는다. 진도 아니고 속도 아니며, 진에도 즉하고 속에도 즉한다. 청정하고 확 트여 원융무애하기 때문에 중제라고 하는 것이다.
8 삼지三止 : 삼지란 천태종의 공·가·중 삼관에 대해 세운 3종의 지행으로 체진지體眞止·방편수연지方便隨緣止·식이변분별지息二邊分別止의 세 가지이다. 체진지란 공관에 대응하여 세운 것으로 무명전도의 망상을 체득하는 것이 실상의 진리이기 때문에 체진지라 부른다. 방편수연지란 가관에 대응하여 세운 지행이다. 보살이 연을 따라 경계를 겪으면 마음이 속제에 편안해져서 움직이지 않는 것을 가리킨다. 식이변분별지란 중관에 대응해 세운 지행으로 생사와 열반, 유와 무 등 이변의 상을 분별하지 않는 것을 일컫는다.

(1) 별도로 폐단을 밝힘(2항목)

一別明設弊二

① 이사본말의 폐단(2항목)

一理事本末之弊二

가. 그 유래를 표하여 일으킴

一標起由緖

[도서] 그러므로 본종本宗에서 익히는 자가 그 본지를 터득하는 것이 매우 어렵다. 그것을 터득하면 성인이 되어 곧바로 보리를 얻지만, 잃으면 삿됨에 떨어져 즉시 도탄에 빠진다. 앞의 조사들은 초기에 실수를 막으려고, 한 사람이 한 사람에게만 (법을) 전하였지만, 후대에는 이미 의지할 곳(법을 깨달은 종장)이 있기 때문에 응당 천 개의 등불이 천 곳을 비추게 될 것이다.

故宗習者。難得其旨。得即成聖。疾證菩提。失即成邪。速入塗炭。先祖草昧防失故。且人傳一人。後代已有所憑。故任千燈千照。

나. 폐단이 되는 것을 바로 밝힘

二正明爲弊

[도서] 그러나 법이 오래되니 폐단이 생겨 오류에 빠진 자가 많았기 때문에

경론을 배우는 자들의 의심과 비방 또한 적지 않았다.

洎乎法久成弊。錯謬者多故。經論學人疑謗亦衆。

② 해와 행에 있어서 시종의 폐단(2항목)

二解行始終之弊二

가. 유래를 표하여 일으킴

一標起由緒

도서 처음 붙타는 돈교頓敎와 점교漸敎를 설하시고, 선禪으로 돈문頓門과 점문漸門을 여니, 돈교·점교 이교와 돈문·점문 이문이 각각 서로 부합한다.

原夫佛說頓敎漸敎。禪開頓門漸門。二敎二門。各相符契。

나. 폐단이 되는 것을 바로 밝힘

二正明爲弊

도서 그러나 지금 강講하는 사람들은 점교의 의미를 지나치게 드러내고, 선禪하는 사람들은 돈종頓宗을 일방적으로 전파하니, 선禪과 강講이 서로 만나는 것이 호胡나라와 월越나라[9]처럼 간극이 깊게 될 것이다.

---

9 호胡나라와 월越나라 : 중국에서 호나라는 북쪽에 있고, 월나라는 남쪽에 있어 서로

今講者。偏彰漸義。禪者偏播頓宗。禪講相逢。胡越之隔。

(2) 폐단을 구하는 것을 회통하여 밝힘(2항목)

二通明救弊二

① 바로 밝힘(3항목)

一正明三

가. 시종을 표하여 일으킴

一標起端兒[1]
-----
1) ㉠ '兒'는 '倪'의 오기인 듯하다.

도서 종밀은 숙생에 어떻게 이 마음을 훈습하였기에 자신은 해탈하지 못하면서 다른 사람의 속박을 풀어 주려 하고, 법을 위해 자기의 신명을 잊어버리면서 타인을 불쌍히 여기는 데만 정신이 빠져 있는지 도무지 알 수가 없다.

宗密不知。宿生何作。熏得此心。自未解脫。欲解他縛。爲法忘於軀命。愍人切於神情。

원주 또 『정명경淨名經』[10]에서 "자신에게 속박이 있으면서 타인의 속박

소원하고 격리된 것을 비유하는 말이다.
10 『정명경淨名經』: 『維摩經』을 말한다. 정명淨名은 유마 거사의 호, '무구칭'이라고도 한다. 불타의 세속 제자. 인도 비야리국 장자로 보살 행업을 닦은 사람.

을 풀어 주는 것은 합당한 일이 아니다."[11]라고 말한 것을 알고 있다. 그러나 (이런 일을) 없애려고 하여도 어찌할 수 없으니, 이것은 필시 숙세에 익힌 것을 고치기 어렵기 때문일 것이다.

亦知淨名云。若自有縛。能解他縛。無有是處。然欲罷不能。驗是宿習難改故。

나. 폐단을 구하는 것을 바로 밝힘

二正明救弊

도서 사람과 법이 어긋나서 법이 사람의 병이 되는 것을 항상 탄식해 온 까닭에 경·율·논의 소疏를 별도로 찬술하여 계·정·혜의 문을 크게 열고, 돈오를 드러내어 점수를 보완함으로써 조사의 말씀이 불타의 뜻에 부합함을 증명하였다.

每歎人與法差。法爲人病故。別撰經律論疏。大開戒定慧門。顯頓悟資於漸修。證師說符於佛意。

다. 잠복된 난문을 해석하여 해결함

三釋通伏難

도서 의미는 이미 본말을 자세히 보여 주지만 문장이 방대하여 그것을 찾기 어려우니, 배우는 사람은 많지만 뜻을 파악한 자는 적다. 더구나 추구하는

---

11 『維摩詰所說經』 권2 「文殊師利問疾品」(T14, 545b3~4).

것은 명名과 상相을 따라가는 데 있으니 금과 놋쇠를 누가 분간하겠는가. 헛되이 피로하고 수고로울 뿐이니, 근기(학자들을 가리킴)에 감응함이 보이지 않는다.

意既本末委示。文乃浩博而難尋。汎學雖多。秉志者少。況迹涉名相。誰辨金鍮。徒¹⁾自疲勞。未見機感。

1) ㉘ '徙'는 '徒'가 되어야 한다.

② 난문을 해결함(2항목)

二通難二

가. 타인을 책망하는 것이 자신을 미혹하게 하는 장애가 된다는 것을 해결함¹²

一通責他迷己之妨

[도서] 불타가 자비를 증장시키는 것이 수행이라고 설하셨지만, 내(규봉 종밀 자신) 스스로 애견愛見을 막기 어려움을 걱정하였다. 마침내 대중을 버리고 입산하여 정과 혜를 균등하게 닦아 전후에 번잡한 생각을 쉰 지가 어느덧 10년이나 되었다.

雖佛說悲增是行。而自慮愛見難防。遂捨衆入山。習之均慧。前後息慮。相

---

12 상봉 정원은 이곳에 추봉과 다른 과목명을 붙이고, 그 아래에 다음과 같은 주석을 붙이고 있다. "어떤 사람이 '자신도 해탈하지 못하고 어떻게 타인을 경책한다고 하는가?'라고 힐난했기 때문에 아래에 그것을 통하게 하였다."

繼十年。

원주 '전후'라고 한 것은 중간에 칙명을 받고 조정에 들어가 2년 동안 성에 머물다가 마침내 물러나 산으로 돌아갈 것을 왕에게 청한 것을 말한다.

云前後者。中間被勑。追入內住城二年。方却來請歸山也。

도서 미세한 습기의 망념이 일어나고 사라지는 것은 고요한 지혜에 드러나고, 서로 다른 법과 의미는 텅 빈 마음에 나타난다. 문틈으로 비치는 햇빛에 먼지가 어지럽게 떠돌고, 맑은 연못 속에 만상의 그림자가 분명하게 비친다. 헛되이 침묵만을 지키는 어리석은 선禪과 문자만을 찾아 헤매는 산란하고 얕은 지혜에 어찌 견줄 수 있겠는가.

微細習情起滅。彰於靜慧。差別法義羅列。現於空心。虛隙日光。纖埃擾擾。清潭水底。影像昭昭。豈比夫空守默之癡禪。但尋文之狂慧者也。

나. 어리석은 선과 산란하고 얕은 지혜를 가진 사람의 비방을 전환하여 해결함

二轉通癡禪狂慧者之妨

도서 그러나 본래 자기 마음을 깨달아야 모든 가르침을 분간하기 때문에 심종心宗[13]에 뜻을 다하고, 모든 가르침을 분간함으로써 마음을 닦을 줄 알기 때문에 교의敎義에 정성을 다한다.

---

13 심종心宗 : 불심종佛心宗으로 선종禪宗을 말한다.

然本因了自心而辨諸教故。懇情於心宗。又因辨諸教而解修心故。虔誠於敎義。

3) 모으는 뜻을 간략히 통함

三略通集意

도서 교敎교란 제불 보살이 남긴 경론이고, 선禪이란 모든 선지식이 찬술한 언구와 게송이다. 불경은 광활하여 대천의 팔부중八部衆을 망라하지만, 선비禪偈는 간략하여 이 방면의 한 부류 근기만이 따라간다. 여러 무리를 망라하면 넓고 망망하여 의지하기 어렵지만, (일방一方의) 근기를 따라가면 분명하고 명확하여 사용하는 것이 쉽다. 지금 편찬하여 모으는 뜻이 여기에 있다고 하겠다.

敎也者。諸佛菩薩所留經論也。禪也者。諸善知識所述句偈也。但佛經開張。羅大千八部之衆。禪偈撮略。就此方一類之機。羅衆則莽蕩難依。就機則指的易用。今之纂集。意在斯焉。

2. 별도로 의미의 형태를 해석함 (3항목)

二別釋義相三

1) 이 책을 찬집하는 내력 (3항목)

一纂集由緒三

(1) 선전만을 모은 것을 바로 밝힘(2항목)

一正明偏集禪詮二

① 체제와 법식을 질문하여 밝힘(2항목)

一徵明體式二

가. 선은 불교를 간략하게 취한 것이 아니라는 것을 질문함

一禪非佛敎撮略問

[도서] 問 모아서 간략하다고 하는 것은, 글은 비록 간략하지만, 마땅히 의미가 두루 갖추어지고 이치가 축약되어 있기 때문에 많은 의미가 적은 글 가운데 있는 것이다. 또 제불의 경설은 모두 법[법체法體]과 의[의리義理], 인因[삼현·십지·삼십칠품·십바라밀이다.]과 과果[불의 덕용德用], 신信[법을 믿음]·해解[의미를 앎]·수修[지위를 밟아 안을 닦음]·증證[과를 증득함]을 갖추고 있다. 비록 세계가 각각 다르고 교화하는 뜻이 같지 않지만 가르침을 세우는 데는 이것이 모두 완비되어야 한다. 그러므로 『화엄경』에서는 매 회會, 매 위位마다 결론에서 시방세계가 다 이 말씀과 같다고 설하는 것이다. 지금 모아 놓은 모든 선가의 선 관련 저술을 보니, 질문에 따라 반대로 질문하고, 돌아서 세우고 돌아서 부순다. 그 순서가 없으니 시종이 보이지 않는데, 어떻게 불교의 요점을 간략하게 취했다고 할 수 있겠는가?

問。夫言撮畧者。文雖簡約。義須周足。理應撮束。多義在少文中。且諸佛說經。皆具法【法體】義【義理】。因【三賢十地三十七品十波羅蜜也】果【佛之德用】。

信【信法】解【解義】修【歷位修因】證【證果】。雖世界各異。化儀不同。其所立敎。無不備此。故華嚴每會每位。皆結云十方世界。悉同此說。今覽所集諸家禪述。多是隨問反質。旋立旋破。無其倫序。不見始終。豈得名爲撮畧佛敎。

나. 불조사의 나타난 본질이 각각 다르다고 답함(3항목)

二佛祖事體各別答三

가) 총체적으로 표함

初總標

[도서] [답] 불타가 세상에 나와 가르침을 세우신 것과 조사가 장소에 따라 사람들을 제도한 것은 일의 본질이 각기 다른 것이다.

答。佛出世立敎。與師歸處度人。事體各別。

나) 별도로 해석함

二別釋

[도서] 불교는 만대에 믿고 의지해야 할 가르침이니, 그 이치를 자세히 보여주어야 하지만, 조사의 가르침은 중생을 즉시 해탈시키는 데 있으니, 의미를 현묘하게 통하도록 해야 하는 것이다. 현묘하게 통하려면 반드시 언어를 잊어버려야 하는 것이니, 말하자마자 말한 흔적을 남기지 않아야 한다. 그 흔적이 의식의 바탕에 끊어지고, 이치가 마음의 근원에 드러나면 신해수증信解修證[14]을 하

지 않아도 자연스럽게 성취되고, 경·율·논과 소를 익히지 않아도 자연스럽게 깊이 통달한다. 그러므로 어떤 사람이 도 닦음을 물으면, 닦음이 없다고 대답하고, 어떤 사람이 해탈 구하는 것을 물으면, "누가 묶었는가?"라고 도리어 질문한다. 어떤 사람이 성불의 길을 물으면, 본래 범부가 없다 하고, 어떤 사람이 임종할 때에 "마음이 편한가?"라고 물으면, 즉시 본래 일이 없다고 대답한다. 혹 또 이것은 망妄이고 이것은 진眞이며, 이와 같이 마음을 쓰고 이와 같이 업을 쉬어야 한다고 말한다.

요점을 들어 말하면, 이것은 당시 상황에 따라 그 시대의 근기에 응했을 뿐이니, 아뇩보리阿耨菩提라고 할 수 있는 정해진 법이 어떻게 있겠으며, 마하반야摩訶般若라고 할 만한 정해진 법이 어떻게 있겠는가. 단지 사념思念에 생각할 것이 없고, 뜻에 해야 할 것이 없으며, 마음에 생겨나는 것이 없고, 지혜에 머무는 일이 없으면, 곧 진실한 믿음이고 진실한 앎이며 진실한 수행이고 진실한 증득이다. 자신의 마음을 깨닫지 못하고, 단지 명칭과 교의에 집착하여 불도를 구하려 하는 자여, 어찌 밝게 보지 못하는가. 글자를 알아 경을 보는 것이 본래 증오證悟가 아니니, 글을 풀이하고 의미를 해석하는 것은 오직 탐심과 진심, 사견만 치성하게 하는 것이다. 더구나 아난阿難은 오랜 세월 많이 듣고 모든 선법을 지녀도 성과聖果에 오르지 못하다가, 허망한 인연을 쉬고 스스로에게 광명을 돌이켜 비추는 순간 무생無生을 증득하지 않았는가.

> 佛教爲萬代依憑。理須委示。師訓在即時度脫。意使玄通。玄通必在忘言故。言下不留其迹。迹絶於意地。理顯於心源。即信解修證。不爲而自然成就。經律論疏。不習而自然冥通。故有問修道。即答以無修。有問求解脫。即反質誰縛。有問成佛之路。即云本無凡夫。有問臨終安心。即云本來無

---

14 신해수증信解修證 : 불도 수행의 1기로 먼저 법을 믿고, 다음 그 법을 요해하며, 그 법에 의지하여 행을 닦아 마지막으로 과를 증득하는 것. 청량 징관은 신해수증이라는 틀로 『華嚴經』을 해석한다.

事。或亦云此是妄此是眞。如是用心。如是息業。擧要而言。但是隨當時事。
應當時機。何有之法。名阿耨菩提。豈有之行。名摩訶般若。但得情無所念。
意無所爲。心無所生。慧無所住。卽眞信眞解眞修眞證也。若不了自心。但
執名敎。欲求佛道者。豈不現見。識字看經。元不證悟。銷文釋義。唯熾貪
瞋邪見。況阿難多聞摠持積歲。不登聖果。息緣返照暫時。卽證無生。

다) 결론으로 답함

三結答

도서 가르침을 펴는 이익과 사람을 제도하는 방편에는 각각 그 이유가 있
으니, 문자를 따르지만 귀하게 여기지 않는다는 것을 알아야 한다.

卽知垂敎之益。度人之方。各有其由。不應於文字而貴也。

② 편찬하여 모은 것을 설명함(2항목)

二釋成纂集二

가. 질문

初問

도서 문 이미 거듭하여 뜻을 얻었으니, 문자에 매달리는 것을 귀하게 여기
지 않는데, 무엇 때문에 모든 구게句偈를 모아 편찬하는가?

問。既重得意。不貴專文。即何必纂集此諸句偈。

나. 대답

二答

도서 답 모아 편찬하는 데는 두 가지 의미가 있다. 첫째, 스승에게 가르침을 받아 깨달음을 얻었지만 번거로운 생각을 끊지 못했거나, 선지식을 만나지 않았지만 곳곳에서 깨달음을 얻은 자가 그것을 보게 하여 모든 스승들의 말뜻을 두루 알고 그 마음을 통하여 다른 생각을 끊게 하려는 것이다. 둘째, 깨달아 안 사람이 다른 사람의 스승이 되고자 할 때, 그 견문을 넓히고 방편을 증장시켜 대중을 받아들이고 문답으로 가르치는 법을 알게 하기 위한 것이다. 위에서 "1천 세계에 펼치면 넓고 망망하여 의지하기 어렵지만, 일방을 따르면 분명하고 명확하여 사용하기 쉽다."라고 한 것이 이것이다.

答集有二意。一雖有師授。而悟不決定。又不逢善知識。處處勘契者。令覽之遍見諸師言意。以通其心。以絕餘念。二爲悟解了者。欲爲人師。令廣其見聞增其善巧。解攝衆答問教授也。即上云羅千界莽蕩難依。就一方指的易用是也。

(2) 겸하여 교의를 수용하도록 가까이서 해결해 줌

二傍通兼收教義

도서 그러나 그것(선문을 모아 편찬하는 것)은 단지 언어를 잊는 문에 바로 이르도록 도울 뿐만 아니라 겸하여 가르침을 베푸는 일을 돕는 이로움이 있다.

아울러 뜻이 부처에 계합함은 물론 글이 경전에 맞도록 하고자 하는 것이다. 이미 글은 유사한 것 같지만 (뜻이) 어긋나서 경전에 맞도록 한다는 것은 실로 쉽지 않다. 일대장경을 대승과 소승, 권교權敎와 실교實敎,[15] 요의了義와 불요의不了義[16]로 판석判釋하여야 비로소 인정할 수 있게 된다. (이렇게 될 때) 모든 종파의 선문이 각각 종지가 바로 서서 불타의 뜻에 어긋나지 않을 것이다. 대장경의 경론을 통합하면 3종種이고, 선문의 말과 가르침도 통합하면 또한 마찬가지로 3종宗이 된다.【각각 아래의 글에서 나열하여 해석하였다.】 이들을 배대할 때 서로 부합해야만 비로소 원만한 견해가 이루어지는 것이다.

然又非直資忘言之門。亦兼裨垂敎之益。非但令意符於佛。亦欲使文合於經。旣文似乖而令合。實爲不易。須判一藏經大小乘權實理。了義不了義。方可印之。諸宗禪門。各有旨趣。不乖佛意也。謂一藏經論。統唯三種。禪門言敎。亦統唯三宗【各在下文列釋】。配對相符。方成圓見。

(3) 별도로 찬술한 삼장의 글을 전환하여 소통함(2항목)

三轉通別撰三藏文二

① 질문

初問

---

15 권교權敎와 실교實敎 : 권교는 방편교로서 권도로 가르침을 삼는다. 실교는 진실한 가르침으로서 진실구경의 뜻을 말한다. 천태종에서는 『法華經』만이 유일한 실교이고, 여타의 경전은 모두 권교라고 주장한다.
16 요의了義와 불요의不了義 : 요의는 분명하게 설하여 궁극적인 실제 의미를 드러내는 것을 말하고, 불요의란 드러내어 설한 것이 완전하지 않아 미진한 것을 가리킨다.

도서 問 지금 집성한 선의 전적은 경론과 어떤 관계가 있는가?

問。今集禪詮。何關經論。

② 대답함(2항목)

二答二

가. 총체적으로 대답함

初總答

도서 答 열 가지 이유가 있다. 반드시 경론의 방편과 실제를 알아서 모든 선禪의 시비를 가리고, 선의 마음에 대한 성상性相을 알아서 경론의 이사理事를 이해해야 한다.

答。有十所以。須知經論權實。方辨諸禪是非。又須識禪心性相。方解經論理事。

나. 개별적으로 대답함[17](2항목)

---

17 상봉 정원의 『都序分科』에는 다음과 같은 주석이 있다. "슬프다. 선교의 근원이 하나이지만, 피차가 그 근원에 어두워 서로 내가 옳다 네가 그르다고 하니, 선禪과 강講(敎)을 화회하려는 것이다. 첫머리에서 그 첫째 이유를 밝혔다. 공종空宗과 상종相宗이 서로 잘못이라 하여 쟁론을 쉬지 않는다. 다음에는 둘째 이유를 밝혔다. 앞의 2장章으로 인해 쟁론을 쉬는 것은 알지만, 경론을 철저히 알지 못하여 불타의 견해와 같은지를 알기 어렵다. 셋째 이유, 경론에 의지한다고 말하지만 권교와 실교를 가리지 못하여 무엇에 의지해야 할지 알지 못한다. 넷째 이유, 권실은 알지만 비교해 보는 데 어두

二別答二

가) 장의 명칭을 표시하여 나열함

初標烈[1]章名
1) ㉠ '烈'은 '列'이 되어야 한다.

도서 첫째, 스승에게는 본말本末이 있다. 근본에 의거하여 지말枝末을 인정하기 때문이다.

둘째, 선에는 여러 종파가 있다. 서로 어긋나고 막히기 때문이다.

셋째, 경은 먹줄과 같다. 법도에 맞게 삿됨과 바름을 반듯하게 정하기 때문이다.

넷째, 경에는 방편과 실제가 있다. 요의了義에 의지해야 하기 때문이다.

다섯째, 양量에는 세 가지가 있다.[18] 서로 맞추면 같아야 하는 까닭이다.[19]

여섯째, 의심에는 여러 가지가 있지만, 전적으로 통하여 결정을 내려야 하기 때문이다.

위 삿됨과 바름을 밝히기 어렵다. 다섯째 이유, 삼량이 같아서 삿됨을 따르는 것을 면할 수 있지만, 경솔하고 부주의하여 오히려 남은 의심이 있다. 여섯째 이유, 여러 의심은 제거했으나 법法과 의義를 분별하지 못하여 언어를 따라 알음알이를 낸다. 일곱째 이유, 법과 의를 들고 사가四家가 쟁론을 쉬었으나 참됨과 허망함을 구별하지 못하여 명칭과 언어에 막힌다. 여덟째 이유, 팔문八門에 의해 각자의 잘못을 알았으나 오悟와 수修에서 돈점頓漸이 어긋나고 막힌다. 아홉째 이유, 돈점을 구별하여 요의了義를 알았으나 이를 전수하는 데 밝지 않아 (중생을 치료하는) 병과 약을 알지 못한다. 마지막 열째 이유, 이유가 이와 같으니 이미 화회가 이루어지고 상호 비방이 사라졌지만 선禪과 강講의 성상性相을 망정妄情으로 고집한다. 첫째에서 열째까지 운운하며 어둡고 우매한 것을 거친 솜씨로 구별하였다. 뒤에 글이 있다."

18 양量에는 세 가지가 있다(三量) : 현량現量·비량比量·성언량聖言量이다.

19 서로 맞추면~하는 까닭이다 : 물고기 형상의 신표가 부합하는 것을 말한다. 나무 또는 주물로 물고기 형상을 만들어 글자를 새긴 후 둘로 쪼개어 하나씩 갖는다. 나중에 그것을 맞추어 상대방을 믿는다. 삼량을 서로 맞추면 같아야 한다는 뜻이다.

일곱째, 법法과 의義가 같지 않다. 반드시 분별해 알아야 하기 때문이다.

여덟째, 마음은 성상性相에 통한다. 명칭은 같지만 뜻이 다르기 때문이다.

아홉째, 오悟와 수修, 돈頓과 점漸이 있다. 말은 유사하지만 (뜻은) 어긋나기 때문이다.

열째, 스승은 방편을 전수한다. 마땅히 약과 병을 알아야 하기 때문이다.

一師有本末。憑本印末故。二禪有諸宗。互相違阻故。三經如繩墨。楷之邪正故。四經有權實。須依了義故。五量有三種。勘契須同故。六疑有多般。須具通決故。七法義不同。善須辨識故。八心通性相。名同義別故。九悟修頓漸。言似違反故。十師授方便。須識藥病故。

나) 문장에 의거하여 그에 따라 해석함(10항목)

二依章隨釋文十

(가) 첫째 글(3항목)

初文三

㉮ 거듭 표함

一標牒

도서 첫 번째 말한 "스승에게는 본말이 있다."라고 한 것에 대하여 설명한다.

初言師有本末者。

㉯ 분별하여 밝힘(2항목)

二辨明二

ㄱ. 옛것을 들어 겸하여 전함(2항목)

一擧古兼傳二

ㄱ) 바로 밝힘

一正明

도서 모든 종파의 시조는 석가釋迦이다. 경은 부처의 말씀이고, 선은 부처의 뜻이기 때문에 모든 부처의 마음과 말은 반드시 서로 어긋나지 않는다. 여러 조사가 서로 이어 온 근본은 부처가 친히 부촉하신 것이고, 보살이 논을 지은 시말은 오직 불경을 홍포하기 위함이다. 더구나 가섭으로부터 우파국다(毱多)[20]에 이르기까지 널리 전한 것이 모두 삼장三藏을 겸한 것이다. 제다가提多迦[21] 이래로 승려들이 쟁론을 일으킴으로써 율律과 교敎가 별도로 유행하게 되었고 계빈국罽賓國[22] 이후 왕의 난으로 인해 경론이 분화하게 되었다. 중간에 출현한 마명馬鳴·용수龍樹가 모두 조사祖師이지만, 논을 짓고 경을 해석한 것이 수천만 게송에 이른다. 시기를 보아 중생을 교화함에 정해진 형식이 없었으니, 강강講하는 자가 선禪을 훼손하고 선하는 자가 강을 훼손하는 일은 일어나지 않았다.

---

20 우파국다 : 선종의 서천 28조 중 제4대 존자이다.
21 제다가提多迦 : 서천 28조 중 제5대 존자이다.
22 계빈국罽賓國 : 중국 한나라 때의 서역국 이름으로 지금 카슈미르 지역에 있던 나라이다.

謂諸宗始祖。即是釋迦。經是佛語。禪是佛意。諸佛心口。必不相違。諸祖相承根本。是佛親付。菩薩造論始末。唯弘佛經。況迦葉乃至毱多。弘傳皆兼三藏。提多迦已下。因僧起諍。律教別行闐賓國已來。因王難。經論釋經數千。馬鳴龍樹悉是祖師。造論釋經數千萬偈。觀風化物無之事儀。未有講者毀禪。禪者毀講。

ㄴ) 난문을 해결함

二通難

도서 달마가 인도에서 법을 받아 중국에까지 이르러 이곳의 학인들을 보니, 법을 얻지 못한 사람들이 대단히 많았다. 이들은 오직 명칭과 법수로 알음알이를 삼고 차별 현상으로 행을 삼고 있었다. (손가락으로 달을 가리킬 때) 달이 손가락에 있는 것이 아니라는 것을 알게 하기 위해, 법이 나의 마음이기 때문에 단지 마음을 마음으로 전하여 문자를 세우지 않는다고 한다. 종지宗旨를 드러내어 집착을 깨뜨리려고 이 말(문자를 세우지 않는다는 말)을 하는 것이지, 문자를 떠나 해탈을 설한다는 말이 아니다. 따라서 뜻을 얻은 사람을 가르칠 때,『금강경』과『능가경』을 자주 찬탄하면서 이 두 경이 내 마음의 요체要諦라고 말했던 것이다.

達摩受法天竺。躬至中華。見此方學人多未得法。唯以名數爲解。以事相爲行。欲令知月不在指。法是我心故。但以心傳心。不立文字。顯宗破執。故有斯言。非離文字說解脫也。故教授得意之者。即頻讚金剛楞伽云。此二經是我心要。

ㄴ. 지금의 미혹한 집착을 꾸짖음

二責今迷集

도서 요즈음 제자들은 피차가 근원에 어두워 마음을 닦는 자는 경론을 다른 종宗이라 하고, 강설하는 사람은 선문禪門을 다른 법이라고 한다. 이들은 인과因果와 수증修證을 말하는 것을 듣고 경론 학자에 속한다고 추측하여 수증이 선문의 본래 일인 줄 알지 못하며, 마음이 곧 부처라고 말하는 것을 듣고 억측으로 하는 선에 속한다고 추단하여 마음과 부처가 바로 경론의 본의인 줄 알지 못한다.

今時弟子。彼此迷源。修心者。以經論爲別宗。講說者。以禪門爲別法。聞談因果修證。便推屬經論之家。不知修證。正是禪門之本事。聞說即心即佛。便推屬胸襟之禪。不知心佛。正是經論之本意。

원주 어떤 사람이 선사가 어떻게 강설을 할 수가 있느냐고 힐난하여 물었기 때문에 내가 지금 이렇게 대답하는 것이다.[23]

有人難云。禪師何得講說。余今此答也。

㉓ 결론으로 대답함

三結答

도서 지금 만약 권교權敎와 실교實敎라는 경론으로써 깊고 얕은 선종에 배

---

23 상봉 정원의 『都序分科』에는 이 아래에 다음의 주석이 있다. "아래의 다섯 번째 질문을 가리키는 것이다."

대하지 않는다면, 어떻게 교教를 가지고 마음을 관조하며 마음으로 교를 알 수 있겠는가.

今若不以權實經論。對配深淺禪宗。焉得以敎照心。以心解敎。

(나) 둘째 글(3항목)

二中文三

㉠ 문장을 거듭하여 분간하고 해석함

初牒章辨釋

도서 둘째, "선에는 여러 종파가 있어 상호 어긋난다."라고 하는 것에 대해 설명한다.

二禪有諸宗。互相違反者。

㉡ 가려 밝힘(2항목)

二卞明二

ㄱ. 모든 종파를 취하여 서로 어긋남을 보여 줌

一約諸宗示違反

도서 지금 기술한 것을 모은 것이 거의 백가百家에 이르지만 종지宗旨와 의미가 다른 것을 열 종류로 나누면, 강서江西·하택荷澤·북수北秀·남선南侁·우두牛頭·석두石頭·보당保唐·선십宣什·조나稠那·천태天台[24] 등 십가十家가 있다. 모두 다 통달하여 뜻에는 어긋나지 않으나, 종지를 세우고 법을 전하는 데는 서로 어긋나고 막힌다.

어떤 사람은 공空으로 근본을 삼고, 어떤 사람은 지해知解로 근원을 삼으며, 어떤 사람은 고요함(寂默)을 참됨이라고 한다. 어떤 사람은 가고 앉는 모든 행위가 옳다 하고, 어떤 사람은 아침저녁 분별로 만들어 낸 일체를 모두 헛된 것이라 하며, 어떤 사람은 분별이 만들어 낸 일체를 모두 참된 것이라 한다. 어떤 이는 일체의 공행이 모두 있다 하고, 어떤 이는 부처까지도 함께 없다고 한다. 어떤 이는 그 뜻대로 놓아두어야 한다 하고, 어떤 이는 그 마음을 묶어두어야 한다고 말한다. 어떤 이는 경과 율로 의지할 바를 삼아야 한다고 하고, 어떤 사람은 경과 율이 도에 장애가 된다고 한다. (자기 주장을) 가볍게 말하는 것이 아니라 확실하게 말하며, 자신의 종파는 틀림없이 홍포하고 나머지 무리는 철저히 폄훼한다.

> 今集所述。殆且百家。宗義別者。猶將十室。謂江西荷澤。北秀南侁。牛頭石頭。保唐宣什。及稠那天台等。雖皆通達。情無所違。而立宗傳法。互相乖阻有以空爲本。有以知爲源。有云寂默方眞。有云行坐皆是。有云現今朝

---

[24] 강서江西·하택荷澤~조나稠那·천태天台 : 남종선은 남악 아래의 임제·위앙 2종과 청원 아래의 조동·운문·법안 3종을 합한 오종과 임제 후의 황룡·양기파를 합하여 오가칠종을 세운다. 그런데 이상 십가는 남종선의 하택선에 속한다는 규봉이 분류한 선의 종파로서 매우 특별한 의미가 있다. 강서는 마조 도일, 하택은 신회, 북수는 북종 신수를 가리킨다. 남선은 자주 지선資州智詵(609~702)을 가리킨다. 처음 현장 삼장에게 사사, 후에 홍인의 제자가 되었다. 우두는 법융, 석두는 희천이다. 보당은 무주(714~774)를 가리킨다. 그는 무상의 제자로서 스승의 정중파에 상대되는 보당파를 열었다. 선십은 5조 홍인의 제자로 알려져 있다. 조나는 혜조慧稠와 구나求那를 가리킨다. 이 두 사람은 북위北魏의 불타 선사佛陀禪師로부터 선법을 받았다. 천태는 지의이다.

暮分別爲作。一切皆妄。有云分別爲作。一切皆眞。有萬行悉存。有兼佛亦泯。有放任其志。有拘束其心。有以經律爲所依。有以經律爲障道。非唯汎語。而乃確言。確弘其宗。確毁餘類。

ㄴ. 후학을 들어 화해할 것을 밝힘(2항목)

二擧後學明和會二

ㄱ) 이유를 바로 밝힘

一正明所以

도서 후학이 말에 집착하고 뜻에 어두워 견해가 서로 어긋나니, 어찌 화회하지 않을 수 있겠는가.

後學執言迷意。情見乖張。爭不和會也。

ㄴ) 질문과 대답으로 널리 밝힘

二問答廣明

도서 問 옳은 것은 받아들이고 옳지 않은 것은 가려내면 되는데, 어찌하여 그렇게 절실하게 화회해야만 하는가?
答 혹은 공空, 혹은 유有, 혹은 성性, 혹은 상相이라 하지만 다 어긋나고 잘못된 것은 아니다. 단지 각자가 모두 자기편은 옳다 하고, 타인은 배척하여 그르다고 하여 피차 (그것을) 확실하게 하기 때문에 화회가 필요한 것이다.

문 이미 모두 잘못된 것이 아니라면, 각기 확정한 대로 두면 될 텐데 왜 반드시 화회해야 하는가?

답 궁극의 도는 하나로 돌아가고 분명한 뜻은 둘이 아니니 양립할 수 없는 것이다. 궁극의 도는 한쪽 끝이 아니고 요의了義는 치우치지 않으니, 한편만을 취하지 말아야 한다. 그러므로 반드시 하나로 화회하여 모두를 원만 미묘하게 하여야 하는 것이다.

문 얼음을 불에 넣으면 화력이 온전하지 못하고 창으로 방패를 찌르면 결국 둘 다 승리하지 못한다. 모든 종파를 모았으나 이미 서로 어긋났기 때문에 하나가 옳다고 하면 하나는 그르다고 한다. 어떻게 하여 모두를 미묘하게 화회하겠는가?

답 대답한다. 그 법은 다 그대로 두고 병통만을 다 버리는 것이 미묘한 것이다. 법이 사람을 따르면 어렵고 사람이 법을 따르면 쉽다고 말한다. 사람들은 주로 망정을 따라 상호 집착하고 집착하면 서로 어긋나게 된다. 얼음과 불이 서로 만나고 창과 방패가 서로 대적하는 것과 같기 때문에 어려운 것이다. 법은 본래 이치와 합하여 서로 통하게 되고 통하면 서로 순응한다. 또 얼음이 저절로 녹으면 모두 물이 되고, 금가락지와 금팔찌가 녹으면 다 금이 되므로 쉽다고 하는 것이다. 요점을 말하면, 한편으로 치우치는 것은 모두 그릇되지만, 화회하는 것은 다 옳다고 하겠다.

問。是者即收。非者即揀。何須委曲和會。答。或空或有。或性或相。悉非邪僻。但緣各皆黨已爲是。斥彼爲非。彼此確之故須和會。問既皆非邪。即各任確之何必會之。答。至道歸一。精義無二。不應兩存。至道非邊。了義不偏。不應單取。故必須會之爲一。令皆圓妙。問。以氷雜火。勢不俱全。將矛刺盾。功不雙勝。諸宗所集。既互相違。一是則一非。如何會令皆妙。答。俱存其法。俱遣其病。即皆妙也。謂以法就人即難。以人就法即易。人多隨情互執。執即相違。誠如氷火相和。矛盾相敵故難也。法本稱理互通。通即互順。自然凝流皆水。鐶釧皆金故易也。舉要而言。局之即皆非會之即皆是。

㈐ 따르고 빼앗아 결론으로 대답함

三縱奪結答

도서 만일 불타의 말씀으로 각각 그 뜻을 보여 주고 각각 장점을 취하여 통합한 3종宗을 3교敎에 배대하지 않는다면, 무엇으로 화회하여 일대 선교방편을 삼아 미묘한 법문을 함께 성취하며, 각자가 망정妄情을 잊고 함께 지혜의 바다로 돌아가겠는가.

若不以佛語。各示其意。各取其長。統爲三宗。對於三敎。則何以會爲一大善巧。俱成要妙法門。各忘其情。同歸智海。

원주 오직 불타가 설한 것만이 다르면서 같기 때문에 불경에 의거, 세 가지를 화회하여 하나가 되도록 한 것이다.

唯佛所說。卽異而同故。約佛經會三爲一。

(다) 셋째 글(3항목)

三中文三

㉮ 문장을 거듭하고 표하여 밝힘

一標明牒章

[도서] 셋째, "경은 먹줄과 같다. 삿됨과 바른 것을 반듯하게 정한다."라는 것을 살펴본다.

三經如繩墨。楷之邪正者。

㈏ 표한 것에 의거하여 분별하고 해석함

二依標辨釋

[도서] 먹줄이 도구는 아니지만, 장인은 반드시 먹줄에 의지하여 작업한다. 경론이 선禪은 아니지만 선을 전하는 자는 반드시 경론으로 그 기준을 삼는다. 중근이나 하근은 단지 스승에게만 의지하기 때문에 스승이 근기를 보아 그 사람에 맞도록 가르쳐 준다. 상근의 무리가 깨달음이 비록 원통圓通하여도 부처의 말씀을 아직 궁구하지 못했다면 어떻게 부처의 견해와 같다고 하겠는가.

繩墨非巧。工巧者。必以繩墨爲憑。經論非禪。傳禪者。必以經論爲准。中下根者。但可依師。師自觀根。隨分指授。上根之輩。悟雖圓通。未窮佛言。何同佛見。

㈐ 문답으로 결론지어 말함

三問答結說

[도서] [문] 가는 곳마다 다 불경이 있어 배우는 사람들이 외우고 읽어 자세히 알고 있다. 지금 선의 요지를 모으는 데 구태여 경을 분간할 필요가 있는가?

답 이 뜻은 그 다음의 글에 있으니, 그것이 곧 이 질문에 대한 대답이 될 것이다. 글에서는 말한다.

問。所在皆有佛經。任學者轉讀勘會。今集禪要。何必辨經。答。此意即其次之文。便是答此問也。文云。[1]

---
1) 옌 '文云' 두 자는 연자衍字로 보인다.

(라) 넷째 글(2항목)

四中文二

㉮ 문장을 거듭하여 분별하고 해석함

初牒章辨釋

도서 넷째, "경에는 방편과 실제가 있다. 반드시 요의了義에 의지해야 한다."라는 것에 대해 말해 본다. 불타가 모든 경전을 설함에 있어서 자신의 뜻에 따르는 말이 있고, 다른 사람의 뜻에 따르는 말이 있으며, 궁극적인 이치에 맞추기도 하고, 당시의 근기를 따르기도 한다. 성性과 상相을 드러내기도 하고, 돈점頓漸과 대소를 설하기도 하며, 요의了義와 불요의不了義를 설하기도 한다. 글이 혹 체성과 마주쳐서 어긋나기도 하지만, 의미는 반드시 원만하고 형통하여 걸림이 없다. 이와 같이 경권이 무한히 많으니, 어떻게 그 주요 의미를 알 수 있겠는가.

四經有權實須依了義者。謂佛說諸經有隨自意語。有隨他意語。有稱畢竟之理。有隨當時之機。有詮性詮相。有頓漸大小。有了義不了義。文或敵體相違。義必圓通無礙。龍藏浩瀚。何見指歸。

㉯ 결론으로 답함

二結答

도서 그러므로 이제 단지 20여 지紙를 가지고 그것을 한꺼번에 선택 결정하여 일시에 부처의 뜻을 원만히 보게 하였으니, 그 뜻을 본 후에 일대장경을 자세히 살핀다면 구절구절마다 종지를 알 것이다.[25]

故今但以二十餘紙。都決擇之。令一時圓見佛意。見佛意後。備尋一藏。即句句知宗。

(마) 다섯째 글(3항목)

五中文三

㉮ 거듭 표함

一標牒

도서 다섯째, "양량에는 세 가지가 있으나, 따져 보면 반드시 같다."라는 말에 대해 살펴본다.

---

25 상봉 정원의 『都序分科』에는 다음의 주석이 있다. "인천교人天敎부터 열 가지 다른 것을 분별하는 데 이르기까지 마침 20여 지紙가 된다."

五量有三種。勘契須同者。

㉃ 분별하여 해석함

二辨釋

도서 서역의 모든 현성賢聖들이 법과 의미를 파악하는 데 모두 삼량三量을 세웠다. 첫째는 비량比量이고, 둘째는 현량見量이며, 셋째는 불언량佛言量이다. 양量이란 측정하는 것으로서 되(升)나 말(斗) 같은 것을 말한다. 즉 물건을 측정하고 해당 단위를 정하는 것이다. 비량이란 원인을 비유로 추측하는 것을 말한다. 멀리 연기를 보고 거기에는 반드시 불이 있다는 것을 아는 것과 같다. 비록 불이 보이지 않지만 (불이 있다는 것이) 거짓이 아니다. 현량이란 스스로 눈앞에 드러나서 미루어 생각하지 않아도 그대로 확실한 것을 가리킨다. 불언량이란 모든 경전으로 정해진 것이다.

"따져 보면 반드시 같다."라는 것은 어떤 말인가. 만일 부처의 말씀에만 의거하고, 스스로 증득하여 깨달은 것을 비교 측정하지 않는다면, 단지 평범한 믿음일 뿐이니 자신에게 아무런 도움이 되지 않는다. 반대로 만약 단지 현량만을 취하여 자신의 견해를 확고히 하고 부처의 말씀(경전)에 맞추어 보지 않는다면, 어떻게 삿된지 바른지를 알겠는가. 외도들도 그들이 집착하는 이치를 스스로 알고 그것을 닦아 공용을 얻음으로써 자신이 주인이라고 하는데, 어떻게 이것이 삿된 것인지를 알겠는가.

만약 단지 비량만을 주장하는 사람이라면, 이미 성스런 가르침과 자신의 견해도 없으니, 어디에 의거하여 비교 측정하고, 어떤 법을 비교하여 헤아리겠는가.

西域諸賢聖所解法義。皆以三量爲之。一比量。二見量。三佛言量。量者。

量度如升斗。量物知之也。比量者。以因由譬喻比度也。如遠見烟。必知有火。雖不見火。亦非虛妄。見量者。親自現見不假推度。自然之也。佛言量者。以諸經爲之也。勘契須同者。若但憑佛語。不自比度證悟者。只是汎信。於己未益。若但取現量。自見爲之。不勘佛語。焉知邪正。外道亦親見所執之理。修之亦得功用。自謂爲主。豈知是邪。若但用比量者。旣無聖敎。及自所見。是約何比度。比度何法。

㈐ 결론으로 답함

三結答

도서 그러므로 삼량을 따져 보면, 반드시 같아야 비로소 결정이 이루어진다. 선종에도 이미 현량과 비량의 이량二量이 있지만, 지금 다시 경론으로써 그것을 인정하고 있으니, 삼량三量이 구비된 것이다.

故須三量勘同。方爲決之。禪宗已多有現比二量。今更以經論印之。則三量備矣。

(바) 여섯째 글(3항목)

六中文三

㈎ 거듭 표함

初標牒

도서 여섯째, "의심에 여러 가지가 있으니 통하여 해결해야 한다."라는 말에 대해 살펴본다.

六疑有多般須具通決者。

㉯ 나열하여 질문함

二列問

도서 수십 년 동안 경론에 능한 대덕이 빈번히 나에게 질문한 것은 다음과 같다.

"사선四禪과 팔정八定은 모두 상계上界에 있고, 이 세계(界 : 욕계)에는 선禪이 없다. 선을 닦는다는 것은 반드시 경론에 의거하여 상계의 선정을 끌어와서 이 계에서 닦고 익히는 것이다. 따라서 선을 닦아 성취한 것은 모두 사선과 팔정이다. 모든 가르침이 여기에서 벗어나지 않는다고 다 밝혔는데, 어찌하여 이것을 떠나 별도로 선문禪門을 말하는가. 이미 경론에 의거하지 않았으니, 이는 사도邪道임이 분명하다고 하겠다."

또 어떤 사람이 물었다.

"경에는 점차적으로 아승기겁을 닦아야 보리를 증득한다고 했는데, 선은 단번에 깨달아 찰나에 정각을 이룬다고 하니, 경은 부처의 말씀이고, 선은 스님의 말씀이다. 부처님을 거스르고 스님을 존중하니 심히 의심스럽다."

또 어떤 사람이 말하였다.

"선문의 요지는 옳고 그른 것이 없고 원망과 친함도 다 끊어 버리며 성내지도 않고 기뻐하지도 않는데, 왜 남방의 혜능과 북방의 신수가 물과 불처럼 어울리지 못하고 하택과 홍주는 삼별과 상별(參商[26])처럼 간격이 있는가."

또 어떤 사람이 물었다.

"6대에 걸쳐 스승과 제자가 선법을 전하면서 모두가 말하기를, '안으로 비밀스러운 말을 가르쳐 주고 밖으로 의발을 전수하는 것이니, 의발과 법을 갖추어야 인가認可에 부합한다'라고 하였다. 조계 이후에 이런 일을 들어 보지 못했으니, 요즈음 선문禪門을 열고 사람을 교화하는 자들이 비밀스러운 말을 설하는가. 비밀한 말을 설하지 않는다면 전하는 것은 달마의 법이 아니고, 설한다면 듣는 사람이 모두 계합하여 의발을 전해 받아야 하지 않겠는가."

또 어떤 선문의 대덕이 물었다.

"달마가 마음을 전함에 문자를 세우지 않았는데, 그대는 왜 앞의 조사를 위배하여 논을 강설하고 경전을 전하는가."

가까이에서 다시 물었다.

"정명淨明(유마 거사)도 이미 정좌하는 것을 나무랐고, 하택도 언제나 마음을 한데 모으는 것을 배척하였으며, 조계도 사람이 결가부좌하는 것을 보고 일찍이 스스로 주장자로 내리쳐 일으켰다. 지금 그대는 가르치고 지도하면서 좌선을 권한다고 듣고 있다. 선禪 하는 암자가 산속 곳곳에 널려 있지만 종지에 위배되고 조사의 도에 어긋나지 않는지, 나는 정말로 의심스럽다."

數十年中。頻有經論大德。問余曰。四禪八定。皆在上界。此界無禪。凡修禪者。須依經論。引取上界禪定。而於此界修習。修習成者。皆是彼禪。諸敎具明。無出此者。如何離此。別說禪門。旣不依經論。卽是邪道。又有問曰。經云漸修祇刧。方證菩提。禪稱頓悟。刹那便成正覺。經是佛語。禪是僧言。違佛遵僧。切疑未可。又有問曰。禪門要旨。無是無非。塗割寃親。不嗔不喜。何以南能北秀。水火之嫌。荷澤洪州。參商之隙。又有問曰。六代師資。傳授禪法。皆云內授密語。外傳信衣。衣法相資以爲符印。曹溪已後。

---

26 삼상參商 : 삼성과 상성의 두 별을 가리킨다. 삼성은 서쪽에 있고, 상성은 동쪽에 있다. 삼성이 뜰 때면 상성이 지고, 상성이 뜰 때면 삼성이 지기 때문에 두 별은 영원히 만나지 못한다. 피차의 대립으로 화목하지 못함을 비유한다.

不聞此事。未審今時開禪化人。說密語否。不說則所傳者。非達摩之法。說則聞者。盡合得衣。又有禪德問曰。達摩傳心。不立文字。汝何違背先祖。講論傳經。近復問曰。淨名已呵宴坐。荷澤每斥凝心。曹溪見人結跏。曾自將杖打起。今聞汝每因敎誡。卽勸坐禪。禪庵羅列。遍於嚴壑。乖宗違祖。吾切疑焉。

㈐ 결론으로 답함

三結答

도서 내가 비록 때에 따라 각각 이미 대답했으나, 의심하는 사람이 대단히 많아 (설명을) 듣지 못한 자들을 딱하게 여겨 왔다. 더구나 힐난하여 질문하는 자는 생각이 치우치고 집착이 각각 달라 피차가 서로 어긋나니, 갑의 의심이 해결되면 을의 병이 다시 더 커지게 되었다.
그러므로 삼문三門의 이치를 열어 일대장경을 평가함으로써 앞에서 제기한 의문을 총체적으로 답하여 확연히 통하도록 하겠다.

余雖隨時。各已酬對。然疑者千萬。愍其未聞。況所難之者。情皆偏執。所執各異。彼此互違。因決甲疑。復增乙病。故須開三門義。評一藏經。摠答前疑無不通徹。

원주 아래에 서로 해당되는 글의 의미에 따라 하나하나 각주로 지적하였으니, 그것은 이 모든 난문에 대답한 것이다. 대답한 곳을 보고자 하면, 반드시 주석을 살펴보라.

下隨相當文義。一一注脚指之。答此諸難。欲見答處。須檢注文。

(사) 일곱째 글(3항목)

七中文三

㉮ 거듭 표함

初標牒

도서 일곱째, "법과 의의義가 같지 않으니, 식을 잘 분별한다."라는 것을 살펴본다. 제법의 성상을 밝혀 알려고 한다면 먼저 법과 의미를 분간해야 한다. 법에 의하여 의미를 해석하면 의미가 분명하고, 의미로써 법을 나타내면 법이 명백하게 드러난다.

七法義不同。善須辨識者。凡欲明解諸法性相。先須辨得法義。依法解義。義即分明。以義詮法。法即顯著。

㉯ 개별적으로 해석함(2항목)

二別釋二

ㄱ. 법에 나아가 법의 의미를 밝힘

一就法明法義

도서 지금 세상일에 의해 그것을 밝혀 보자. 진금이 장인 등의 솜씨에 따라 귀고리·비녀·주발·술잔 등 여러 가지 기물로 만들어지지만, 금의 성질은 절대로 동이나 철로 변하지 않는 것과 같다. 금은 법이고, '변하지 않는 것과 연緣을 따르는 것'은 의미이다. 만일 어떤 사람이 무엇이 연을 따르는 것이고, 무엇이 변하지 않는 것이냐고 묻는다면, 단지 둘을 합한 것이 금이라고 대답할 것이다.

비유하면 일대장경과 논서의 의미와 이치는 단지 일심一心을 설한 것이라 할 수 있다. 마음이 곧 법이고 일체가 의미이다. 그러므로 경에서 말하기를, "무량한 의미는 일법一法으로부터 생겨난다. 그러나 그것을 통합하면 오직 두 종류뿐이니, 첫째는 변하지 않는 것이고, 둘째는 연을 따르는 것이다."라고 하였다.

모든 경전은 이 마음이 미오迷悟의 연을 따라 더러움과 깨끗함, 범상함과 성스러움, 번뇌와 보리, 유루와 무루 등을 이룬다고 설한다. 또한 이 마음이 깨끗하거나 더럽거나 등이라고 말을 할 때에도, 본래 변하지 않고 항상 고요하여 진실하고 여여하다는 등등이라고 설하는 것이다. 만일 어떤 사람이 무슨 법이 변하지 않고 무슨 법이 연을 따르는가라고 물으면, 두 질문에 대해 단지 합하여 마음이라고 웃으면서 대답할 것이다.

今且約世物明之。如眞金隨工匠等緣。作鐶釧椀盞種種器物。金性必不變爲銅鐵。金即是法。不變隨緣是義。設有人問。說何物不變。何物隨緣。只合答云金也。以喩一藏經論義理。只是說心心即是法。一切是義。故經云。無量義者。從一法生。然無量義。統唯二種。一不變。二隨緣。諸經只說此心隨迷悟緣。成垢淨凡聖煩惱菩提有漏無漏等。亦只說此心垢淨等時。元來不變。常自寂滅。眞實如如等。設有人問。說何法不變。何法隨緣。只合笑云心也。

ㄴ. 사람을 근거로 잘못에 집착함을 밝힘

二就人明執非

도서 변하지 않는 것은 성性이고 연을 따르는 것은 상相이다. 성상은 모두 일심상一心上의 의미라는 것을 알아야 한다. 지금 성과 상 두 종파가 서로 비난하는 것은 단지 진심을 알지 못하기 때문이다. 언제나 마음 심心 자를 듣고 팔식八識이라고 하는데, 그것은 팔식을 알지 못하는 말이다. 팔식은 단지 진심상에 연을 따르는 의미일 뿐이다. 그러므로 마명보살이 일심으로 법을 삼고, 진여와 생멸 이문으로 의미를 삼았다. 이에 논에서 "이 마음에 의해 마하연의 의미를 드러낸다."라고 한 것이다. 심진여心眞如는 본성본性의 체體이고, 심생멸心生滅은 상相과 용用이다. 단지 이 마음이 허망하지 않기 때문에 진眞이고, 변하지 않기 때문에 여如라고 말할 뿐이다. 이 때문에 논에서 일일이 심진여·심생멸이라고 하는 것이다.

요즈음 선禪 하는 사람은 대다수가 의미를 많이 모르기 때문에 단지 마음을 선이라 부르고, 강설하는 사람은 대다수가 법을 모르기 때문에 단지 명칭을 가지고 의미라고 설명한다. 이와 같이 명칭을 따라 집착을 일으키기 때문에 화통하는 데 어려움이 있다. 마음이란 말을 듣고 얕다고 말하고, 성性이란 말을 듣고 깊다고도 한다. 혹은 성으로 법을 삼기도 하고, 마음으로 의미를 삼기도 하는 것이다.

不變是性。隨緣是相。當知性相皆是一心上義。今性相二宗互相非者。良由不識眞心。每聞心字。將謂只是八識。不知八識。但是眞心上隨緣之義。故馬鳴菩薩。以一心爲法。以眞如生滅二門爲義。論云依於此心。顯示摩訶衍義。心眞如是性體。心生滅是相用。只說此心不虛妄故云眞。不變易故云如。是以論中。一一云心眞如心生滅。今時禪者。多不識義故。但呼心爲禪。講者。多不識法故。但約名說義。隨名生執。難可會通。聞心謂淺。聞性謂深。或却以性爲法。以心爲義。

㉰ 결론으로 답함

三結答

도서 그러므로 세 종파와 경론을 서로 상대하여 조명하면, 법과 의미가 드러나서 일심으로 돌아갈 것이니, 쟁론도 저절로 사라질 것이다.

故須約三宗經論。相對照之。法義旣顯但歸一心。自然無諍。

(아) 여덟째 글(3항목)

八中文三

㉮ 거듭된 글을 표하여 밝힘

初標明牒章

도서 여덟째, "마음이 성상性相에 통하여 명칭은 같지만 의미는 다르다."라고 하는 것을 살펴본다.

八心通性相名同義別者。

㉯ 표한 것에 의거하여 별도로 밝힘(2항목)

二依標別釋二

ㄱ. 간략하게 해석함

一略釋

도서 모든 경전이 어떤 때는 마음을 도적이라고 폄훼하여 끊도록 하고, 어떤 때는 마음이 부처라고 찬탄함으로써 권해 닦도록 한다. 또는 착한 마음, 악한 마음, 청정한 마음, 더러운 마음, 탐하는 마음, 성내는 마음, 자애로운 마음, 연민하는 마음이라 하기도 한다. 혹은 마음이 경계에 의거하여 생긴다 하고, 혹은 마음이 경계에서 생긴다고 한다. 혹은 적멸이 마음이라고도 하고, 혹 사려하는 것이 마음이라 하는 등 가지가지 서로 다르다. 만일 여러 종파를 서로 대비하여 보여 주지 않는다면, 경을 보는 사람이 어떻게 그것을 변별하겠는가.

諸經或毀心是賊。制令斷除。或讚心是佛。勸令修習。或云善心惡心。淨心垢心。貪心嗔心。慈心悲心。或云心托境生。或云心生於境。或云寂滅爲心。或云緣慮爲心。乃至種種相違。若不以諸宗相對顯示則。看經者何以辨之。

ㄴ. 널리 해석함(2항목)

二廣釋二

ㄱ) 총체적으로 표함

初總標

도서 많은 종류의 마음인가, 단지 한 가지 마음인가?

爲當有多種心。爲復只是一般心耶。

ㄴ) 별도로 해석함(2항목)

二別釋二

(ㄱ) 또 많은 종류(의 마음)에 의거하여 명칭과 본체를 간략히 보임

初且約多種略示名體

도서 지금 (마음의) 명칭과 본체를 간략히 보이겠다. 일반적으로 '마음'이라고 말하는 것은 간략히 네 종류가 있으니, 범어로도 각기 다르고 번역도 또한 다르다.
첫째, 흘리타야紇利陁耶이니, 이곳 말로는 육단심肉團心이라고 한다. 이것은 몸 가운데의 오장심五藏心을 가리킨다.

今且畧示名體。汎言心者。畧有四種。梵語各別。翻譯亦殊。一紇利陁耶。此云肉團心。此是身中五藏心也。

원주 모두 『황정경』[27] 「오장론」의 설명과 같다.

具如黃庭經五藏論說也。

도서 둘째, 연려심緣慮心이니, 이것은 팔식을 말한다. 모두 자분自分의 대상

---

27 『황정경黃庭經』: 도교의 경전으로 양생養生의 법을 다루고 있다.

을 따라 사려할 수 있기 때문이다.

二緣慮心。此是八識。俱能緣慮自分境故。

원주 색色은 안식의 대상이고, 내지 신근과 종자와 기세간은 아뢰야식의 대상이다. 이것들은 각각 일분一分만을 연緣하기 때문에 자분이라고 한다.

色是眼識境。乃至根身種子器世界。是阿賴耶識之境。各緣一分。故云自分也。

도서 이 팔식에는 각각 심소가 있다. 그 가운데 어떤 것은 오직 무기이고, 어떤 것은 선과 염오가 다른 것에 다 통한다. 여러 경전 가운데 모든 심소를 지목하여 다 마음이라 하는 것이니, 선심과 악심 등을 말한다.

此八各有心所。於中或唯無記。或通善染之殊。諸經之中。目諸心所。摠名心也。謂善心惡心等。

도서 셋째, 질다야質多耶이니, 이곳 말로는 집기심集起心이라 한다. 이것은 오직 제8식이 종자를 집적하여 현행을 일으키는 까닭이다.

三質多耶。此云集起心。唯第八識。積集種子。生起見行故。

원주 『황정경』「오장론」에서 이것을 지목하여 '신神'이라 하였고, 서역의 외도는 그것을 '아我'라고 하였으니, 모두 이 식識을 말하는 것이다.

黃庭經五藏論。目之爲神。西國外道計之爲我。皆是此識也。

도서 넷째, 건율타야乾栗陁耶이니, 이곳 말로는 견실심堅實心 또는 진실심眞實心이라고 한다. 이것은 진실한 마음을 말하는 것이다.

四乾栗陁耶。此云堅實心。亦云眞實心。此是眞實心也。

(ㄴ) 한가지로 회통하여 돌아감으로써 마음으로 통함을 자세히 밝힘(3항목)

二會歸一般詳卞心通三

㉠ 일심을 바로 밝힘

初正明一心

도서 그러나 제8식은 별도로 자체가 있는 것이 아니라, 단지 진심일 뿐이지만 불각不覺 때문에 모든 망상과 화합하거나 화합하지 않는 의미가 있는 것이다. 화합하는 의미는 더러움과 깨끗함을 포함하는 것으로서 장식藏識이라고 칭하고, 화합하지 않는 의미는 체성이 항상 변하지 않는 것으로서 진여라고 하니, 모두 다 여래장이다.

然第八識。無別自體。但是眞心。以不覺故。與諸妄想。有和合不和合義。和合義者。能含染淨。目爲藏識。不和合者。體常不變。目爲眞如。都是如來藏。

㉡ 경을 인용하여 증명함

二引經成證

도서 그러므로 『능가경』에서 "적멸이란 일심이고, 일심은 여래장이다."라고 하였으니, 여래장이란 역시 속박된 법신이다. 『승만경』의 설도 마찬가지다. 따라서 4종의 마음이 본래 일체임을 알아야 한다. 『밀엄경』에서는 "불타가 설한 여래장【법신이 속박되어 있다는 명칭】이 아뢰야[28]【장식】가 된다. 삿된 지혜로는 장식이 곧 아뢰야식임을 알지 못한다."라고 설한다.

故楞伽云。寂滅者。名爲一心。一心者。即如來藏。如來藏者。亦是在纏法身。如勝鬘經說。故知四種心。本同一體。故密嚴經云。佛說如來藏【法身在纏之名】。以爲阿賴耶【藏識】。惡慧不能知藏。即賴耶識。

원주 어떤 사람은 진여와 아뢰야식의 체성이 다르다고 집착하는데, 이것은 삿된 지혜이다.

有執。眞如與賴耶體別者。是惡慧也。

도서 여래의 청정장淸淨藏[29]과 세간의 아뢰야阿賴耶는 금과 금반지의 관계와 같다. 반지는 금이 여러 가지로 변한 것이니, 결국 금의 성질에는 차별이 없다.

如來淸淨藏。世間阿賴耶。如金與指鐶。展轉無差別。

원주 금반지 등은 아뢰야식을 비유한 것이고, 금은 진여를 비유한 것

---

28 아뢰야 : 뇌야식·아뢰야식 등이라고 하며, 제8식을 가리키는 말이다.
29 청정장淸淨藏 : 청정을 감추고 있다는 말로 여래장과 같은 말이다.

이니, 통틀어 여래장이라 하는 것이다.

指鐶等。喩賴耶。金喩眞如。都名如來藏也。

ⓒ 앞의 걸림 없음을 따름

三躡前無碍

도서 그렇게 바록 본질은 같지만, 진망眞妄의 의미에 구별이 있고 본말 또한 다르니, 앞의 세 가지는 상相이고, 뒤의 한 가지는 성性이다. 성에 의거하여 상을 일으키니 다 이유가 있으며, 상을 회통하여 성으로 돌아가니 까닭이 없는 것이 아니다. 성과 상이 걸림 없으니 모두가 일심이다.

然雖同體。眞妄義別。本末亦殊。前三是相。後一是性。依性起相。盖有因由。會相歸性。非無所以。性相無碍。都是一心。

ⓓ 주고 빼앗아 결론지어 답함

三縱奪結答

도서 그것에 미혹하면 향하는 곳마다 담장을 마주하는 것과 같고, 깨달으면 만법이 거울 앞에 있는 것처럼 밝다. 만일 헛되이 문구를 찾거나 억측으로 믿으면 이 일심의 성상을 어떻게 알겠는가.

迷之則觸向面墻。悟之則萬法臨鏡。若空尋文句。或信胸襟。於此一心性相如何了會。

(자) 아홉째 글(3항목)

九中文三

㉮ 문장을 거듭 표하여 서술함

初牒章標叙

도서 아홉째, "깨달음과 수행, 단번에 깨달음과 점차적인 깨달음이 상반되는 것 같지만 부합한다."라는 것에 대해 설명하겠다. 모든 경론과 선문에서 어떤 사람은 먼저 점차 수행한 공이 이루어진 후에 활연히 돈오한다고 한다. 또 어떤 사람은 먼저 단번에 깨닫고 점차적으로 닦는 것이라 하며, 어떤 사람은 단번에 닦고 나서 점차로 깨닫는다고 한다. 어떤 사람은 깨달음과 닦음이 모두 점차적이라 하고, 어떤 사람은 모두 단번에 깨닫는다고 한다. 어떤 사람은 법에 돈(돈오)과 점(점수)이 있는 것이 아니라 돈과 점은 근기에 있다고 하니, 위의 설들은 각각 의의가 있는 것이다.

九悟修頓漸。似反而符者。諸經論及諸禪門。或云先因漸修功成。豁然頓悟。或先因頓悟。方可漸修。或云由頓修故漸悟。或云悟修皆漸。或云皆頓。或云法無頓漸。頓漸在機。如上等說。各有意義。

㉯ 돈과 점을 별도로 밝힘

二別明頓漸

도서 (돈과 점이) 상반되는 것 같다고 말하는 것은, 이미 깨달은 것을 성불이라고 하고, 본래 번뇌가 없는 것을 돈이라고 부르기 때문에 응당 닦아 끊을 것도 없는 것이다. 어떻게 다시 점차로 닦는다고 할 수 있는가. 점차로 닦는다고 하는 것은, 번뇌가 다 끊어지지 않고 인행因行이 다 갖추어지지 않았으며 과덕이 원만하지 않은 것인데, 어떻게 돈이라고 할 수 있는가. 돈이라면 점이 아니고, 점이라면 돈이 아니기 때문에 상반된다고 하는 것이다.

言似反者。謂旣悟卽成佛。本無煩惱名爲頓者。卽不應修斷。何得復云漸修。漸修卽是煩惱未盡。因行未圓。果德未滿。何名爲頓。頓卽非漸。漸卽非頓。故云相反。

㈐ 서로 도움을 결론으로 답함

三結答相資

도서 아래에 배대하여 회통하는 것과 같이 돈과 점이 상반되지 않음은 물론 도리어 서로 돕는 것이다.

如下對會。卽頓漸。非雖不相乖反。而乃互相資也。

(차) 열째 글(3항목)

十中文三

㉮ 거듭 표함

初標牒

[도서] 열째, "스승과 제자가 전수함에 반드시 약과 병을 알아야 한다."라는 것에 대해 살펴본다.

十師資傳授。須識藥病者。

㉯ 따로 해석함(3항목)

二別釋三

ㄱ. 약의 처방을 바로 서술함

初正叙藥方

[도서] 위에서 전수하는 방편을 계승한다는 것은, 모두 본성을 먼저 열어 보이고, 바야흐로 그 본성에 의거하여 선을 닦게 하는 것을 말한다.

謂承上傳授方便。皆先開示本性。方令依性修禪。

ㄴ. 집착하는 병을 널리 밝힘

二廣明執病

[도서] 본성을 쉽게 깨닫지 못하는 것은 대부분 현상에 집착하기 때문이다. 그러므로 본성을 드러내고자 한다면, 먼저 집착을 깨뜨려야 한다. 집착을 깨뜨리는 방편은, 반드시 범부와 성인이라는 생각을 모두 없애고 공功과 과過를 동시에 제거하는 것을 가리킨다. 계戒는 지님도 범함도 없는 것이고, 선禪은

안정도 산란도 없는 것이다. 삼십이상이 전부 허공의 꽃이어서 실체가 없고, 삼십칠조도품이 모두 몽환이다. 의지가 마음으로 하여금 집착이 없도록 하여야 선을 닦을 수 있는 것이다. 얕은 식견의 후학들은 단지 이 말에 집착하여 그것을 구경의 도로 삼는다. 또 닦아 익히는 문에서 사람들이 대부분 방일하기 때문에 다시 좋아하고 싫어함을 널리 설하며, 탐냄과 성냄을 경책하고 근검을 찬탄한다. 또 몸을 조절하고 숨을 고르며 거침과 미세함의 차례를 따라야 한다고 말한다. 후인들이 이것을 듣고 본각의 작용에 미혹하여 한결같이 법상에 집착한다.

오직 근성이 영리하고 뜻이 견고한 사람은 처음부터 끝까지 스승을 모시고 깨달음과 닦음의 의미를 터득한다. 그러나 근성이 경박한 사람은 잠시 하나의 의미를 듣고 이미 다 충족했다고 말한다. 이에 작은 지혜를 믿고 타인의 스승이 되어 본말을 궁구하지 않고 치우친 집착을 일으킨다.

그러므로 돈점 문하에서 서로 대면하는 것을 원수처럼 여기고, 남종과 북종이 서로 적대시하는 것이 초나라와 한나라[30] 같으니, 발을 씻는 뉘우침[31]과 코끼리 만지는 비유를 여기에서 경험하게 된다.

性不易悟。多由執相。故欲顯性。先須破執。破執方便。須凡聖俱泯。功過齊祛。戒即無犯無持。禪即無之無亂。三十二相。都是空花。三十七品。皆爲夢幻。意使心無所着。方可修禪。後學淺識。便但執此言。爲究竟道。又以修習之門。人多放逸。故復廣說欣厭。毀責貪嗔。讚歎勤儉。調身調息。麤細次第。後人聞此。又迷本覺之用。便一向執相。唯根利志堅者。始終事師。

---

30 초나라와 한나라 : B.C. 200년경에 세운 중국의 고대 국가를 가리킨다. 초는 항우가, 한은 유방이 세웠다. 두 나라는 상대를 멸망시키기 위해 늘 적대하고 싸웠으며, 결국 항우의 초나라가 패했다.
31 발을 씻는 뉘우침 : 라후라가 교만하자 석존이 라후라에게 석존의 발을 씻게 한 후 그 그릇에 음식을 담아 주면 먹겠느냐고 물었다. 라후라가 거절하니, 석존이 너의 바탕이 진실하지 못한 것도 이와 같다고 한 것을 말한다.

方得悟修之旨。其有性浮淺者。纔聞一意。即謂已足。仍恃小慧。便爲人師。未窮本末。多成偏執。故頓漸門下。相見如仇讎。南北宗中。相敵如楚漢。洗足之悔。摸象之諭。驗於此矣。

ㄷ. 결론으로 자기의 뜻을 말함

三結告己意

도서 지금 찬술하는 것이 어찌 하나의 책만을 위함이겠는가. 모아 회통하는 것은 이伊 자의 3점[32]에 있으니, 3점이 분산되면 이伊 자가 성립되지 않는다. 3종宗[33]이 만약 어긋난다면 어떻게 부처를 이루겠는가.

今之所述。豈欲別爲一本。集而會之。務在圓伊三點。三點各別。旣不成伊。三宗若乖。焉能作佛。

㉣ 결론으로 답함

三結答

도서 그러므로 전수하는 약과 병을 알려고 하면, 반드시 3종이 어긋나지 않음을 보아야 하고, 3종이 어긋나지 않음을 보고자 하면 반드시 3종 불교를 알아야 한다.

---

32 이伊 자의 3점 : 실담자 중 이伊 자는 점 세 개를 찍은 것(∴)과 같다. 이 세 점의 위치는 종횡도 없고 빠진 것이 없기 때문에 불교에서 법신·반야·해탈 등 삼덕의 원만함을 비유적으로 쓸 때 사용한다.
33 3종宗 : 공종·상종·성종이다.

故知欲識傳授藥病。須見三宗不乖。欲見三宗不乖。須解三宗佛敎。

> 원주 앞에서 서술한 "선사가 '어째서 강설을 하는가'라는 질문"에 대해 내가 지금 열 가지 뜻으로 대답하였다. 그러므로 처음에 이미 서역 조사에 대해 서술한 것은 모두 경론을 홍포하기 위한 것이다.[34]

前叙有人難云。禪師何以講說。余今摠以十意答之。故初已叙西域祖師皆弘經論也。

2) 『도서』의 정종분(2항목)

二都序正宗二

(1) 이理와 사事의 본말(3항목)

一理事本末三

① 앞의 것을 결론짓고 뒤의 것을 일으킴

初結前起後

---

34 상봉 정원의 『都序分科』에는 다음과 같은 주석이 있다. "허락하여 말한 여섯 번의 질문 중 다섯 번째 강론과 전경傳經의 문답을 거듭 가리키는 것이다. 앞에서(前) 가리킨 초단이란, 초단에는 선조가 강설한 글이 있기 때문에 앞에서 기술한(前叙)이라는 두 글자를 쓰지 않고 그것을 가리키고 있다. 이것을 다시 거듭 가리키는 것은, 지금 모은 선전에서, '어떻게 경론에 관계되느냐' 하는 문답이 '선사가 어떻게 강설을 할 수 있는가'라는 문답과 같기 때문에 거듭 가리킨다고 한 것이다. 문장은 중첩되는 것 같지만 의미는 중복되지 않는다."

과평 지금까지 (선전을 서술하는) 열 가지 다른 (이유를) 끝마쳤다. 여기부터는 스승의 말씀이 부처의 뜻에 부합함을 증명하여 성상이 한 법임을 나타냄으로써 선교禪敎 양가가 착오하고 의심하며 비방하는 폐단을 구제하려는 것이다. 이것이 근원의 의미를 해석하는 것이라고 하겠다.[35]

自此至十別異終。則證師說符於佛意。現性相一法。以救禪敎兩家。錯謬疑謗之弊。此解源義也。

도서 위의 열 가지 뜻이 이치와 용례가 분명하다. 다만 선의 3종宗과 교의 3종種을 배대하여 자세히 살피는 것은 말(용량을 측정하는 도구)과 저울로 재는 것처럼 얕고 깊음을 충분히 정할 수 있는 것이다. 먼저 선문을 서술하고 뒤에 교로써 증명하려고 한다.

上之十意。理例照然。但對詳禪之三宗。敎之三種。如經斗秤。足定淺深。先叙禪門。後以敎證。

② 선과 교로 나누어 나열함

二分列禪敎

도서 선의 3종이란, 첫째, 망상을 쉬고 마음을 닦는 종(息妄修心宗), 둘째, 완전히 소멸하여 붙일 것이 없는 종(泯絶無寄宗), 셋째, 심성을 바로 드러내는 종(直顯心性宗)을 가리킨다. 교의 3종이란, 첫째, 밀의로 성性에 의거하여 상相을 설하는 교(密意依性說相敎), 둘째, 밀의로 상相을 깨뜨리고 성性을 드러내는

---

35 이 주석은 여타 본에 없다.

교(密意破相顯性教), 셋째, 진심이 곧 성性임을 드러내 보여 주는 교(現示眞心即性教)이다.

禪三宗者。一息妄修心宗。二泯絕無寄宗。三直顯心性宗。教三種者。一密意依性說相教。二密意破相顯性教。三顯示眞心即性教。

③ 셋을 회통하여 하나가 되게 함(3항목)

三會三爲一三

가. 총체적으로 표함

初摠標

도서 위의 3교教를 차례로 앞의 3종宗과 서로 동일하게 배대하여 하나하나 그것을 증명한 후에 총체적으로 회통하여 일미가 되게 하였다.

右此三教。如次同前三宗相對。一一證之然後。摠會爲一味。

나. 개별적으로 해석함(2항목)

二別釋二

가) 같음을 증득하여 집착을 깨뜨림(2항목)

初證同破執二

(가) 오직 본의만을 말함(2항목)

初惟談本義二

㉠ 선종을 해석함(3항목)

初釋禪宗三

ㄱ. 여섯 자[36]를 총체적으로 표함

初摠標六字

도서 지금 먼저 선종을 서술한다.

今且先叙禪宗。

ㄴ. 개별적으로 3종을 해석함(3항목)

二別釋三種三

ㄱ) 상종(3항목)

一相宗三

---

36 여섯 자 : 바로 아래 나오는 "금차선서선종今且先叙禪宗(지금 먼저 선종을 서술한다.)"의 여섯 자를 가리킨다.

(ㄱ) 종법을 자세히 밝힘(2항목)

一詳明宗法二

㉠ 열어 보여 줌

一開示

[도서] 첫째, '망상을 쉬고 마음을 닦는 종'은 다음과 같이 설한다. 중생은 본래 불성을 갖추고 있지만 시작이 없는 무명(無始無明)이 불성을 가리고 덮어 보지 못하기 때문에 생사에 윤회하는 것이다. 모든 부처는 이미 망상을 끊었기 때문에 자성을 보는 것이 분명하여 생사에서 벗어나 신통 자재하다. 그러나 범부와 성인은 공용이 같지 않고, 외경과 내심이 각각 한계가 있음을 마땅히 알아야 한다.

初息妄修心宗者。說衆生雖本有佛性。而無始無明。覆之不見故。輪廻生死。諸佛已斷妄想故。見性了了。出離生死。神通自在。當知凡聖。功用不同。外境內心。各有分限。

㉡ 깨달아 들어감

二悟入

[도서] 그러므로 반드시 스승의 말과 가르침에 의지하여 경계를 등지고 마음을 관함으로써 망념을 없애야 할 것이다. 망념이 사라진 것이 곧 깨달음이니, 깨달으면 알지 못하는 것이 없게 된다. 마치 거울의 어두운 먼지를 부지런

히 털고 닦으면 티끌이 사라지고 밝음이 드러나 비치지 않음이 없는 것과 같다. 또 선의 경계로 들어가는 방편을 반드시 밝게 알아야 할 것이다. 산란하고 시끄러움을 멀리하고 한가하며 조용한 곳에서 몸을 조절하고 숨을 고른다. 가부좌로 편안하고 고요히 앉아 입천장을 혓바닥으로 받치고 마음을 한 경계에만 집중한다.

故須依師言敎。背境觀心。息滅妄念。念盡卽覺悟。無所不知。如鏡昏塵。須勤拂拭。塵盡明現。卽無所不照。又須明解趣。入禪境方便。遠離憒鬧。住閑靜處。調身調息。跏趺宴默。舌柱上腭。心注一境。

(ㄴ) 결론으로 종파의 사람들을 지적함

二結指宗人

도서 남선·북수·보당·선십 등의 문하가 모두 이러한 부류이다.

南侁北秀保唐宣什等門下。皆此類也。

(ㄷ) 난문을 해결하고 분간함

三通難揀別

도서 우두·천태·혜조·구나 등은 방편을 행하는 데 있어서 행적은 크게 같지만 견해는 서로 다르다.

牛頭天台慧稠求那等。進趣方便。迹卽大同。見解卽別。

ㄴ) 공종(3항목)

二空宗三

(ㄱ) 종파의 사람과 법을 나타냄(2항목)

一現宗人法二

㉠ 깨달음과 수증을 나열하여 해석함

一列釋悟修證

도서 둘째, '완전히 소멸하여 붙일 것이 없는 종'은 다음과 같이 설한다. 범부와 성인 등의 법이 꿈같고 허깨비 같아서 모두 있는 바가 없다. 본래 공적하니 지금 비로소 없는 것이 아니며, 없다는 것을 깨달은 지혜 또한 얻을 수 없는 것이다. 평등한 법계에 부처도 없고 중생도 없으며, 법계 또한 가명이다. 마음이 이미 있지 않은데, 누가 법계라고 말하겠는가. 닦음도 닦지 않음도 없으니, 설사 한 법이 있어 열반보다 수승하다 하여도 나는 또한 몽환과 같다고 할 것이다. 법은 얽어맴이 없고 부처는 지을 수 없으니, 무릇 짓는 것이 있으면 모두 미망이다. 이와 같이 본래 일이 없다는 것을 통달하면 마음에 붙일 것이 없어 전도顚倒를 떠날 것이니, 그때야 비로소 해탈이라 할 수 있을 것이다.

二泯絶無寄宗者。說凡聖等法。皆如夢幻。都無所有。本來空寂。非今始無。即此達無之智。亦不可得。平等法界無佛無衆生。法界亦是假名。心旣不有誰言法界。無修不修。無佛不佛。設有一法。勝過涅槃。我說亦夢幻。無法可拘。無佛可作。凡有所作。皆是迷妄。如此了達本來無事。心無所寄。方免顚倒。始名解脫。

ⓛ 사람을 들어 행을 자세히 밝힘

二擧人詳明行

도서 석두·우두로부터 그 뒤 경산徑山에 이르기까지 모두 이 이치를 보여준다. 다만 마음과 행이 이와 함께 상응토록 하는 것이지, 한 법도 사념에 막히게 하는 것이 아니다. 시간이 오래가면 공이 이루어져 번뇌 습기가 저절로 없어지고 원망과 친함, 괴로움과 즐거움에 일체 아무 일도 없게 된다.

石頭牛頭。下至徑山。皆示此理。使令心行。與此相應。不令滯情於一法上。日久功至。塵習自亡。則於冤親苦樂一切無事。

(ㄴ) 평범한 학자가 뜻에 어두움

二汎學迷旨

도서 이로 인해 한 무리의 도사나 유생 또는 한가로운 승려나 선리를 참구하는 사람이 모두 이 말이 궁극이라고 하는 것은, 이 종파가 단지 이 말[37]만으로 법을 삼는 것이 아니라는 것을 알지 못하는 것이다.

因此。便有一類道士。儒生閑僧。汎參禪理者。皆說此言。便爲臻極。不知此宗。不但以此言爲法。

---

37 이 말 : 공종이 지향하는 것을 말한다. 곧 이 종파에 대한 앞의 설명을 가리킨다.

(ㄷ) 난문을 해결하고 분간함

三通難揀別

도서 하택·강서·천태 등의 문하에서도 또한 이 이치를 설하지만, 종지로 삼지는 않는다.

荷澤江西天台等門下。亦說此理。然非所宗。

ㄷ) 성종(3항목)

三性宗三

(ㄱ) 법에 의거하여 총체적으로 표함

初約法摠標

도서 셋째, '심성을 바로 드러내는 종'은 다음과 같이 설한다. 일체 제법은 유有이거나 공空이거나 모두 다 오직 진성眞性이다. 진성은 무위이니, 그 본체는 일체가 아니다. 범부도 아니고 성인도 아니며, 인因도 아니고 과果도 또한 아니다. 선도 아니고 악 등도 아니지만, 본체에 계합한 작용이 여러 가지 현상 제법을 만들어 낸다. 이것은 범부가 되고 성인이 되며, 형상을 나타내고 색을 나타내고 상을 나타내는 것 등을 말한다.

三直顯心性宗者。說一切諸法。若有若空。皆唯眞性。眞性無爲。體非一切。謂非凡非聖。非因非果。非善非惡等。然卽體之用。而能造作種種。謂能凡能聖現色現相等。

(ㄴ) 사람을 따라 개별적으로 해석함(2항목)

二就人別釋二

㉠ 숫자로 표함

初標數

도서 그 가운데 심성을 지시함에는 다시 두 종류가 있다.

於中指示心性。復有二類。

㉡ 열어 해석함(2항목)

二開釋二

a. 홍주가 보여 주는 것(2항목)

一洪州所示二

a) 바로 밝힘(3항목)

一正明三

(a) 깨달음

一悟

도서 첫째는 지금 언어와 동작을 할 수 있고, 탐함과 성냄, 자비와 인욕, 선과 악을 지음, 고와 낙을 받는 등이 곧 너의 불성이다.[38] 이것이 곧 본래 부처로서 이것을 제외하고 달리 부처가 없는 것이다.[39]

一云卽今能語言動作。貪嗔慈忍造善惡受苦樂等。卽汝佛性。卽此本來是佛。除此無別佛也。

(b) 닦음

二修

도서 이 천진 자연을 통달했기 때문에 마음을 일으켜 수도한다는 것은 맞지 않다. 도가 곧 마음이니 마음으로 다시 마음을 닦을 수 없고, 악한 것 또한 마음이니 마음으로 다시 마음을 끊을 수 없다.

了此天眞自然。故不可起心修道。道卽是心。不可將心還修於心。惡亦是心。不可將心還斷於心。

(c) 증득

---

38 상봉 정원의 『都序分科』에는 다음의 주석이 있다. "상상을 합하여 성성으로 돌아감."
39 상봉 정원의 『都序分科』에는 다음의 주석이 있다. "진오眞悟."

三證

도서 끊지도 않고 닦지도 않으며 뜻대로 자재하니, 그것을 비로소 해탈이라고 한다.

不斷不修。任運自在。方名解脫。

b) 거두어 결론 내림

二收結

도서 본성은 허공과 같아 늘지도 않고 줄지도 않거늘 무엇에 의거하여 더 보태고 보충하겠는가. 단지 시간과 장소를 따라 업을 쉬고 신묘함을 길러야[40] 성태聖胎가 점점 성장하여 자연 신묘함이 드러날 것이다.[41] 이것이 참된 깨달음이고 참된 수행이며 참된 증득이라 하겠다.

性如虛空。不增不減。何假添補。但隨時隨處。息業養神。聖胎增長。顯發自然神妙。此即是爲眞悟。眞修眞證也。

b. 하택이 보여 주는 것(2항목)

二荷澤所示二

---

40 상봉 정원의 『都序分科』에는 다음의 주석이 있다. "진수眞修."
41 상봉 정원의 『都序分科』에는 다음의 주석이 있다. "진증眞證."

a) 열어 보임

一開示

도서 둘째, 모든 법이 몽환과 같다고 성인들이 똑같이 설한다. 망념은 본래 고요하고 바깥 경계는 본래 공하다. 비고 고요한 마음이 신령스럽게 알아서 어둡지 않으니, 이 비고 고요한 앎이 곧 너의 진성이다. 미혹하거나 깨닫거나 마음은 본래 스스로 아는 것이니, 연緣을 빌려 생하는 것이 아니며, 경계로 인하여 일어나는 것도 아니다. 앎이라는 한 글자가 뭇 미묘함의 문이다.

二云諸法如夢。諸聖同說。故妄念本寂塵境本空。空寂之心靈知不昧。即此空寂之知。是汝眞性。任迷任悟。心本自知。不藉緣生。不因境起。知之一字衆妙之門。

b) 깨달아 들어감(2항목)

二悟入二

(a) 물든 연기

一染緣起

도서 시작이 없는 때로부터 그것에 미혹해 왔기 때문에 신심身心이 나라고 그릇 집착하여 탐하고 성내는 등의 번뇌를 일으킨다.

由無始迷之故。妄執身心爲我。起貪嗔等念。

상권 • 129

(b) 깨끗한 연기(3항목)

二淨緣起三

ⓐ 깨달음

初悟

도서 만일 선지식이 제법의 실상을 열어 보이는 것을 만나면, 비고 고요한 앎을 단번에 깨달을 것이다. 안다는 것도 또한 생각도 없고 형상도 없는데, 무엇이 아상我相·인상人相이겠는가.[42]

若得善友開示。頓悟空寂之知。知且無念無形。誰爲我相人相。

ⓑ 닦음

二修

도서 모든 현상이 공함을 깨달으면 마음이 저절로 무념이 될 것이니, 생각이 일어나면 곧 (일어나는 생각이 공하다는 것을) 깨닫고, 그것을 깨달으면 없어질 것이다. 수행의 미묘한 문이 오직 여기에 있는 것이다. 그러므로 비록 만행을 갖추어 닦더라도 오직 무념으로 으뜸을 삼는다. 무릇 이 무념의 지견을 터득하면, 사랑하고 미워함이 자연스럽게 담박해지고, 자비와 지혜가 자연스럽게 밝음을 더하며 죄업이 자연스럽게 단멸되고 공행이 자연스럽게 증진될 것

---

42 상봉 정원의 『都序分科』에는 다음의 주석이 있다. "돈오."

이다.[43]

覺諸相空。心自無念。念起即覺。覺之即無。修行妙門。唯在此也。故雖備修萬行。唯以無念爲宗。但得無念知見。則愛惡自然淡薄。悲智自然增明。罪業自然斷除。功行自然增進。

ⓒ 증득

三證

도서 이미 모든 형상이 형상 아닌 줄 깨달았으니, 자연스럽게 닦지만 닦음이 없는 것이다. 번뇌가 다하면 생사가 곧바로 끊어지고, 생멸이 사라지면 고요히 비춤이 눈앞에 나타나 응용이 무궁할 것이다. 그것을 부처라 부른다.[44]

旣了諸相非相。自然修而無修。煩惱盡時。生死卽絶。生滅滅已。寂照現前。應用無窮。名之爲佛。

(ㄷ) 비방을 해결하여 총체적으로 결론지음

三通妨摠結

도서 그러나 이 양가兩家(성종과 상종)는 상相을 회통하여 성性으로 돌아가기 때문에 동일한 종파인 것이다.

---
43 상봉 정원의 『都序分科』에는 다음의 주석이 있다. "점수."
44 상봉 정원의 『都序分科』에는 다음의 주석이 있다. "증과."

然此兩家。皆會相歸性。故同一宗。

ㄷ. 3종을 총체적으로 결론지음

三摠結三宗

도서 그렇지만 위의 3종宗 가운데 다시 교를 존중하기도 하고 교를 얕보기도 하며 상을 따르기도 하고 상을 훼손하기도 하는 종파가 있다. 이와 같이 외부의 힐난을 차단하는 통로와, 바깥 대중을 접하는 방편과, 제자를 가르치는 의궤 등 여러 가지 점에서 같지 않다. 이것은 모두 자리행과 이타행의 실천에 있어서 각기 그 편의를 따른 것으로 잘못된 것은 아니다. 다만 으뜸으로 삼는 도리가 서로 부합하지 않아 둘이 있기 때문에 반드시 부처의 가르침에 의거하여 화회해야 하는 것이다.

然上三宗中。復有遵教慢教。隨相毀相拒外難之門戶。接外眾之善巧。教弟子之儀軌。種種不同。皆是二利行門。各隨其便。亦無所失。但所宗之理。即不合有二。故須約佛和會也。

㉯ 교로써 증명함(2항목)

二以教證二

ㄱ. 총체적으로 표함

一摠標

도서 다음으로 아래에서는 불교佛敎를 총 세 가지로 판별한다.

次下判佛敎。摠爲三種者。

ㄴ. 개별적으로 해석함(2항목)

二別釋二

ㄱ) 방편교를 비밀히 설함(3항목)

初密說權敎三

(ㄱ) 상을 설함(5항목)

初說相文五

㉠ 명칭을 표하여 교를 세움

初標名立敎。

도서 첫째, 밀의로 성性에 의거하여 상相을 설하는 교

一密意依性說相敎。

원주 부처가 삼계 육도를 보니, 그것은 모두 진성眞性의 모습이라는 것을 알았다. 삼계 육도는 단지 중생이 진성에 미혹해서 일어난 것으로서

별도로 본체가 있는 것이 아니다. 그 때문에 진성에 의지한다고 하는 것이다. 그러나 근기가 우둔한 자는 마침내 깨닫는 것이 어려우므로 그가 대상을 보는 데 따라 법을 설한다. 점차 제도하기 때문에 상을 설한다고 하고, 아직 밝게 드러나지 않은 것을 설하기 때문에 비밀한 뜻이라 한다.

佛見三界六道。悉是眞性之相。但是衆生迷性而起。無別自體。故云依性。然根鈍者。卒難開悟。故且隨他所見境相。說法漸漸度。故云說相。說未彰顯。故云密意也。

도서 이 하나의 교敎 가운데 세 종류가 있다.

此一敎中。自有三類。

ⓛ 숫자에 따라 개별적으로 해석함(3항목)

二依數別釋三

a. 첫째 글(3항목)

初中文三

a) 교의 명칭을 표하여 세움

一標立敎名

도서 첫째, 인천인과교

一人天因果教。

b) 교의를 바로 해석함

二正釋敎義

도서 선악업보를 설함으로써 인과가 어긋나지 않는다는 것을 알아 삼도의 고통을 두려워하고 인천의 즐거움을 구하게 하며, 보시·지계·선정 등 일체 선행을 닦아 인도와 천도, 색계와 무색계에까지 태어나게 한다.

說善惡業報。令知因果不差。懼三途苦求人天樂。修施戒禪定等一切善行。得生人道天道。乃至色界無色界。

c) 교의 명칭을 결론지어 나타내 보임

三結現敎名

도서 그 때문에 인천교라고 하는 것이다.

故云人天敎。

b. 둘째 글(3항목)

二中文三

a) 교의 명칭을 표하여 세움

初標立敎名

도서 둘째, 미혹을 끊고 고를 멸하는 교

二斷惑滅苦敎。

b) 교의를 바로 해석함(2항목)

二正釋敎義二

(a) 총체적으로 표함

一摠標

도서 삼계가 불안함이 모두 화택火宅의 고통과 같다고 설하여 혹업惑業의 집착을 끊고 도를 닦아 멸도를 증득하도록 한다. 이것은 근기를 따르기 때문에 설하는 법수法數가 한결같이 차별이 있는 것이다. 삿됨과 바름을 간별하고 범부와 성인을 분별하며, 좋고 싫음을 나누고 인과를 밝혀 중생의 오온이 도무지 나라고 할 주체가 없다는 것을 설한다.

說三界不安。皆如火宅之苦。令斷業惑之集。修道證滅。以隨機故。所說法數一向差別。以揀邪正。以辨凡聖。以分欣厭。以明因果。說衆生五蘊。都無我主。

(b) 개별적으로 밝힘(2항목)

二別明二

ⓐ 고와 집을 밝힘(2항목)

一明苦集二

i) 바로 밝힘(3항목)

一正明三

(i) 아집에 미혹함을 밝힘

一明迷我執

도서 (중생의 오온은) 단지 몸과 뼈로 이루어진 겉모습이며, 사려하는 마음일 뿐이다. 시작이 없는 때로부터 인연의 힘 때문에 찰나찰나 생멸하며 상속하여 끝이 없다. 흐르는 물 같고 타오르는 불꽃 같다. 신심이 임시로 화합하여 하나인 것 같고, 항상한 것같이 보인다. 범부와 어리석은 자는 그것을 알지 못하여 아我라고 집착한다.

但是形骸之色。思慮之心。從無始來因緣力故。念念生滅。相續無窮。如水汨汨。如燈燄燄。身心假合。似一似常。凡愚不覺。執之爲我。

(ii) 혹업의 과보를 밝힘

二明惑業報

도서 이 아我에 의지하여 탐【명리를 탐하는 것이 곧 나를 영화롭게 하는 것으로 생각함】·진【잔은 정情의 대상을 어기어 아我를 침해할 것을 두려워하는 것】·치【대하는 것마다 잘못 알아 도리에 맞지 않게 문제 삼는 것】 등의 삼독을 일으키고, 삼독은 의식을 두드려 몸과 입을 움직임으로써 일체의 업을 일으킨다. 업을 지으면 피하기 어렵기 때문에【그림자가 형상을 따르고 메아리가 소리를 따름】 오도五道[45]의 고락 등 몸【이것은 별업이 초감한 것】과 삼계의 수승한 곳이나 열악한 곳【이것은 공업共業이 초감한 곳】 등의 과보를 받는다.

保此我故。即起貪【貪名則以榮我】嗔【嗔違情境恐侵害我】癡【觸向錯解非理計較】等三毒。三毒擊於意識。發動身口造一切業。業成難逃【影隨形響應聲】故。受五道苦樂等身【此是別業所感】。三界勝劣等處【此是共業所感處也】。

(iii) 윤회가 끊어지지 않음

三輪廻不絶

도서 받은 몸을 또 집착하여 '나(我)'라고 여기고 또다시 탐욕 등 번뇌를 일으켜 업을 짓고 과보를 받는다. 몸은 나고 늙고 병들어 죽으며, 죽어서는 다시 태어난다. 세계는 생성하고 머무르며 무너져 공空으로 돌아가지만 공은 다시 생성하여 겁과 겁을 지나도록 태어나고, 또 태어나서 윤회가 끊어지지 않는다. 마침도 없고 시작도 없는 것이 마치 우물물을 긷는 도르래와 같다.

於所受身。還執爲我。還起貪等。造業受報。身則生老病死。死而復生。界

---

45 오도五道 : 오취라고도 한다. 중생이 업인에 따라 전생하는 다섯 곳을 가리킨다. 육도 가운데 아수라가 빠진 지옥·아귀·축생·인도·천도의 다섯 곳이다.

則成住壞空。空而復成。刧刧生生。輪廻不絕。無終無始。如汲井輪。

ii) 결론으로 답함

二結㭁[1]

1) ㊎ '㭁'는 '答'의 오기인 듯하다.

도서 모두 이 몸이 본래 '나'가 아님을 깨닫지 못한 때문이다.

都由不了此身本不是我。

원주 이 이상은 모두 앞에서 설명한 인천교 중의 세간인과이다. 앞의 가르침은 단지 하계를 싫어하고 상계를 좋아하게 하지만, 삼계가 모두 싫어하고 근심하는 곳임을 설하지 않았다. 또 아를 깨뜨리지 않고 지금 그것을 갖추어 설하니, 이 가르침이 곧 고집 이제二諦이다. 아래의 가르침은 아집을 깨뜨리고, 도제道諦와 멸제滅諦 이제를 닦게 하여 출세의 인과를 밝히기 때문에 사제교四諦教라고 하는 것이다.

此上皆是前人天敎中。世間因果也。前但令厭下欣上。未說三界皆可厭患。又未破我。今具說之。即苦集二諦也。下破我執。令修道滅二諦。明出世因果。故名四諦敎也。

ⓑ 도제와 멸제를 밝힘(2항목)

二明道滅二

i) 널리 신심을 깨뜨림(2항목)

一廣破身心二

(i) 심사관[46](2항목)

一尋伺觀二

① 거친 것을 깨뜨림

一破麤

도서 '나'가 아니라고 하는 것을 살펴보자. 이 몸은 본래 몸과 마음이 화합하여 형체가 이루어진 것이다. 지금 추구하고 찾아서 분석해 보면, 몸은 지・수・화・풍 네 가지로 구성되어 있고, 마음은 수受【좋아하고 싫어하는 것을 받아들임】・상想【형상을 취함】・행行【일체를 조작함】・식識【하나하나 분별함】의 네 가지【이 네 가지와 색色을 합하여 오온이라 부른다.】로 구성되어 있다. 만일 모두 다 나라면, 곧 여덟 개의 나[47]가 성립될 것이다.

不是我者。此身本因色心。和合爲相。今推尋分析。色有地水火風之四類。心有受【領納好惡之事】想【取像】行【造作一切】識【一一了別】之四類【此四與色都名五蘊】。若皆是我。即成八我。

---

46 심사관尋伺觀 : '심'이라는 것은 대상의 뜻과 이치를 개략적으로 살피는 것이고, '사'란 세밀하게 사찰하는 것을 말한다. 이와 같이 대상을 관하는 것을 심사관이라고 한다.
47 여덟 개의 나(八我) : 지・수・화・풍 사대와 오온 중 색온을 뺀 나머지 사온을 합한 것을 가리킨다.

ⓘⓘ 미세한 것을 깨뜨림

二細破

도서 더구나 몸 가운데는 다시 360개의 뼈마디가 있고, 마디마다 각각 구별되어 있으며, 가죽과 털, 근육과 살, 간과 심장, 비장과 신장으로 되어 있어서 각각 서로 같지 않다.【가죽이 털이 아닌 것처럼】 모든 심소 등도 각기 다르기 때문에 보는 것은 듣는 것이 아니고, 기쁨은 성냄이 아니다. 이미 이렇게 많은 것들로 구성되어 있으니, 무엇을 취해 나라고 해야 하는지 모르겠다. 만일 이것이 다 나라면, 나는 백이요, 천이다. 한 몸 가운데에 많은 주인이 있게 되니, 어지럽고 혼란스럽다. 그렇지만 이를 떠나 별법이 있는 것이 아니기 때문에 모두 뒤집고 찾아도 나를 찾을 수 없는 것이다.

況色中復有三百六十段骨。段段各別。皮毛筋肉肝心脾腎。各不相是【皮不是毛等】。諸心數等。亦各不同。見不是聞。喜不是怒。旣有此衆多之物。不知定取何者爲我。若皆是我。我卽百千。一身之中。多主紛亂。離此之外。復無別法。翻覆推我。皆不可得。

(ⅱ) 여실하게 관함

二如實觀

도서 이 신심身心 등은 단지 많은 연이 모인 화합상 같지만 본래 일체一體가 아니며, 아상我相·인상人相인 것 같지만 본래 아我와 인人이 없다. 누가 탐하고 성내며, 누가 죽이고 도둑질하며, 누가 보시하고 계행을 지키며, 누가 인천에 태어나는가.【고와 집을 아는 것임】 이것을 문득 깨달으면 마침내 삼계유

루의 선악에도 마음이 막히지 않을 것이다.【집제를 끊음】

便悟此身心等。但是衆緣。似和合相。元非一體。似我人相。元無我人。爲誰貪嗔。爲誰煞盜。誰修施戒。誰生人天【知苦集也】。遂不滯心於三界有漏善惡【斷集諦也】。

ii) 닦음과 증득을 간략히 밝힘

二略明修證

도서 단지 무아관의 지혜를 닦아【도제】 탐 등의 번뇌를 끊고, 모든 업을 멈추고 아공진여我空眞如를 증득하여 수다원과를 얻고, 번뇌를 멸진하여 아라한과를 얻는다.【멸제】 몸을 남김없이 태우고 지혜를 소멸하여 영원히 모든 괴로움으로부터 벗어난다.

但修無我觀智【道諦】。以斷貪等。止息諸業。證我空眞如。得須陀洹果。乃至滅盡患累。得阿羅漢果【滅諦】。灰身滅智。永離諸苦。

c) 경론을 회통하여 결론함

三會結經論

도서 모든 『아함경』 등 경전 618권과 『바사론』 등 698권은 모두 이 소승과 앞에서 언급한 인간과 천상의 인과를 설하는 것이다. 부수와 질수가 비록 많지만, 이치는 여기에서 벗어나지 않는다.

諸阿含等經。六百一十八卷。婆沙等論六百九十八卷。皆唯說此小乘及前
人天因果。部帙雖多。理不出此。

c. 셋째 글(3항목)

三中文三

a) 교의 명칭을 표하여 세움

初標立敎名

도서 셋째, 식으로써 대경을 깨뜨리는 교

三將識破境敎。

원주 앞의 교에서 설한 대경의 형상은 생겨나기도 하고 멸하기도 하는 것으로서 오직 아我가 없을 뿐만 아니라 위와 같은 법들도 또한 없는 것이다. 단지 이것은 정식情識이 허망하게 변하여 일어난 것이기 때문에 식으로써 대경을 깨뜨린다고 하는 것이다.

說前所說境相。若起若滅。非唯無我。亦無如上等法。但是情識。虛妄變起。
故云將識破境也。

b) 교의를 바로 해석함(2항목)

二正釋敎義二

(a) 식으로써 대경을 깨뜨림(2항목)

初將識破境二

ⓐ 식이 대경을 생겨나게 하는 것임을 밝힘

初明識生境

도서 위에서 설명한 생멸 등 법은 진여와 관련되지 않는다. 다만 각각 이 중생에게 비롯함이 없는 때로부터 자연 그대로 8종의 식이 있을 뿐이다. 그중에 제8 장식이 근본이니, 근신·기세계·종자를 단번에 변현해 내고 칠식七識을 생기하니, 각각 자분自分의 소연所緣을 변현해 낸다.

說上生滅等法。不關眞如。但各是衆生。無始已來。法爾有八種識。於中第八藏識。是其根本。頓變根身器界種子。轉生七識。各能變現自分所緣。

원주 눈은 색을 연하고, 내지 제7식은 견見을 연하며, 제8식은 근·종자·기세계를 반연한다.

眼緣色。乃至七緣見。八緣根種器界也。

도서 이 팔식 외에 실법은 없는 것이다. 묻는다. 어떻게 변하는가. 대답한다. 아我와 법을 분별하는 훈습력 때문에 모든 식이 생길 때에 아와 법으로 변화한다. 6·7의 2식識은 무명이 덮기 때문에 이로 인하여 실제의 '아'이며, 실제의 '법'이라고 집착한다. 마치 병자[병이 무거우면 마음이 혼미하여 사람과 물건이 이상하게 보인다.]와 꿈꾸는[몽상으로 보는 것이니, 알 수 있을 것이다.] 사람이 병과 꿈의 힘으로 마음에 여러 가지 바깥 대상이 나타나는 것과 같다. 꿈을 꿀 때는 외계의 대상이 실재하는 것으로 집착하게 된다.

此八識外。都無實法。問如何變耶。答我法分別熏習力故。諸識生時。變似我法。六七二識。無明覆故。緣此執爲實我實法。如患【病重心昏見異色人物】夢【夢想所見可知】者。患夢力故。心似種種外境相現。夢時執爲實有外物。

ⓑ 경계가 오직 식임을 밝힘

二明境唯識

도서 꿈을 깨면 비로소 꿈속에서만 변한 것임을 알게 된다. 나의 이 몸이나 바깥 세계도 또한 이와 같다. 오직 식이 변한 것임을 모르기 때문에 아와 모든 경계가 있다고 집착하지만, 이미 깨달았으니, 아와 법이 본래 없고, 심心識만이 있을 뿐이다.

寤來方知唯夢所變。我此身相。及外世界。亦復如是。唯識所變。迷故執有我及諸境。既悟本無我法。唯有心識。

(b) 지혜에 의하여 닦고 증득함

二依智修證

도서 결국 이 이공二空[48]의 지혜에 의하여 유식관唯識觀[49]·육도六度[50]·사

---

48 이공二空 : 아공과 법공이다. 아공이란, 중생은 오온이 화합하여 이루어진 것으로 상일하고 주재하는 실체가 없다는 것을 가리킨다. 법공이란, 일체 대상이 공하다는 것을

섭법四攝法[51] 등의 행을 닦아 번뇌장과 소지장[52]의 이장二障을 점차 항복 받아 끊으면 이공이 드러나는 진여를 증득하게 된다. 십지가 원만하니 팔식을 전환하여 사지四智[53]보리를 성취하고, 진여를 장애하는 것이 모두 사라지니 법성신法性身[54] 대열반을 얻는다.

遂依此二空之智。修唯識觀。及六度四攝等行。漸漸伏斷煩惱所知二障。證二空所顯眞如。十地圓滿。轉八識成四智菩提也。眞如障盡。成法性身大涅槃也。

c) 경론을 회통하여 결론함

말한다. 아공은 아집을 떠난 것이고, 법공은 법집을 떠난 것이다.
49 유식관唯識觀 : 대승 관법의 한 가지, 남산 삼관의 하나로 별교와 원교 보살의 관법이다. 만유의 자성은 본래 청정하여 그 근본 이치가 매우 깊기 때문에 오직 식으로만 관하는 것이다.
50 육도六度 : 보살이 수행하는 여섯 가지 덕목으로, 보시·지계·인욕·정진·선정·지혜를 가리킨다. 육바라밀이라고도 한다.
51 사섭법四攝法 : 사섭사라고도 한다. 불보살이 중생을 구제하는 네 가지 덕목으로, 보시섭·애어섭·이행섭·동사섭이다. 보시섭은 법이나 재물을 보시하여 상대방을 이끌어 들이는 것이고, 애어섭은 온유한 말로 이끌어 들이는 것이다. 이행섭은 선행으로 중생을 이롭게 하여 이끌어 들이는 것이고, 동사섭은 중생과 고락을 함께하면서 이끄는 것이다.
52 번뇌장과 소지장 : 이장二障이라고 한다. 이 이장은 중생이 생사에 윤회하게 하는 가장 근본이 되는 번뇌이다. 번뇌장이란 번뇌가 곧 장애라는 말로 아집에 따라 일어나는 근본번뇌와 분忿·한恨·부覆 등 수번뇌가 여기에 포함된다. 소지장이란 알아야 할 대상인 진여를 장애하는 번뇌이다. 법집에 따라 일어나는 망상분별과 법애와 만慢·무명無明 등을 가리킨다.
53 사지四智 : 유루의 팔식을 전환하여 얻은 무루의 지혜로 대원경지·평등성지·묘관찰지·성소작지의 네 가지 지혜이다. 성소작지는 전오식을 전환하여 얻은 지혜이고, 묘관찰지는 제6식을 전환한 지혜이며, 평등성지는 제7식을 전환하여 얻은 지혜로 이체를 평등으로 관한다. 대원경지는 제8식을 전환하여 얻은 지혜로서 평등 원만한 궁극적인 지혜이다.
54 법성신法性身 : 법신이라고도 한다. 시방 허공계에 가득한 불신을 가리킨다. 상주불변하는 법성을 불신이라는 상징적인 모습으로 나타내는 말이다.

三會結經論

도서 『해심밀경』 등 수십 본의 경전과 유가유식瑜伽唯識 등 수백 권의 논서도 그 설하는 이치가 이 범위를 벗어나지 않는다.

解深密等數十本經。瑜伽唯識數百卷論。所說之理。不出此也。

ⓒ 총체적으로 회통하여 명칭을 결론함

三摠會結名

도서 이 위의 세 종류는 전체가 '첫 번째, 밀의로 성性에 의지하여 상相을 설하는 교'이다.

此上三類。都爲第一密意依性[1]說相敎。

1) ㉠ '佺'은 '性'이 되어야 한다.

㉣ 선에 배대하여 같음을 나타냄

四配禪現同

도서 그러나 오직 '세 번째, 식으로써 대경을 깨뜨리는 것은 선문禪門의 '망념을 쉬고 마음을 닦는 종파'와 서로 부합한다. 바깥 경계가 모두 공한 것을 알기 때문에 바깥 경계의 사상事相을 닦지 않고 오직 망념을 쉬고 마음을 닦을 뿐이다. 망념을 쉰다는 것은 아와 법의 허망함을 쉬는 것이고, 마음을 닦는다는 것은 오직 식인 마음을 닦는 것이기 때문에 유식의 가르침과 같은 것이다.

상권 • 147

然唯第三將識破境。與禪門息妄修心宗。而相符會。以知外境皆空故。不修外境事相。唯息妄修心也。息妄者。息我法之妄。修心者。修唯識之心。故同唯識之教。

㉤ 훼손하지 말 것을 깨우쳐 줌(4항목)

五諭勿毁文四

a. 서로 비난함을 바로 배척함

初正斥相非

도서 (그렇다면) 이미 부처와 같은데, 무엇 때문에 저 점문漸門에서 망념을 쉬고 청정을 보며, 때때로 번뇌를 씻으며, 마음을 집중하여 머무르고, 오로지 한 경계에 집중하며, 가부좌하여 몸을 조절하고 숨을 고르는 것 등을 비난하는가. 이들 여러 가지 방편은 모두 불타가 권하고 찬탄한 것이 아닌가.

旣與佛同。如何毁他漸門。息妄看淨。時時拂拭。凝心住心。全注一境。及跏趺調身調息等也。此等種種方便。悉是佛所勸讚。

b. 잠복되어 있는 난문을 가만히 해결함

二潛通伏難

도서 정명淨名(유마 거사)은 반드시 앉아야 하는 것은 아니라고 말한 것이지, 반드시 앉지 말아야 한다고 말한 것이 아니다. 앉거나 앉지 않거나 하는 것은 근기에 따라 맡길 것이며, 마음을 집중하거나 마음을 움직이는 것은 각기 익혀온 성품에 따라 헤아려야 할 것이다. 고종대제와 현종 시대에는 원돈圓頓 본종이 행해지지 않았다. 오직 북지北地에 신수神秀 선사가 점교를 크게 선양하여 2경京[55]의 법주가 되고, 세 황제[56]의 문사門師가 되었다. 그는 (점교를) 전적으로 달마의 종이라고 칭하였으나, 부처에 계합하는 종지를 드러내지는 못하였다. 이에 조계 하택이 원종圓宗이 끊어질까 근심하여 마침내 마음을 멈추거나 조복 받는 일 등을 꾸짖어 책망하기에 이른 것이다. 이것은 다만 병을 제거하는 것이지, 법을 없애는 것이 아니다.

淨名云不必坐。不云必不坐。坐與不坐任逐機宜。凝心運心。各量習性。當高宗大帝。乃至玄宗朝時。圓頓本宗未行北地。唯有神秀禪師。大揚漸敎。爲二京法主三帝門師。全稱達摩之宗。又不顯卽佛之旨。曹溪荷澤。恐圓宗滅絶。遂呵毁住心調伏等事。但是除病 非除法也。

c. 점교에 연원이 있음을 보여 줌

三示漸有源

도서 하물며 이 방편은 본래 5조 대사(弘忍)가 가르쳐 전수한 것으로, 각각 다 인가하여 (남능南能·북수北秀를) 일방의 스승으로 삼은 것이다. 달마는 벽관으로써 사람을 안심케 하고, "밖으로 모든 연을 멈추고 안으로는 마음의 헐떡거림을 없애며, 마음이 장벽과 같아야 도에 들어갈 수 있다."라고 말했으니, 어찌 이것이 곧 좌선법이 아니겠는가. 또 여산 혜원이 불타와 야사의 두 법승

---

55 2경京 : 중국 서쪽의 장안과 동쪽의 낙양 두 서울을 지칭한다.
56 세 황제 : 당의 고종·측천무후·중종 세 사람의 황제를 가리킨다.

과 번역한 『달마선경』(『달마다라선경』) 두 권에서 좌선의 문호와 점차적 방편을 갖추어 밝혔는데, 그것은 천태와 선수侁秀[57] 문하의 의취와 다름이 없다. 여기에 4조(道信)도 수십 년간 옆구리를 자리에 붙이지 않았던 것이다.[58]

況此之方便。本是五祖大師敎授。各皆印可。爲一方師。達摩以壁觀。敎人安心云。外止諸緣。內心無喘。心如墻壁。可以入道。豈不正是坐禪之法。又廬山遠公。與佛陀耶舍二梵僧所譯。達摩禪經兩卷。具明坐禪。門戶漸次方便。與天台及侁秀門下。意趣無殊。故四祖數十年中。脇不至席。

d. 결론으로 시비를 물리침

四結却是非

도서 요의了義와 불요의不了義 종宗이란 견해의 심천에 따른 것이지, 조복하고 조복하지 않는 행으로써 법과 의미가 치우치거나 원만함을 정하는 것이 아님을 알아야 한다. 다만 스스로 병에 따라 대치하면 될 뿐, 이것을 칭찬하고 저것을 비난해서는 안 된다.

即知了與不了之宗。各由見解深淺。不以調與不調之行。而定法義偏圓。但自隨病對治。不須讚此毀彼。

원주 앞에서 서술한 글에서 어떤 사람이 나에게 어찌하여 좌선을 권하는가라고 힐난하는 질문에 대해 내가 지금 이 말로써 대답한 것이다.

---

57 선수侁秀 : 남선과 북수. 남선은 지선, 북수는 신수를 가리킨다. 둘 다 홍인의 문하이다.
58 옆구리를 자리에 붙이지 않았다는 말은 눕지 않았다는 뜻이니, 곧 4조 도신도 좌선을 했다는 말이다.

前叙有人問難余。云何以勸坐禪者。余今以此答也。

(ㄴ) 상을 깨뜨리는 교(5항목)

二破相敎五

㉠ 교의 명칭을 표하여 세움

初標立敎名

도서 둘째, 밀의로 상을 깨뜨리고 성을 드러내는 교

二密意破相顯性敎。

원주 진실 요의에 의하면, 헛된 집착은 본래 공하여 다시 깨뜨릴 것이 없으며, 무루의 모든 법은 본래 진성이지만 연을 따르는 미묘한 작용은 영원토록 단절되지 않고, 또 깨뜨릴 수도 없는 것이다. 단지 한 부류의 중생이 망상에 집착하여 그것으로 진성을 장애하기 때문에 현묘한 깨달음을 얻기가 어려웠다. 이에 불타가 선과 악, 더러움과 깨끗함, 성과 상을 가리지 않고 일체를 꾸짖고 깨뜨린 것이다. 진성과 묘용이 없는 것이 아니지만 한편으로 없다고 하였기 때문에 '밀의'라고 하였다. 또 뜻은 본성을 드러내는 데 있지만, 말은 형상을 깨뜨려서 뜻이 말 가운데 나타나지 않기 때문에 비밀이라고 하는 것이다.

據眞實了義。則妄執本空。更無可破。無漏諸法。本是眞性。隨緣妙用。永不斷絶。又不應破。但爲一類衆生。執虛妄想。障眞實性。難得玄悟故。佛且不揀善惡垢淨性相。一切呵破。以眞性及妙用不無。而且云無故云密意。
又意在顯性。語乃破相。意不形於言中。故云密也。

ⓛ 교의를 바로 밝힘(2항목)

二正明敎義二

a. 공의 이치를 널리 설함(2항목)

初廣說空理二

a) 앞의 경공境空에 거듭하여 심공心空을 표하여 서술함

初牒前境空標叙心空

도서 이 교는 앞의 가르침 중의 소변所變[59] 경계를 설한 것으로 이미 모두가 허망하니 능변能變[60]의 식이 어찌 홀로 진실하겠는가. 마음과 경계가 서로 의존하여 공하지만, 마치 있는 것같이 보이기 때문이다.

此敎說前敎中所變之境。旣皆虛妄。能變之識。豈獨眞實。心境互依。空而
似有故也。

---

59 소변所變 : 능변에 의하여 생기한 일체 대상을 말한다.
60 능변能變 : 유식의 설로 인식의 주체인 식이 전변하여 일체 만법을 생기하는 것을 가리킨다. 능변에는 제1 능변(제8 이숙식), 제2 능변(제7 사량식), 제3 능변(제6 요별식)의 세 종류가 있다. 이 3종의 능변에 의해 일체 존재가 생기한다는 것이다.

b) 심과 대경이 모두 공하다는 이유를 자세히 해석함(2항목)

二委釋心境皆空所以二

(a) 바로 밝힘

一正明

도서 또 마음은 홀로 일어나는 것이 아니라 대경에 의지하여 비로소 일어나며, 대경은 스스로 생하는 것이 아니라 마음으로 인해 나타난다. 마음이 여여하면 대경이 사라지고, 대경이 멸하면 마음이 공하다. 대경이 없는 마음이 있지 않고, 마음이 없는 대경도 없다. 꿈에 물체를 볼 때 보는 것과 보이는 것이 다른 것 같지만, 실제는 똑같이 허망하여 온통 있는 바가 없는 것이다. 모든 식과 모든 대경도 이와 같다. 모두 여러 인연에 가탁한 것으로서 자성이 없기 때문에 일찍이 한 법도 인연을 따라 생하지 않은 것이 없다고 하겠다.

且心不孤起。託境方生。境不自生。由心故現。心如即境謝。境滅即心空。未有無境之心。曾無無心之境。如夢見物似能見所見之殊。其實同一虛妄。都無所有。諸識諸境。亦復如是。以皆假託衆緣。無自性故。未曾有一法。不從因緣生。

(b) 전전하여 해석함

二轉釋

도서 그 때문에 일체법이 공 아닌 것이 없다. 무릇 존재하는 상이 모두 허망한 것이니, 공 가운데는 안·이·비·설·신·의 육근이 없고, 십팔계·십이인 연·사제도 없으며, 지혜도 없고 얻을 것도 없다. 업도 없고 과보도 없으며, 닦음도 없고 증득함도 없으니, 생사열반이 평등하여 허깨비와 같은 것이다.

是故一切法。無不是空者。凡所有相皆是虛妄。是故空中。無眼耳鼻舌身意。無十八界十二因緣四諦。無智亦無得。無業無報。無修無證。生死涅槃。平等如幻。

b. 행하는 문을 간략히 가리킴

二略指行門

[도서] 단지 일체에 머물지 않고 집착이 없어야 도행道行이라 하는 것이다.

但以不住一切。無執無着而爲道行。

ⓒ 경전으로 회통하여 논으로 매듭지음

三會經結論

[도서] 모든 반야부 천여 권의 경과 『중론』·『백론』·『십이문론』 등 삼론과 『광백론』 등은 다 이것을 설하고 있다.

諸部般若千餘卷經。及中百門等三論廣百等。皆說此也。

[원주] 『지도론』 100권도 또한 이 도리를 설하였다. 단지 논주가 통달하

여 집착하지 않았기 때문에 대소승 법상을 다 받아들였으니, 뒤의 진성종 眞性宗과 은근히 같게 된 것이다.

智度論百卷。亦說此理。但論主通達不執故。該收大小乘法相。潛同後眞性宗也。

㉣ 선종을 들어 배대함

四擧配禪宗

도서 이 교와 선문의 민절무기종泯絕無寄宗은 전적으로 같다.

此敎與禪門泯絕無寄宗全同。

㉤ 상호 비난을 바로 배척함(2항목)

五正斥相非二

a. 앞의 것을 가지고 총체적으로 경책함

一攝前摠責

도서 이미 세존이 설하시고 보살이 홍포한 것이 이와 같은데, 왜 젊문의 선주禪主와 강습講習하는 사람들이 언제나 이 교설을 듣고 곧 인과를 없애는 말이라고 비방하는가. 불타도 스스로 업도 없고 과보도 없다고 말씀하셨으니, 어찌 이것을 삿된 견해라 하겠는가.

旣同世尊所說。菩薩所弘。云何漸門禪主。及講習之徒。每聞此說。卽謗云撥無因果。佛自云無業無報。豈邪見乎。

b. 따르고 빼앗아 결론으로 깨뜨림

二縱奪結破

도서 만일 불타가 설하신 이 말씀이 그 자체에 깊은 뜻이 있다면, 선문의 이 말씀에도 어찌 깊은 뜻이 없겠는가. 만일 "내가 일찍이 추궁하여 물었는데, 깊은 의미가 없다는 것을 깨달았다."라고 한다면, 단지 이것은 그대가 (법을) 알지 못하는 무리를 만난 것이니, 사람을 원망할 것이지 어찌하여 법을 배척하는가.

若云佛說此言。自有深意者。豈禪門此說。無深意耶。若云我曾推徵。覺無深意者。自是汝遇不解之流。但可嫌人豈可斥法。

(ㄷ) 난문을 통함(3항목[61])

三通難

과평 질문하기를,[62] "위로는 서역의 선현으로부터 각각 한 가르침에 의거하여 공空을 설하여 유有를 깨뜨리며, 유를 설하여 공을 깨뜨렸는데, 어

---

61 3항목 : 바로 아래 과평의 마지막 문장에 의거하여 추가하였다.
62 상봉 정원의 『都序分科』에는 다음의 주석이 있다. "어떤 사람이 '위로부터 모든 보살이 공·상에 있어서 상을 깨뜨림이 서로 어긋나는데, 어찌하여 지금 공과 상이 서로 잘못이라 하는 것만을 치우쳐 책망하는가?'라고 힐문한 데 대해 아래에 통하게 하였다."

찌하여 이 땅의 후학이 서로 깨뜨린 것에 대해서만 치우치게 책망하는가. 실로 책망하는 것은 옛 성인이 잘못했기 때문인가."라고 하였다. 그러므로 아래에 세 가지 글이 있다.

難云。從上西域先賢。各據一教。說空破有。說有破空。如何偏責此方後學相破耶。實如所責古聖非耶。故下文三。

㉠ 서역의 선현들이 서로 논파했으나 잘못됨이 없음을 자세히 밝힘(3항목)

一廣明西域先賢相破無失又三

a. 미한 집착을 표하여 둠

一標擧迷執

도서 위의 두 교[63]는 부처의 본의에 의거한 것으로, 비록 서로 어긋나는 것은 아니지만 후학이 전하면서 다수가 문자에 집착하고 뜻에 미혹하게 되었다. 어떤 사람들은 각기 하나의 견해에 집착하여 서로 상대방의 잘못이라 하고, 어떤 사람들은 양편을 다 대충 믿고 혼돈하니, 제대로 아는 것이 아니다.

此上二教。據佛本意。雖不相違。然後學所傳。多執文迷旨。或各執一見。彼此相非。或二皆泛信。混鈍不曉。

b. 원융 회통함을 자세히 밝힘(3항목)

---

63 위의 두 교 : 공교와 상교, 중관과 유식을 가리킨다.

二廣明融會三

a) 사람에 의거하여 장애를 해결함(2항목)

一約人釋妨二

(a) 바로 통하게 함

初正通

도서 그 때문에 용수龍樹・제바提婆 등의 보살은 파상교破相教(상을 깨뜨리는 교)에 의지하여 공의 이치를 자세히 설명함으로써 유有에 대한 집착을 깨뜨리고 활연히 진공을 알게 한 것이다. 진공이란 유에 어긋나지 않는 공을 말한다. 무착無着・천친天親 등의 보살은 유식교唯識教(오직 식뿐이라는 교)에 의지하여 명名과 상相을 자세히 설명하였다. 성性과 상相이 다르고, 염染과 정淨이 구별됨을 분석하여 공에 대한 집착을 깨뜨리고 분명하게 묘유妙有를 알도록 하였다. 묘유란 공空에 어긋나지 않는 유이다. 비록 각각 하나의 의미만을 진술하여도 모든 체성을 원만하게 갖추기 때문에 어긋남이 없는 것이다.

故龍樹提婆等菩薩。依破相教。廣說空義。破其執有。令洞然解於眞空。眞空者是不違有之空也。無着天親等菩薩依唯識教。廣說名相。分析性相不同染淨各別。破其執空。令歷然解於妙有。妙有者不違空之有也。雖各述一義。而擧體圓具。故無違也。

(b) 전전하여 해결함

二轉通

도서 問 만약 그렇다면 왜 이후에 청변과 호법 등 여러 논사가 서로 논파했는가?

答 이것은 서로 성립시킨 것이지 서로 깨뜨린 것이 아니다. 왜냐하면 말기의 후학이 근기가 점차 둔해져서 서로 공空과 유有에 집착했기 때문이다. 청변 등은 고정된 유有라는 상을 깨뜨림으로써 철저히 궁극적인 진공에 이르도록 하여 마침내 연기묘유를 성취하였다. 호법 등이 단멸이라는 치우친 공空을 깨뜨린 것도 그 의도는 마찬가지로 묘유에 있었다. 묘유가 있기 때문에 저 무성無性인 진공을 성취하는 것이다. 글은 서로 논파하고 있지만 뜻은 서로 성립시키는 데 있다.

問。若爾。何故已後。有淸辯護法等論師。互相破耶。答。此乃相成。不是相破。何者。以末代學人。根器漸鈍。互執空有。故淸辯等。破之有之相。令盡徹。至畢竟眞空。方乃成彼緣起妙有。護法等。破斷滅偏空。意在妙有。妙有存故。方乃成彼無性眞空。文即相破。意即相成。

원주 앞에서 남북의 선문이 서로 다투는 것에 대한 의심을 서술하였는데, 지금 여기에 그 결론을 내리고 있다.

前叙疑南北禪門相競。今於比¹⁾決也。

1) 예 '比'는 문맥상 '此'가 되어야 한다.

b) 법에 의거하여 난문을 해결함

二約法通難

과평 논평하여 말한다. 극도로 어긋나는 문에 의거하면, 진공은 전적으로 묘유 쪽을 배제한다. 물을 말하면서 파도를 배제하는 것과 같다. 묘유가 전적으로 진공을 배제하는 쪽은 파도를 말하면서 물을 배제하는 것과 다르지 않다. 그러나 파도 밖에 물이 따로 없으며, 물 밖에 파도가 따로 없다. 극도로 순응하는 문에서는 진공과 묘유가 두 모양이 아니니, 파도가 곧 물이고, 물이 곧 파도이다.[64]

評曰。極違門眞空。全奪妙有之邊。以水奪波。妙有全奪眞空之邊。以波奪水。波外無水。水外無波。極順門眞空妙有。不二之相。波即是水。水即是波也。

도서 그것은 진공묘유에 두 가지 의미가 있기 때문이다. 첫째, 극도로 상호 어긋나는 의미이다. 서로를 해치어 완전히 배제함으로써 영구히 다하는 것을 가리킨다. 둘째, 지극히 서로 순응하는 의미이다. 가만히 하나의 모양으로 계합하여 전체를 완전히 포섭하는 것을 가리킨다. 만일 서로를 제거하여 완전히 다하지 않는다면 전체를 완전히 포섭하지 못한다. 그러므로 극도로 어긋나는 것이 바로 지극히 순응하는 것이다.

由妙有眞空。有二義故。一極相違義。謂互相害。全奪永盡。二極相順義。謂冥合一相。擧體全攝。若不相奪全盡。無以擧體全收。故極違。方極順也。

c) 앞의 의미를 회통하여 해석함

三會釋前義

---

[64] 이 글은 다른 본에는 없다. 설암 추붕의 논평으로 추정된다.

도서 용수·무착 등은 지극히 순응하는 문으로 나아갔기 때문에 서로 성립시켰고, 청변과 호법 등은 극도로 어긋나는 문에 의거했기 때문에 서로를 깨뜨린 것이다.

龍樹無着等。就極順門故相成。清辯護法等。據極違門故相破。

c. 옛 성인의 뜻으로 결론지음

三結古聖意

도서 어긋나고 순응함이 자재하고, 성립하고 깨뜨림에 걸림이 없으니, 모든 법에 화회하지 않음이 없을 뿐이다.

違順自在。成破無碍。卽於諸法。無不和會耳。

ⓒ 이 땅의 후학들이 서로 비방하면서 증득함이 없는 것을 간략하게 경책함

二略責此方後學相非無證

도서 슬프다. 이 나라 양종(공종과 상종)의 후학이 경론을 배우면서 서로 비난하고 서로 배척하여 원수와 다름없으니, 어느 때 무생법인無生法印[65]을 증득할 수 있겠는가. 지금 돈점의 선禪 하는 자들도 이와 다르지 않으니, 노력하고 살펴서 한곳으로 치우치지 말아야 할 것이다.

---

65 무생법인無生法印 : 생멸을 멀리 떠나 불생불멸하는 진여실상을 관하고 거기에 안주하는 것.

哀哉。此方兩宗後學經論之者。相非相斥。不異仇讎。何時得證無生法忍。
今頓漸禪者。亦復如是。努力通鑑。勿偏局也。

ⓒ 앞에서 질문한 것에 따라 화회의 의의를 결론으로 답함

三躡前立問結答和會義意

도서 問 서역의 선현들은 서로 깨뜨렸지만 이미 성립시킨 것이라면, 어찌하여 이 나라에서는 서로 비난하고 서로 질시하는가?

答 사람이 물을 마셔야 차고 따뜻한 것을 아는 것처럼 각각 마음을 관하고 각자 생각을 살펴야 하는 것이다. 약을 써서 병을 막는 것은 건강한 사람을 위한 것이 아니고, 법을 세워 간교함을 막는 것은 어진 사람을 위한 것이 아니다.

問。西域先賢相破。旣是相成。豈可此方相非。便成相嫉。答。如人飮水。冷暖自知。各各觀心。各各察念。留藥防病。不爲健人。立法防奸。不爲賢士。

ㄴ) 실교를 드러내어 설함(3항목)

二現說實教三

(ㄱ) 성인의 가르침을 자세히 해석함(5항목)

一委釋聖教五

㉠ 교의 명칭을 표하여 세움

一標立敎名

도서 셋째, 진심이 곧 성性임을 드러내 보여 주는 교

三顯示眞心卽性敎。

원주 자기의 마음을 곧바로 가리키는 것이 곧 진성이다. 일과 형상에 의해 보여 주는 것도 아니고 형상을 깨뜨림에 의해 보여 주는 것도 아니기 때문에 곧 진성이라 하며, 방편의 은밀한 의미가 있는 것이 아니기 때문에 드러내 보여 준다고 하는 것이다.

直指自心。卽是眞性。不約事相而示。亦不約破相而示。故云卽性。不是方便隱密之意。故云顯示也。

ⓒ 교의를 바로 밝힘(2항목)

二正明敎義二

a. 두 가지 깨끗함을 자세히 밝힘(2항목)

一廣明二淨二

a) 바로 밝힘(2항목)

一正明二

(a) 자성의 깨끗함

初自性淨

도서 이 교는 일체중생에게 모두 비고 고요한 진심이 있으니, 시작이 없는 본래부터 본성은 스스로 청정하다고 설한다.

此教說一切衆生。皆有空寂眞心。無始本來。性自淸淨。

원주 번뇌의 의혹을 끊음으로써 청정을 성취하는 것이 아니기 때문에 본성이 청정하다고 하는 것이다. 『보성론』에서 "청정에는 두 가지가 있으니, 첫째는 자성청정이고, 둘째는 번뇌를 여읜 청정이다."라고 하였다. 『승만경』에서는 "자성청정심은 알기 어렵지만 이 마음이 번뇌에 물드는 것 또한 알기 어렵다."라고 설한다. 해석하면, 이 마음은 앞의 공과 유, 두 종파의 이치를 초월했기 때문에 알기 어렵다고 하는 것이다.

不因斷惑成淨。故云性淨。寶性論云淸淨有二。一自性淸淨。二離垢淸淨。勝鬘云自性淸淨心。難可了知。此心爲煩惱所染。亦難可了知。釋云此心。超出前空有二宗之理故。難可了知也。

(b) 번뇌를 떠난 청정함(2항목)

二離垢淨二

ⓐ 생사에 빠짐

一迷倫生死

도서 밝고 밝아 어둡지 않으며, 뚜렷하고 분명하여 항상 알고 있으니,【아래의 불설佛說을 인용하였다.】 미래가 다하도록 항상 머물러 없어지지 않으므로 불성이라 하고, 여래장이라고도 하며, 또한 심지心地라고도 한다.【달마가 전한 이 마음이다.】 시작이 없는 때로부터 망상이 가리어 스스로 증득하지 못하고 생사에 탐착한다.

明明不昧。了了常知【下引佛說】。盡未來際。常住不滅。名爲佛性。亦名如來藏。亦名心地【達摩所傳此心也】。從無始際。妄想翳之。不自證得。耽着生死。

ⓑ 부처가 출현하여 깨달음을 엶

二佛現開悟

도서 대각께서 그것을 불쌍히 여기시고 세상에 출현하시어 생사 등의 법이 일체 공하다는 것을 설하시었으며, 이 마음이 모든 부처와 전적으로 같음을 열어 보이셨다.

大覺愍之。出現於世。爲說生死等法。一切皆空。開示此心。全同諸佛。

b) 인증(3항목)

二引證三

(a) 법

一法

도서 『화엄경』「출현품」에서 설하였다.

"불자여, 한 중생도 여래의 지혜를 갖추고 있지 않음이 없지만, 단지 망상집착으로 증득하지 못할 뿐이다. 만일 망상을 떠나면, 일체지[66]·자연지[67]·무애지[68]가 곧 현전할 것이다.

如華嚴經出現品云。佛子。無一衆生而不具有如來智慧。但以妄想執着。而不證得。若離妄想。一切智自然智無碍智。卽得現前。

(b) 비유

二喩

도서 비유하면 하나의 커다란 경권[불의 지혜를 비유함]이 있는데, 그 양이 삼천대천세계[지혜의 본체가 끝이 없어 법계를 널리 감쌈]와 같아서 삼천대천세계 중의 일을 일체 다 기록한 것과 같다.

譬如有大經卷[喩智佛慧]。量等三千大千世界[智體無邊廓周法界]。書寫三千大千世界中事。一切皆盡。

---

66 일체지一切智 : 일체 제법의 총상을 개괄적으로 아는 지혜. 도종지, 일체종지와 함께 삼지 중의 하나.
67 자연지自然智 : 무사지無師智라고도 부른다. 공용을 빌리지 않고 자연히 생긴 부처의 일체종지.
68 무애지無碍智 : 어떤 것에도 걸림이 없이 모든 사리를 알아 통달자재한 지혜.

원주 본체상에 본래 있는 항하사 같은 공덕과 항하사 같은 묘용을 비유한 것이다.

喩體上本有恒沙功德恒沙妙用也。

도서 이 큰 경권은 그 수량이 대천세계와 같지만, 전적으로 티끌 하나 가운데 들어 있다.

此大經卷。雖復量等大千世界。而全住在一微塵中。

원주 부처의 지혜가 전부 중생의 몸 가운데 원만하게 갖추어져 있음을 비유한 것이다.

喩佛智全在衆生身中。圓滿具足也。

도서 하나의 티끌【하나의 중생을 들어 예로 삼음】과 같이 일체의 티끌이 다 또한 이와 같다. 그때 어떤 사람이 지혜가 총명하고 통달【세존을 비유함】하여 청정한 천안을 얻고 보니, 이 경권이 티끌 안에 있으나

如一微塵【擧一衆生爲例】。一切微塵皆亦如是。時有一人。智慧明達【喩世尊也】。具足成就淸淨天眼。見此經卷。在微塵內。

원주 천안天眼은 장애에 막혀도 물체를 본다는 것은, 불안佛眼이 번뇌에 막혀도 부처의 지혜를 보는 것을 비유한 것이다.

天眼方隔障見色。喩佛眼方隔煩惱見佛智也。

상권 • 167

도서 모든 중생에게 조금도 이로움이 없음 보고

於諸衆生。無少利益。

원주 미할 때는 도무지 그 묘용을 얻지 못하기 때문에 (이익이) 없는 것과 다르지 않음을 비유하는 것이다. 운운…….

喩迷時。都不得其用。與無不別云云。乃至。

도서 곧 방편을 일으켜 저 미진【법을 설하여 장애를 깨뜨리는 것을 비유함】번뇌를 깨뜨리고 대경권을 꺼내어 모든 중생으로 하여금 널리 이로움을 얻도록 하였다.【운운】

即起方便。破彼微塵【喩說法破障也】。出此大經。令諸衆生。普得饒益【云云】。

(c) 합

三合

도서 여래의 지혜도 이와 같이 한량없고 걸림이 없어 널리 일체중생【삼천계 중의 일을 합하여 기록함】을 이롭게 하는 것으로서, 중생의 몸 가운데【티끌 가운데 합해 있음】빠짐없이 갖추어져 있다. 그러나 어리석은 범부가 망상집착으로 알지 못하고 깨닫지 못하여 이로움을 얻지 못한다. 이때 여래가 걸림 없는 청정한 지혜의 눈으로 널리 법계 일체중생을 보시고 이렇게 말씀하셨다.

'기이하고 기이하다. 이 모든 중생이 어찌하여 여래의 지혜를 갖추고 있으면서도 우치하고 미혹하여 알지 못하고 보지 못하는가. 내가 마땅히 성도聖道로

써 가르쳐 그들이 망상집착으로부터 영원히 벗어나게 하리라.'

    스스로 이 몸 가운데 여래의 광대한 지혜가 있어 부처와 다르지 않음을 보도록 하여, 저 중생이 성도聖道【육바라밀, 삼십칠도품】를 수습하여 망상을 떠나도록 한 것이다. 망상을 떠나고 나서 여래의 무량지혜를 증득하고 일체중생을 이롭고 안락하도록 하였다."[69]

如來智慧。亦復如是。無量無碍。普能利益一切衆生【合書寫三千界中事】。具足在於衆生身中【合微塵中】。但諸凡愚。妄想執着。不知不覺。不得利益。爾時如來。以無障碍淸淨智眼。普觀法界一切衆生。而作是言。奇哉奇哉。此諸衆生。云何具有如來智慧。愚癡迷惑。不知不見。我當敎以聖道。令其永離妄想執着。自於身中。得見如來廣大智慧與佛無異。卽敎彼衆生。修習聖道【六波羅密三十七道品】。令離妄想。離妄想已。證如來無量智慧。利益安樂一切衆生。

b. 앎과 지혜가 다름을 간별함(2항목)

二揀知智別二

a) 물음

一問

  도서 문 위에서 이미 본성은 스스로 분명하고 뚜렷하여 항상 안다고 하였는데, 어찌하여 모든 부처가 반드시 열어 보여야 하는가?

---

69 "불자여, 한 중생도"부터 여기까지 모두 『華嚴經』「出現品」에서 축약하여 인용한 글이다.

問。上旣云。性自了了常知。何須諸佛開示。

b) 대답(2항목)

二答二

(a) 바로 답함

一正答

도서 답 여기에서 말하는 앎(知)이란 증득하여 아는 것이 아니다. 내 생각으로 그것은 진성으로서 허공이나 목석과는 같지 않다. 그러기 때문에 앎이라고 하는 것이다. 경계를 연하여 분별하는 식識과도 같지 않고, 본체를 관조하여 깨닫는 지혜와도 같지 않다. 바로 진여의 본성으로서 저절로 항상 아는 것이다.

答。此言知者。不是證知。意說眞性。不同虛空木石。故云知也。非如緣境分別之識。非如照體了達之智。直是眞如之性。自然常知。

(b) 인증

二引證

도서 그러므로 마명보살은 "진여란 자체가 진실하게 아는 것"이라고 하였으며, 『화엄경』「회향품」에서도 "진여는 비치어 밝은 것이 본성이다."라고 하였다. 또 「문명품」에 의하면, 지혜와 앎은 다르다. 지혜는 성인에 국한되어 범부에게는 통하지 않지만, 앎은 범부와 성인 모두에게 있는 것으로서 이지理智에 통한다. 그러므로 각수 등 아홉 보살이 문수사리에게 묻기를, "어떤 것을 불경계佛境界의 지혜【증오證悟의 지혜】라 하고, 어떤 것을 불경계의 앎【본래 가지고 있는 진심】이라고 하는가?"라고 하니, 문수가 '지혜(智)'에 대해 답하기를, "제불의 지혜가 자재하여 삼세에 걸림이 없는 것을 말한다."라고 하였다.

故馬鳴菩薩云。眞如者。自體眞實識知。華嚴回向品亦云。眞如。照明爲性。又據問明品說。智與知異。智局於聖。不通於凡。知卽凡聖皆冡。通於理智。故覺首等九菩薩。問文殊師利言。云何佛境界智【證悟之智】。云何佛境界知【本有眞心】。文殊答智云。諸佛智自在。三世無所碍。

원주 과거·미래·현재에 통달하지 않은 일이 없기 때문에 자재하여 걸림이 없다고 하는 것이다.

過去未來現在。無事不了達。故自在無碍。

도서 '앎(知)'에 대해 답하기를, "앎이란 식이 알 수 있는 것이 아니며,

答知云。非識所能識。

원주 식으로는 도저히 알 수 없는 것이다. 식은 분별에 속하기 때문이니, 분별은 진실한 앎이 아니다. 진실한 앎이란 오직 무념이라야 비로소 볼 수 있는 것이다.

不可以識識也。以識屬分別。分別卽非眞知。眞知唯無念方見。

도서 또한 마음의 경계도 아니어서,

亦非心境界。

원주 지혜로써 알 수 있는 것이 아니다. 만일 지혜로써 그것을 증득한다면, 그것은 증득되는 경계에 속한다. 진실한 앎이란 경계가 아니기 때문에 지혜로써 증득할 수 없는 것이다. 관조하는 마음을 잠깐만 일으켜도 곧 진실한 앎이 아니다. 그러므로 경에서 "스스로의 마음으로 스스로의 마음을 취하는 것은 환幻이 아니나 환법을 이룬다."라고 설하였고, 논에서는 "마음은 마음을 보지 못한다."라고 하였으며, 하택 대사는 "마음을 헤아리면 바로 어긋난다."라고 말했다. 그러므로 북종이 마음을 본다고 하는 것은 진실한 뜻을 잃은 것이라고 하겠다. 마음을 볼 수 있다면 그것은 경계이기 때문이다. 그러므로 여기서 마음의 경계도 아니라고 하는 것이다.

不可以智知也。謂若以證之。即屬所證之境。眞知非境界。故不可以智證矣。瞥起照心。即非眞知也。故經云。自心取自心。非幻成幻法。論云。心不見心。荷澤大師云。擬心即差。故北宗看心。是失眞旨。心若可看。即是境界。故此云。非心境界也。

도서 그 본성은 본래 청정하니,

其性本清淨。

원주 오염된 번뇌를 떠나고 미혹함을 멸하는 데 의지하지 않고 깨끗하며, 장애를 끊고 혼탁함을 멈추는 데 의지하지 않고 맑기 때문에 본래 청정이라고 한다.『보성론』에서도 오염된 번뇌를 떠나서 깨끗한 것이 아니라 그 본성이 깨끗하다고 하여 그것을 구별하였다. 그렇기 때문에 본성은 본래 청정하다고 하는 것이다.

不待離垢滅惑方淨。不待斷障凝濁方淸。故云本淸淨也。就實性論中即揀。
非離垢之淨。是彼性淨。故云其性本淸淨。

도서 그것을 모든 중생에게 열어 보여 주었다."

開示諸群生。

원주 이미 본래 깨끗하여 장애를 끊는 데 의지하지 않는 것이라 하였으니, 모든 중생이 본래 가지고 있다는 것을 알 것이다. 단지 미혹함이 가려서 스스로 알지 못할 뿐이다. 그러므로 부처가 열어 보여 모두 깨달아 들어가도록 한다는 것은, 곧 『법화경』에서 설한, 부처의 지견을 열어 보여 깨달아 들어가게 한다는 말로, 위에서 인용한 것과 같다. 부처가 본래 출세하심은 단지 이 일을 위함이다. 저기에서 청정을 얻도록 한다고 말한 것은, 곧 『보성론』 중의 오염된 번뇌를 떠난 청정을 말한다. 이 마음은 비록 자성이 청정하지만 마침내 깨닫고 닦아야 성상性相이 원만하고 청정함을 얻을 수 있는 것이다. 그러므로 여러 경론은 모두 두 종류의 청정과 두 종류의 해탈을 설하고 있다.

요즈음 배움이 얕은 사람들 중에 어떤 사람은 단지 염오를 떠난 청정과 장애를 떠난 해탈만을 알기 때문에 선문禪門에서 곧 마음이고 곧 부처라 하는 것을 비방한다. 어떤 사람은 단지 자성이 청정이고 자성이 해탈이라는 것만을 알기 때문에 교상을 가벼이 여겨 계율을 지키고 좌선을 하며 번뇌를 조복 받는 등의 행을 배척한다. 따라서 반드시 자성이 청정한 것을 돈오한 후, 스스로 해탈을 믿고 점차 닦아 번뇌를 여읜 청정과 장애를 여읜 해탈을 얻는다. 원만하고 청정한 구경해탈을 성취하면, 저 몸과 마음에 가리고 막힘이 사라져 석가모니불과 다름이 없게 된다는 것을 알지 못한다.

> 旣云本淨。不待斷障。即知群生本來皆有。但以惑翳而不自知。故佛開示令皆悟入。即法華中開示悟入佛之知見。如上所引。佛本出世。只爲此事也。彼云使得淸淨者。即寶性中離垢淸淨也。是心。雖自性淸淨。終須悟修。方得性相圓淨。故數本經論。皆說二種淸淨二種解脫。今時學淺之人。或只知離垢淸淨離障解脫。故毀禪門即心即佛。或只知自性淸淨性淨解脫。故輕於敎相。斥於持律坐禪調伏等行。不知必須頓悟自性淸淨。自恃解脫漸修。令得離垢淸淨離障解脫。成圓滿淸淨究竟解脫。若身若心。無所擁滯。同釋迦佛也。

도서 『보장론』에서는 "유를 알면 유가 파괴되고, 무를 알면 무가 무너질 것이다."라고 하였다.

> 寶藏論云。知有有壞。知無無敗。

원주 이것이 다 유와 무를 알 수 있는 지혜다.

> 此皆能知有無之智

도서 그 안다는 앎은 유무를 헤아리지 않는 것이다.

> 其知之知。有無不計。

원주 이미 유무를 헤아리지 않았으니, 자성에 분별이 없는 앎이다.

旣不計有無。即自性無分別之知也。

ⓒ 앞의 것을 거듭하여 명칭을 결론함

三牒前結名

도서 이와 같이 열어 보인 '신령스럽게 아는 마음'이 곧 진성이니, 부처와 다름이 없기 때문에 '진심이 곧 성임을 드러내 보여 주는 교'라고 부르는 것이다.

如是開示靈知之心。即眞性。與佛無異。故名顯示眞心即性敎也。

㉣ 선종을 들어 배대함

四擧配禪宗

도서 『화엄경』·『밀엄경』·『원각경』·『불정경』·『승만경』·『여래장경』·『법화경』·『열반경』 등 40여 부 경과 『보성론』·『불성론』·『기신론』·『십지경론』·『법계론』·『열반경론』 등 15부 논서는, 비록 돈점이 같지 않지만, 드러내는 법체에 의거하면, 모두 이 교敎[70]에 속하기 때문에 선문의 '셋째, 바로 심성을 드러내는 종宗'과 전적으로 같게 되는 것이다.

華嚴密嚴圓覺佛頂勝鬘如來藏法華涅槃等四十餘部經。寶性佛性起信十地法界涅槃等十五部論。雖或頓漸不同據所顯法體。皆屬此敎。全同禪門第三直顯心性之宗。

---

70 이 교 : 3종 교종 중 '현시진심즉성교', 곧 진심이 성임을 드러내 보여 주는 교를 말한다.

◎ 공과 상의 비난을 버림(2항목)

五遣空相訾二

a. 앞의 글을 거듭하여 상호 비난을 차단함

一牒前遮非

도서 이미 마명은 마음이 본원임을 표하였고, 문수는 앎이 참된 본체임을 구별하였는데, 어찌하여 상相을 깨뜨리는 무리는 단지 적멸이라고만 하여 진지를 인정하지 않으며, 상相을 설하는 가문은 범부와 성인이 다르다는 데 집착하여 (범부가) 곧 부처임을 인정하지 않는가. 지금 부처의 가르침에 의하여 판정함이 바로 이런 사람들을 위해서이다.

旣馬鳴標心爲本源。文殊揀知爲眞體。如何破相之黨。但云寂滅。不許眞知。說相之家。執凡異聖。不許卽佛。今約佛敎判之。正爲斯人。

b. 설명한 것을 인용하여 결론으로 증명함(2항목)

二引說結證二

a) 본래 의미를 곧바로 밝힘

一正明本義

도서 그러므로 앞에서 서역에서 마음을 전하는 데는 다분히 경과 논을 겸하였으니, (선과 교라는) 두 길이 없다고 서술하였다.

故前叙西域傳心。多兼經論。無二途也。

b) 자취를 밟아 힐난하는 질문을 해결함[71] (3항목)

二躡跡通難三

(a) 달마가 문자를 구별하고 마음을 전한 데 대해 힐난하는 질문을 해결함

一通達摩揀文傳心難

도서 단지 이곳 (사람들은) 마음에 미혹하고 문자에 집착하여 명칭을 본체로 삼기 때문에 달마가 방편으로 문자와 구별하여 마음을 전한 것이다. 그 명칭【위에서 설한 것과 같다.】을 표시해 들어서 그 본체【앎이 본체임】를 말없이 보여 주었고, 벽관【위에서 설한 것과 같다.】으로 유인하여 모든 연을 끊게 하였다.
  모든 연을 끊을 때에 물었다.
  "단멸斷滅되었는가?"
  대답했다.
  "비록 모든 생각을 끊었지만 단멸되지는 않았습니다."[72]

---

71 이 과목 아래에 다음과 같은 상봉 정원의 주석이 있다. "어떤 사람이 힐난하여 물었다. '달마는 마음을 설하고 하택은 앎을 설했으니 앞선 조사들에 위배된다. 그런데 어찌하여 경론을 끌어와 증거를 삼고, 그것을 깊이 찬탄하여 의심할 수 없다고 하는가?'라고 하였기 때문에 아래에 통하여 말한 것이다."
72 단멸되지는 않았다고 하는 것은, 마음이 본래 청정하여 끊을 것도 없고 멸할 것도 없다는 것으로, 화엄이나 선의 말씀이다. 그래서 생각을 끊었지만 단멸되지는 않았다고 대답하였다.

물었다.

"무엇으로 증명하여 단멸되지는 않았다고 하는가?"

대답했다.

"뚜렷하게 스스로 알아 말로써 미칠 수 없습니다."

달마가 즉시 인가하여 말했다.

"단지 이것이 자성청정심이니, 다시 의심하지 말아야 한다."

만일 대답이 (진성에) 계합하지 않으면 모든 잘못을 막고 다시 관찰하도록 하여야 한다. 끝까지 그에게 먼저 '앎(知)'이라는 글자를 말해 주지 않고 그가 스스로 깨닫기를 기다리고 나서 비로소 진실을 검증해야 한다. 이것이 친히 그 본체를 증득한 후에 인가하여 남은 의심을 끊게 하는 것이다. 그래서 '말없이 심인心印을 전한다'라고 하였다. 말하지 않는다는 말은 '앎(知)'이란 글자를 말하지 않는다는 것이지, 일체 말을 하지 않는다는 말이 아니다. 6대에 걸쳐 서로 전한 것이 모두 이와 같다.

但以此方。迷心執文。以名爲體故。達摩善巧。揀文傳心。標擧其名【如上所叙】。默示其體【知是體也】。喩以壁觀【如上所叙】。令絶緖緣。絶諸緣時。問斷滅否。答雖絶諸念。亦不斷滅。問以何證驗。云不斷滅。答了了自知。言不可及。師卽印云。只此是自性清淨心。更勿疑也。若所答不契。卽但遮諸非。更令觀察。畢竟不與他先言知字。直待他自悟。方驗眞實。是親證其體。然後印之。令絶餘疑。故云默傳心印。所言默者。唯默知字。非摠不言。六代相傳。皆如此也。

(b) 하택이 '앎(知)'을 드러냄이 은밀함(密)과 다르다는 난문을 해결함

二通荷澤現知異密難

도서 하택의 시대에 이르러 다른 종파가 다투어 퍼지고 말없는 가운데 계합하는 자를 찾으려 하나 인연이 있는 근기를 만나지 못하였다. 또 달마가 실에 매달린 것 같다고 한 예언을 생각하니,

至荷澤時。他宗競播。欲求默契。不遇機緣。又思惟達摩顯¹⁾絲之記。

1) 역 '顯'은 '懸'의 오기인 듯하다.

원주 달마가 "나의 법은 제6대 이후에 그 생명이 실에 매달린 것 같을 것이다."라고 하였다.

達摩云。我法第六代後。命如懸絲也。

도서 종지가 끊어져 없어질까 두려워 '앎'이라는 한 글자가 뭇 현묘함으로 들어가는 문'이라고 하였으며, 깨달음의 깊고 얕음은 학자에게 맡기고, 우선 종교宗敎가 끊어지지 않도록 하는 데 힘을 기울였다. 이것은 이 나라의 대법운수大法運數가 이른 것으로, 한 무리의 도속道俗이 함께 계합하여 널리 들었기 때문에 감응이 이와 같은 것이다.

恐宗旨滅絕。遂言知之一字。衆妙之門。任學者悟之深淺。且務圖宗敎不斷。亦是此國大法運數所至。一類道俗。合得普聞故。感應如是。

(c) 법이 같은데 신표인 의발이 합당한가에 대한 힐난을 해결함[73]

---

73 이 과목 아래에 다음과 같은 상봉 정원의 주석이 있다. "만일 그렇다면 어떻게 신표의 의발을 전하지 않았는가라고 하였기 때문에 아래에 그것을 통하게 하였다."

三通法同合得信衣難

도서 말없이 전하면 나머지 사람이 모르기 때문에 가사로 신표를 삼은 것이며, 드러내어 전하면 배우는 사람들이 쉽게 구별하므로 단지 언설로써 의심을 제거하려는 것이다. 그리고 이미 형용하여 말하는 것으로써 충분한데 경론을 인용하여 증거를 삼으려 하는가.

默傳者。餘人不知故。以袈裟爲信。其顯傳者。學徒易辨。但以言說除疑。況旣形言足可。引經論爲證。

원주 앞에서 서술했던 "지금 법을 전하는 사람도 비밀한 말을 설하는가."라는 외부의 힐난하는 질문에 대해 내가 지금 이렇게 대답한 것이다. 법은 달마의 법이기 때문에 듣는 사람은 깊건 얕건 모두 이익이 된다. 단지 옛날에는 은밀히 전하였지만 지금은 드러내어 전하기 때문에 비밀스런 말이라고 하지 않는 것이다. 어찌 명칭이 다르다고 법까지 다르겠는가.

前叙外難云。今時傳法者。說密語否。余今以此答也。法是達摩之法故。聞者深淺皆盆。但昔密而今顯。故不名密語。豈可名別。法亦別也。

(ㄴ) 치우친 방편을 가만히 물리침(2항목[74])

二暗斥偏權

과평 오늘날 학문이 얕은 사람들이 어떤 때는 깨달음의 문에 집착하여

---

74 2항목 : 바로 아래 과평의 문장에 의거하여 추가하였다.

실천의 문을 버리고, 어떤 때는 실천문에 막히어 깨달음의 문을 버린다. 돈과 점이 서로 비방하는 것이 마치 초나라와 한나라가 서로 다투는 관계와 같다. 질문과 대답을 함께 갖추어 공교空教와 상교相教의 사람들로 하여금 자성청정과 자성해탈을 단번에 깨달은 후에 번뇌를 떠난 청정과 장애를 떠난 해탈을 점차 깨닫게 한다. 그래서 지금 궁극적으로 청정한 원만 해탈을 얻으면 석가불과 같다고 하는 것이다. 문장은 둘로 나뉜다.

> 今時學淺之人。或執悟門。撥却行門。或滯行門。撥却悟門。頓漸相訾。如隔楚漢故。問答具修。使空相人。頓悟自性淸淨。自性解脫。然後漸修離垢淸淨離障解脫。今得究竟淸淨圓滿解脫。同釋迦佛也。文二。

㉠ 질문

一問

도서 문 이 마음을 깨닫고 나서 어떻게 닦아야 하는가? 처음의 '상을 설하는 교'에 다시 의지하여 좌선을 하게 해야 하는가?

> 問。悟此心已。如何修之。還依初說相教中。令坐禪否。

㉡ 대답

二答

도서 답 여기에는 두 가지 의미가 있다. (첫째,) 혼침이 매우 깊고 무거워 경책하기 어렵고, 들뜬 마음이 사나워 억누를 수 없으며, 탐하고 성냄이 맹렬

하여 접촉하는 경계를 제어하기 어려운 사람은, 앞에서 말한 교설 가운데 여러 가지 방편을 사용하여 병에 따라 그것을 조복한다. (둘째,) 만약 번뇌가 많지 않은 사람이라면, 지혜와 앎이 총명하고 영리하므로 곧 본종本宗과 본교本敎[75]의 일행삼매一行三昧에 의지한다.

『기신론』에서는 "지止(곧 定)를 닦는 사람은 고요한 곳에서 몸을 단정히 하고 뜻을 바로 한다. 호흡이나 형색에 의지하지 않고, 내지 오직 마음이니 바깥 경계는 없는 것이다."라고 하였으며, 『금강삼매경』에서는 "선禪을 하는 것은 곧 움직이는 것이다. 움직이지도 않고 선을 하지도 않는 것이 생함이 없는 선(無生禪)이다."라고 하였다. 또 『법구경』에서는 "만약 모든 삼매를 배우려 하는가, 이것(삼매에 들어가는 것)은 움직임이니, 좌선이 아니다. 마음은 경계를 따라 흐르는데 어떻게 정定이라고 하겠는가?"라고 하였고, 『정명경淨名經』에서는 "멸진정에서 일어나지 않고 모든 위의威儀(다니고, 머물고, 앉고, 누움)를 나타내며, 삼계에 의지하지 않고 몸과 뜻을 드러내는 것을 정좌라고 하니, 불타가 인가하였다."라고 설한다.

여기에 의거한다면, 이미 삼계三界[76]가 허공의 꽃이고, 사생四生[77]이 꿈이라는 것을 깨달아 본체에 의거하여 행을 일으키니, 닦아도 닦음이 없는 것이다. 오히려 부처에도 머물지 않고 마음에도 머물지 않는데, 누가 상계와 하계를 논하는가.

答。此有二意。謂惛深厚重。難可策發。掉擧猛利。不可抑伏。貪嗔熾盛。觸境難制者。卽用前敎中種種方便。隨病調伏。若煩惱微薄。慧解明利。卽依

---

75 본종本宗과 본교本敎 : 본종은 성종性宗이고, 본교는 성교性敎이다.
76 삼계三界 : 미계를 셋으로 분류한 것으로 욕계·색계·무색계이다. 욕계는 탐욕이 성한 세계이고, 색계는 탐욕은 없으나 미묘한 형체가 있는 세계이며, 무색계는 욕망과 형체가 없어진 정신적인 세계이다.
77 사생四生 : 생물이 태어나는 네 가지 형태인 태생·난생·습생·화생이다.

本宗本教一行三昧。如起信云。若修止者。住於靜處。端身正意。不依氣息
形色。乃至唯心。無外境界。金剛三昧云。禪即是動。不動不禪。是無生禪。
法句經云。若學諸三昧。是動非坐禪。心隨境界流。云何名爲之。淨名云。
不起滅之。現諸威儀【行住坐臥】。不於三界現身意。是爲宴坐。佛所印可。據
此即已達三界空花。四生夢寐。依體起行。修而無修。尙不住佛住心。誰論
上界下界。

원주 앞의 힐난하는 질문에서 "교에 의거하여 상계의 선정을 이끌어 오
는 것은 대나무 통으로 하늘을 보는 것과 같다. 단지 한 종파의 설에 집착
하여 이 요의교를 본다면 이치상 부끄러워 물러날 것이다."라고 하였다.

前叙難云。據教須引上界之者。以管窺天。但執一宗之說。見此了教。理應
懷慚而退也。

(ㄷ) 막힌 것을 해결하고 의심을 풂(4항목[78])

三通妨決疑

과평 의심하여 말하기를, 이미 성교性敎는 깨달음과 수행의 두 문을 갖
추었다고 했는데, 만일 깨달음의 문에 의거하여 본다면 공교의 법(空法)과
같고, 수행문에 의거하여 본다면 상교의 법(相法)과 같다. 그러나 공空과
상相의 이치는 실제로 성종의 이치에 해당되지 않는다. 만일 성교의 두
가지 수행이라는 의미에서 본다면, 많은 방편으로 수행하는 것은 '상相을
설하는 교'의 의미와 같고, 본종본교의 일행삼매로 수행하는 것은 '상을

---

[78] 4항목 : 바로 아래 나오는 과평의 마지막 문장에 의거하여 추가하였다.

깨뜨리는 교'의 의미와 같다. 그러므로 성교의 이치도 또한 공종空宗과 상종相宗 이종二宗의 이치에 벗어나지 않기 때문에 아래에 그것을 해결하였다. 아래 글은 네 가지로 나뉜다.

> 疑云。旣曰性敎具悟修二門。若據悟門見之。卽同空法。若據修門見之。卽同相法。則空相之理。實不亞性宗之理。若就性敎二修之義。看則多方便修正同說相敎義。本宗本敎一行三昧修正同破相敎義。然則性敎之理。亦不出空相二宗之理。故通。下文四。

㉠ 드러낸 법을 듦

一擧所現法

도서 그러나 이 교에서는 하나의 참된 심성心性으로써 물들고 깨끗한 모든 법에 대응하여 전부를 선별하거나 전부를 수용한다.

전부를 선별한다는 것은 위에서 설명한 것과 같다. 단지 궁극적인 본체란 신령스런 앎이 곧 심성이고, 나머지는 모두 허망한 것임을 바로 가리키는 것이다. 그러므로 '식이 알 수 있는 것이 아니고, 마음의 경계 등도 아니며, 내지 상相과 성性도 아니고, 부처도 중생도 아니며, 사구四句[79]를 떠났고, 백비百非[80]가 끊어졌다'라고 하는 것이다. 전부를 수용한다는 것은 더럽거나 깨끗한 모든 법이 이 마음 아닌 것이 없는 것을 말한다. 마음이 미혹하기 때문에 헛되이 혹업을 일으키고, 내지 사생四生, 육도六道와 더러운 국토에 이르기까

---

79 사구四句 : 하나의 주제를 네 가지로 분류하여 설명하는 것으로, 긍정·부정·긍정 혹은 부정·비긍정 혹은 비부정을 가리킨다.
80 백비百非 : 계속 부정하여도 사물의 진상에 도달하기 어려울 때 사용한다. 유무의 극단적인 견해를 없애기 위함이다.

지 일으킨다. 마음을 깨달았기 때문에 본체를 따라 작용을 일으키고, 사등四
等,[81] 육도六度, 사변四辯,[82] 십력十力,[83] 미묘한 몸, 깨끗한 땅에 이르기까지 나
타내지 않음이 없다. 이미 이 마음이 모든 법을 드러내어 일으켰기 때문에 법마
다 모두 진심이다. 사람의 꿈속에 나타나는 일은 일마다 다 사람의 일이고, 금
으로 그릇을 만들면 그릇마다 다 금이며, 거울에 비친 그림자는 그림자마다
모두 거울 속에서 움직이는 모양인 것과 같다고 하겠다.

然此敎中。以一眞心性。對染淨諸法。全揀全收。全揀者。如上所說。但剋
體直指靈知。即是心性。餘皆虛妄。故云非識所識非心境等。乃至非性非相
非佛非衆生。離四句絶百非也。全收者。染淨諸法。無不是心。心迷故。妄
起惑業。乃至四生六道雜穢國界。心悟故。從體起用。四等六度。乃至四辯
十力妙身淨刹。無所不現。旣是此心。現起諸法故。法法全即眞心。如人夢
所現事。事事皆人。如金作器。器器皆金。如鏡現影。影影皆鏡。

원주 꿈은 망상 업보에, 그릇은 수행에, 그림자는 응신[84]과 화신[85]에 비

---

81 사등四等 : 자·비·희·사의 사무량심을 가리킨다.
82 사변四辯 : 사무애지四無碍智 또는 사무애해四無碍解라고도 한다. 마음의 측면으로는
사무애지, 사무애해라 하고, 말하는 측면으로는 사무애변四無碍辯이라고 부른다. ①
법무애法無碍-모든 교법에 통달함, ② 의무애義無碍-모든 교법의 중요 의미를 앎,
③ 사무애辭無碍-여러 가지 말을 알아 통달함, ④ 요설무애樂說無碍-모든 교법을 알
아 근기가 좋아하는 말을 자재하게 함 등 네 가지이다.
83 십력十力 : 보살이 가지고 있는 열 가지 지혜의 힘. ① 심심력深心力, ② 증상심심력增
上深心力, ③ 방편력方便力, ④ 지력智力, ⑤ 원력願力, ⑥ 행력行力, ⑦ 승력乘力, ⑧
신변력神變力, ⑨ 보리력菩提力, ⑩ 전법륜력轉法輪力.
84 응신 : 불佛의 삼신三身 중의 하나이다. 불의 삼신은, ① 법신-영원히 변치 않는 만유
의 본체를 인격화하여 법신이라고 부른다. ② 보신-수행 정진에 의해 성취된 불신.
아미타불과 같은 불신이다. ③ 응신-보신불을 보지 못하는 중생을 제도하기 위하여
나타나는 불신. 역사적인 불인 석가모니와 같다.
85 화신 : 삼신 중 응신을 제외하고 화신을 넣어 삼신이라 하기도 한다. 화신이란, 중생을
제도하기 위해 불이 스스로 여러 가지 중생의 모습으로 변화하여 나타나는 것이다.

유된다.

夢喩妄想業報。器喩修行。影喩應化。

도서 그러므로 『화엄경』에서는 "일체법이 곧 마음의 자성이니, 지혜의 몸을 성취하는 것은 다른 것으로 인하여 깨닫는 것이 아님을 알아야 한다."라고 하였고, 『기신론』에서는 "삼계는 헛되고 거짓된 것으로 오직 마음이 만든 것으로 마음을 떠나면 육진 경계가 없다. 내지 일체의 분별은 분별하는 자기의 마음(自心)이다. 마음이 마음을 보지 못하니, 얻을 수 있는 형상이 없다. 그러므로 일체 모든 법은 거울 속의 형상과 같다."라고 한 것이다. 또 『능가경』에서는 "적멸을 일심이라 하고, 일심을 여래장이라 부른다."라고 하였으니, (일심은) 자체가 변하여 육도 윤회를 일으켜 선과 악을 짓고, 그 원인과 함께하는 고락을 받는다. 그러므로 일체가 마음 아님이 없는 줄 알아야 한다.

故華嚴云。知一切法。即心自性。成就慧身。不由他悟。起信論云。三界虛僞。唯心所作。離心即無六塵境界。乃至一切分別。即分別自心。心不見心。無相可得。故一切諸法。如鏡中像。楞伽經云。寂滅者。名爲一心。一心者。名如來藏。能變興造一切趣生。造善造惡受苦樂與因俱。故知一切無非心也。

ⓒ 두 교를 이어서 밝힘

二躡明二教

도서 모두 분간하는 문은 앞의 '제2 파상교(상을 깨뜨리는 교)'를 포섭하고, 모두 수용하는 문은 앞의 '제1 설상교(상을 설하는 교)'를 포섭한다.

全揀門。攝前第二破相敎。全收門。攝前第一說相敎。

ⓒ 난문을 바로 해결함

三正通妨難

도서 앞의 것을 여기에 대비시키면 이것은 앞의 것과 훨씬 다르지만, 이것으로 앞의 것을 포섭하면 앞의 것은 이것과 전적으로 같게 된다.[86] 깊은 것은 반드시 얕은 것을 포용하지만, 얕은 것은 깊은 것에 도달하지 못한다. 깊은 것은 진심의 본체를 바로 드러내어 비로소 그 가운데에서 일체를 분간하고 일체를 수용한다.

將前望此。此則逈異於前。將此攝前前則全同於此。深必該淺。淺不至深。深者直顯出眞心之體。方於中揀一切收一切也。

㉣ 결론으로 요의를 보여 줌

四結現了義

도서 이와 같이 수용하고 분간함이 자재하고, 성상性相이 걸림이 없어야 비로소 일체의 법에 실로 머무름이 없는 것이니, 이것을 오직 요의라고 부르는 것이다.

---

[86] 앞의 것이란 파상교에 속하는 전간문全揀門이고, 이것이란 설상교가 속하는 전수문全收門이다. 파상교와 설상교를 대비하면 설상교와 파상교가 현저히 다르지만, 전수문으로 전간문을 포섭하면 파상교와 설상교가 전적으로 같아진다는 것이다.

如是收揀自在。性相無碍。方能於一切法。悉無所住。唯此名爲了義。

(나) 결론으로 남은 글을 가리킴

二結指餘文

도서 다시 심성의 같고 다름과 돈점의 위배되고 막힘, 배열한 모든 가문의 언교, 책의 차례와 그것을 지은 대의는 모두 다 하권下卷에 있다.

更有心性同異。頓漸違妨。及所排諸家言敎。部帙次第。述作大意。悉在下卷。

선원제전집도서 상권

禪源諸詮集都序 卷上

선원제전집도서과평 하권

| 禪源諸詮集都序科評* 卷下 |

해동사문 설암 추붕 과평
海東沙門 雪巖秋鵬 科評**

* ㉰ 제목은 편자가 보입補入하였다.
** ㉰ 찬자撰者의 이름은 '終南…宗密述'의 뒤에 있었지만, 편자가 이곳으로 옮겼다.

선원제전집도서 하권

禪源諸詮集都序 卷下

종남산 초당사 사문 종밀 지음

終南山 草堂寺 沙門 宗密 述

나) 다른 점을 분간하여 집착을 깨뜨림[1] (3항목)

二辨異破執文三

---

[1] 상봉 정원의 『都序分科』에는 아래에 다음과 같은 주석이 있다. "위에서 화회하여 이미 한 법을 드러내었지만, (병을 치유하려고) 치유하고자 하면 더욱 치유가 멀어지는 법이다. 공空은 성性과 같은 것처럼 보이므로 병의 뿌리를 제거하기 위해 특별히 (공교와 성교의) 열 가지 다른 점을 구별한다. ① 대개 성교性敎의 드러내 말하는 것은 말마다 모두 드러나고, 공교空敎는 은밀한 말이므로 말마다 모두 숨는다. 법과 의리가 얕은 것을 깊은 것이라 여기는지 확실하지 않으나, 이전에는 법과 의와 진眞과 속俗을 구별하였다. ② 진실로 공적空寂하다고 알고 있는데, 비록 위와 다르다는 것을 알고 있으나 공적을 물리치기 위해 오히려 이성理性을 법이라 부른다. 그러므로 심心과 성性이란 두 명칭으로 구별하였다. ③ 비록 위와 달리 본성을 보는 것이 밝지 않음을 알고 있고, 또 무성無性으로 본성을 삼으므로 성性이라는 글자에 두 본체를 구별한다. ④ 비록 위와 달리 깨달은 마음이 바르지 않다는 것을 알면서 또다시 분별로 앎을 삼기 때문에 참된 지혜와 참된 앎을 구별한다. ⑤ 지혜를 잊지 않았다고 알고 있으면서 또 '아'가 있는 것이 망상이라 하기 때문에 아와 법의 유무有無를 구별한다. ⑥ 망정은 오히려 거친 것으로 알고 있으나 불타의 부정과 긍정을 표하는 두 말에 어둡기 때문에 차전과 표전을 구별한다. ⑦ 가르침에 국한되고 치우친 것인 줄 알지만, 또 명칭과 본체가 각기 다른 것에 어둡기 때문이라 하니, 명칭과 본체를 함께 확인하여 구별한다. ⑧ 이치에 미혹함이 허물임을 알지만, 이는 둘에 즉하는 중도에 어둡기 때문이라 하여 이제二諦와 삼제三諦를 구별한다. ⑨ 이미 견見이 있는 줄 알지만 또 원성실성으로 공을 삼기 때문에 삼성三性의 공空과 유有를 구별한다. ⑩ 영원히 망념에 집착하지 않아야 한다는 것을 알지만, 또 부처의 공덕이 공空하다고 하기 때문에 부처의 공덕에 대한 공과 유를 구별한다."

(가) 앞의 것을 이어서 뒤의 것을 표함

初躡前標後

도서 위의 3교教는 여래가 일대에 설한 경전과 여러 보살이 지은 논을 모두 다 포섭하고, 법과 의미를 자세히 살펴 세 가지 의미가 전적으로 다르지만 한 법도 다르지 않다는 것을 보여 주려는 것이다. 세 가지 의미 중에 제1(밀의의성설상교)과 제2(밀의파상현성교)는 공空과 유有의 상대이고, 제3(현시진심즉성교)과 제1은 성性과 상相의 상대로서 구분이 확실하여 이해하기 쉽다. 그러나 오직 제2와 제3은 상을 깨뜨림(破相)과 본성을 드러냄(顯性)이 상대하는 것으로, 강講하는 자와 선禪 하는 자가 다 같이 혼미하게 된다. 그것은 이 1종宗과 1교教가 모두 상相을 깨뜨리는 것으로서 진성眞性을 삼는다고 하기 때문이다. 그러므로 지금 공종空宗과 성종性宗을 널리 구별하여 열 가지 다른 점을 밝히려 한다.

上之三教。攝盡如來一代所說之經。及諸菩薩所造之論細尋法義。使見三義全殊。一法無別。就三義中。第一第二。空有相對。第三第一。性相相對。皆迢然易見。唯第二第三。破相與顯性相對。講者禪者同迷。皆謂同是一宗一教。皆以破相。便爲眞性。故今廣辨空宗性宗。有其十異。

(나) 열 가지 다름을 널리 해석함(2항목)

二廣釋十異二

㉮ 장章의 명칭을 표하여 배열함

一 標列章名

도서 첫째, 법法과 의義, 진眞과 속俗이 다르다.
둘째, 심心과 성性 두 가지 명칭이 다르다.
셋째, 성性 자字의 두 본체가 다르다.
넷째, 참된 지혜와 참된 앎이 다르다.
다섯째, 아我와 법法의 있고 없음이 다르다.
여섯째, 차전遮詮과 표전表詮이 다르다.
일곱째, 명칭을 인정하고 본체를 인정함이 다르다.
여덟째, 이제二諦와 삼제三諦가 다르다.
아홉째, 삼성三性의 공空과 유有가 다르다.
열째, 불덕佛德의 공과 유가 다르다.

一法義眞俗異。二心性二名異。三性字二體異。四眞智眞知異。五我法有無異。六遮詮表詮異。七認名認體異。八二諦三諦異。九三性空有異。十佛德空有異。

㉯ 문장에 의거하여 그에 따라 해석함(10항목)

二依章隨釋十

ㄱ. 첫째 글(2항목)

一中文二

ㄱ) 문장을 거듭하여 명칭을 표함

一標名牒章

도서 첫째, 법法과 의義, 진眞과 속俗이 다르다는 것에 대해 설명한다.

初法義眞俗異者。

ㄴ) 표한 것에 의거해 분간하고 해석함(2항목)

二依標辨釋二

(ㄱ) 공종의 해석(2항목)

一空宗所解二

㉠ 바로 밝힘

一正明

도서 공종空宗은 드러나지 않은 참되고 신령스런 본성을 반연하기 때문에 단지 일체 차별 현상을 법으로 삼는다. 그러므로 법은 속제俗諦이다. 이 모든 법을 조명하는 데는 무위無爲·무상無相·무생無生·무멸無滅·무증無增·무감無減 등으로 의미를 삼는다. 그러므로 의미는 진제眞諦이다.

空宗緣未顯眞靈之性故。但以一切差別之相爲法。法是俗諦。照此諸法。無爲無相。無生無滅。無增無減等爲義。義是眞諦。

ⓛ 인증

二引證

[도서] 그러므로 『지론』에서는 속제로 법무애변法無碍辯을 삼고, 진제로 의무애변義無碍辯을 삼는다.

故智論。以俗諦爲法無碍辯。以眞諦爲義無碍辯。

(ㄴ) 성종의 해석(2항목)

二性宗所解二

㉠ 바로 밝힘

一正明

[도서] 성종性宗은 하나의 진성眞性으로 법을 삼고, 공과 유 등 여러 가지 차별로 의미를 삼는다.

性宗則以一眞之性爲法。空有等種種差別爲義。

ⓛ 인증

二引證

도서 그 때문에 경에서는 "한량없는 의미가 한 법으로부터 나온다."라고 하였으며, 『화엄경』과 『십지경』에서도 역시 법이란 자성을 아는 것이고, 의미란 생멸을 아는 것이며, 법이란 진제를 아는 것이고, 의미란 속제를 아는 것이라고 하였으며, 또 법이란 일승을 아는 것이고, 의미란 모든 승을 아는 것이라고 하였다. 이와 같이 열 가지 차례로, 법과 의미 두 가지가 걸림이 없다는 뜻을 해석하려 한다.

故經云。無量義者。從一法生。華嚴十地亦云。法者知自性。義者知生滅。法者知眞諦。義者知俗諦。法者知一乘。義者知諸乘。如是十番釋法義二無碍義。

ㄴ. 둘째 글(2항목)

二中文二

ㄱ) 문장을 거듭하여 명칭을 표함

一標名牒章

도서 둘째, 심심과 성성이라는 두 가지 명칭이 다르다는 것에 대해 설명한다.

二心性二名異者。

ㄴ) 표한 것에 의거하여 분간하고 해석함(3항목)

二依標辨釋三

(ㄱ) 명칭이 다른 것을 바로 듦

一直擧名異

도서 공종은 모든 법의 본원을 한 방향으로 지목하여 성性이라 하고, 성종은 모든 법의 본원을 다양하게 지목하여 심心이라고 한다.

空宗一向目諸法本源爲性。性宗多目諸法本源爲心。

(ㄴ) 두 번 거듭하여 제목을 해석함

二雙牒釋目

도서 지목하여 '성性'이라고 하는 것은, 대부분의 논서가 같기 때문에 서술할 필요가 없을 것이다. 지목하여 마음이라고 한 것을 살펴보면, 『승만경』에서는 '자성청정심'이라 하였고, 『기신론』에서는 "일체의 법은 본래부터 언설과 명자와 마음으로 반연하는 등의 형상을 떠났으며, 내지 오직 일심"이라고 하였다. 『능가경』에서는 '견실심'이라고 설하였다.

目爲性者。諸論多同不必叙述。目爲心者。勝鬘云。自性淸淨心。起信云。一切法從本已來。離言說名字心緣等相。乃至唯是一心。楞伽云。堅實心。

(ㄷ) 성종의 수승함을 치우쳐 드러냄

三偏現性勝

도서 진실로 이 종파가 설한 본성은 단지 공적空寂할 뿐만 아니라 자연스럽게 항상 아는 데 근거하기 때문에 마땅히 지목하여 심心이라고 하는 것이다.

良由此宗所說本性。不但空寂。而乃自然常知故。應目爲心也。

ㄷ. 셋째 글(2항목)

三中文二

ㄱ) 문장을 거듭하여 명칭을 표함

一標名牒章

도서 셋째, '성性' 자의 두 본체가 다른 것을 설명한다.

三性字二體異者。

ㄴ) 표한 것에 의거하여 분간하고 해석함(2항목)

二依標辨釋二

(ㄱ) 바로 밝힘

一正明

도서 공종은 모든 법에 본성이 없는 것으로 본성을 삼고, 성종은 신령스럽고 밝으며 항상 머물러 공하지 않은 본체로 본성을 삼는다.

空宗以諸法無性爲性。性宗以靈明常住不空之體爲性。

(ㄴ) 결론으로 나타냄

二結現

도서 그러므로 성性이란 글자는 비록 같지만 그 본체는 서로 다른 것이다.

故性字雖同。而其體異也。

ㄹ. 넷째 글(2항목)

四中文二

ㄱ) 문장을 거듭하여 명칭을 표함

一標名牒章

도서 넷째, 참된 지혜와 참된 앎의 다름에 대해 설명한다.

四眞智眞知異者。

ㄴ) 표한 것에 의거하여 분간하고 해석함(2항목)

二依標辨釋二

(ㄱ) 공종의 해석

一空宗所解

도서 공종은 분별을 앎이라 하고 무분별을 지혜라 하니, 지혜는 깊고 앎은 얕다.

空宗以分別爲知。無分別爲智。智深知淺。

(ㄴ) 성종의 해석(2항목)

二性宗所解二

㉠ 바로 밝힘

一正明

도서 성종은 성스런 이치를 증득할 수 있는 미묘한 지혜(妙慧)를 지혜(智)라 하고, 이지理智를 포괄하여 범부와 성인의 참 성품에 통하는 것을 앎(知)이라고 한다. 그러므로 앎은 널리 통하지만, 지혜는 국한된다.

性宗以能證聖理之妙慧爲智。以該於理智。通於凡聖之眞性爲知。知通智局。

㉡ 인증

二引證

도서 위에서 「문명품」을 이끌어 와 이미 스스로 (성종을) 분별하였으며, 더구나 「십회향품」에서는 진여를 설명하여 '조명하는 것이 본성'이라고 설하였다. 『기신론』에서는 진여 자체가 진실하게 인식하는 '앎'이라고 말한다.

上引問明品。已自分別。況十回向品說眞如云。照明爲性。起信說眞如自體眞實識知。

ㅁ. 다섯째 글(2항목)

五中文二

ㄱ) 문장을 거듭하여 명칭을 표함

一標名牒章

도서 다섯째, 아我와 법法의 있고 없음이 다른 점을 설명한다.

五我法有無異者。

ㄴ) 표한 것에 의거하여 분간하고 해석함(2항목)

二依標辨釋二

(ㄱ) 공종의 해석

一空宗所解

도서 공종은 아我가 있는 것을 허망이라 하고, 아我가 없는 것을 참됨이라 하지만,

空宗以有我爲妄。無我爲眞。

(ㄴ) 성종의 해석(2항목)

二性宗所解二

㉠ 바로 밝힘

一正明

도서 성종은 아我가 없는 것을 허망이라 하고, 아我가 있는 것을 참됨이라 한다.

性宗以無我爲妄。有我爲眞。

㉡ 인증

二引證

도서 그러므로 『열반경』에서는 아我가 없는 것을 생사라 하고, 아我가 있는 것을 여래라 한다고 설하였다. 또 아我를 무아無我라고 헤아리는 것은 전

도된 법이라고 하여 이승의 무상無常과 무아無我의 견해를 널리 깨뜨렸다. (이러한 견해는) 마치 봄날 연못의 돌을 보배 구슬이라고 집착하는 것과 같다고 하겠다. 이에 상락아정常樂我淨[2]을 널리 찬탄하여 구경으로 삼았으며, 내지 무아법無我法 가운데 진아眞我가 있다고 설하였다.

> 故涅槃經云。無我者名爲生死。有我者名爲如來。又云。我計無我。是顚倒法。乃至廣破二乘無常無我之見。如春池執石爲寶。廣讚常樂我淨。而爲究竟。乃至云。無我法中有眞我。

원주 참으로 중생은 자신의 진아眞我에 미혹하여 오온五蘊을 아我라고 헛되이 집착하기 때문에 불타가 대소승 법상과 파상교破相敎 중에서 그것을 깨뜨려 무無라고 하였으나, 지금 성종性宗에서는 바로 진실한 본체를 밝히기 때문에 그것을 드러내어 유有라고 하는 것이다.

> 良由衆生。迷自眞我。妄執五蘊爲我故。佛於大小乘法相。及破相敎中。破之云無。今於性宗。直明實體故顯之云有。

ㅂ. 여섯째 글(2항목)

六中文二

ㄱ) 문장을 거듭하여 명칭을 표함

---

2 상락아정常樂我淨 : 『涅槃經』에 나오는 말로 열반의 사덕四德을 말한다. ① 열반의 경지는 생멸변화가 없으므로 상常이고, ② 생사의 고통을 떠나 무위 안락하므로 낙樂이고, ③ 망아를 떠나 자재한 진아를 얻었기 때문에 아我이고, ④ 번뇌를 떠나 청정하기 때문에 정淨이다. 무상·고·무아·부정의 네 가지 법을 뒤집은 것이다.

一標牒章

[도서] 여섯째, 차전遮詮과 표전表詮이 다르다는 것을 설명한다.

六遮詮表詮異者。

ㄴ) 표한 것에 의거하여 분간하고 해석함(3항목)

二依標辨釋三

(ㄱ) 차遮와 표表로 법을 나타냄(3항목)

一現法遮表三

㉠ 차와 표를 간략히 밝힘

一畧明遮表

[도서] 막는다(遮)는 것은 그 잘못된 것을 버리는 것이고, 나타낸다(表)는 것은 그 옳은 것을 드러내는 것이다. 또 막는다는 것은 일체를 구별하는 것이고, 나타낸다는 것은 바로 그 당체를 보여 주는 것이다.

遮謂遣其所非。表謂顯其所是。又遮者。揀却諸餘。表者。直示當體。

㉡ 경설을 널리 인용함(3항목)

二廣引經說三

a. 두 갈래로 바로 인용함

一正引雙指

도서 모든 경전에서 설해지는 실로 미묘한 이성(眞妙理性)에 대해 매번 생하지도 않고 멸하지도 않으며, 더럽지도 않고 깨끗하지도 않으며, 인因도 아니고 과果도 아니며, 상相도 없고 하는 것도 없으며, 범부도 아니고 성인도 아니며, 성性도 아니고 상相도 아니라고 말한다. 이것은 모두 부정적인 언어로 (진리를) 드러내는 것이다(遮詮).

如諸經所說眞妙理性。每云。不生不滅。不垢不淨。無因無果。無相無爲。非凡非聖。非性非相等。皆是遮詮。

원주 모든 경론 중에 언제나 아니다(非)라는 글자로 모든 법을 아니라고 부정하는 것을 가리킨다. 그것을 끌어내면 30개, 50개의 아니다(非)라는 글자가 있다. 아니라는 '불不' 자나, 없다는 '무無' 자도 또한 그렇다. 그러므로 백비를 끊는다고 하는 것이다.

諸經論中。每以非字。非却諸法。動即有三十五十箇非字也。不字無字亦爾。故云。絶百非也。

b. 이유를 되풀이하여 해석함

二轉釋所以

도서 만일 지견知見이 깨어나 비추고, 영명한 식견이 빛나 밝으며, 낭랑하고 소소하다, 참으로 깨어나고 참으로 고요하다라는 등이라고 말한다면, 이것은 모두 긍정하여 드러내는 것이다(表詮). 만일 지견 등의 본체가 없다면 어떤 법을 드러내어 본성을 삼으며, 어떤 법을 설하여 불생불멸 등이라 하겠는가. 반드시 본다는 것을 확실하게 인증하여 지금 분명하게 '아는 것이 곧 심성心性이니, 바로 이 '앎'을 불생불멸 등이라고 말하는 것이다.

若云。知見覺照。靈鑑光明。朗朗昭昭。惺惺寂寂等。皆是表詮。若無知見等體。顯何法爲性。說何法不生不滅等。必須認得見。今了然而知。即是心性。方說此知。不生不滅等。

c. 비유로써 예를 들어 밝힘

三以喩例明

도서 소금을 설명할 때, 싱겁지 않다고 하는 것은 부정적 표현(遮)이고, 짜다고 하는 것은 긍정적 표현(表)이다. 또 물을 설명할 때 건조하지 않다고 하는 것은 부정적 표현이고, 습濕하다고 하는 것은 긍정적 표현이다.

如說鹽云不淡是遮。云醎是表。說水云不乾是遮。云濕是表。

ⓒ 교를 인용하여 설명을 결론지음

三引敎結說

도서 모든 교가 언제나 "백 가지 잘못을 끊는다."라고 하는 것은 다 부정적인 말이고, "하나가 옳다."라고 곧바로 드러내는 것이 바로 긍정적인 말이다.

諸教每云。絕百非者。皆是遮詞。直顯一是。方爲表語。

(ㄴ) 두 종파의 다름을 분간함

二辨二宗異

도서 공종空宗의 말은 단지 부정적인 표현뿐이고, 성종性宗의 말은 부정도 있고 긍정도 있다. 단지 부정적인 것만 주장하는 사람은 알지 못하지만 긍정까지 겸한 사람은 분명하게 안다.

空宗之言。但是遮詮。性宗之言。有遮有表。但遮者未了。兼表者乃的。

(ㄷ) 잘못된 견해를 결론으로 경책함

三結責錯解

도서 지금 사람들은 다 부정적으로 표현하는 말은 심오하고 긍정적으로 표현하는 말은 얕다고 한다. 그러므로 오직 마음도 아니고 부처도 아니며, 작용도 없고 형상도 없으며, 내지 무엇을 얻을 것도 없다는 말만을 중요하게 여긴다. 단지 아니라고 부정하는 말만을 미묘한 것으로 여기고, 스스로 증득하여 법체를 인정하고자 하지 않기 때문에 이와 같은 것이다.

今時人。皆謂遮言爲深。表說爲淺。故唯重非心非佛。無爲無相。乃至一切不可得之言。良由但以遮非之詞爲妙。不欲親自證認法體。故如此也。

ㅅ. 일곱째 글(2항목)

七中文二

ㄱ) 문장을 거듭하여 명칭을 표함

一標名牒章

도서 일곱째, 명칭을 인정하고 본체를 인정하는 것이 다르다는 것을 설명한다.

七認名認體異者。

ㄴ) 표한 것에 의거하여 분간하고 해석함(2항목)

二依標辨釋二

(ㄱ) 자세히 밝힘

一廣明

(ㄴ) 법의 명칭과 본체(3항목)

二法名體二[1]
------
1) 옙 '二'는 '三'이 되어야 맞다.

㉠ 총체적으로 표함

一摠標

도서 불법과 세간법에는 하나하나 모두 명칭과 본체가 있다고 말한다.

謂佛法世法。一一皆有名體。

㉡ 별도로 해석함(3항목)

二別釋三

a. 자세히 둘로 해석함(2항목)

一委曲雙釋二

a) 세속법의 명칭과 본질(2항목)

一世法名體二

(a) 논을 인용하여 표한 것을 듦

一標舉引論

도서 대개 세간에서 크다는 것은 사물四物[3]에 불과하다. 『지론』에서는 지·수·화·풍은 사물의 명칭이고, 단단함·습함·따뜻함·움직임은 사물의 본질이라고 하였다.

且如世間稱大。不過四物。如智論云。地水火風。是四物名。堅濕暖動。是四物體。

(b) 문답으로 자세히 밝힘

二問答詳明

[도서] 이제 다시금 물(水)에 대해 설명하겠다.
어떤 사람이 물었다.
"깨끗이 하면 맑고, 혼탁하게 하면 흐리며, 저수지에 가두면 멈추고, 터놓으면 흐르지만, 만물에 물을 댈 수 있으며, 만 가지 더러움을 씻어 낸다고 한다. 이것이 무슨 물건인가?"【공능의 의미와 작용을 들어 물은 것이다.】
대답한다.
"물이다."【명칭을 들어 대답한 것이다.】
어리석은 사람은 명칭만을 알고 이미 안다고 말하지만, 지혜로운 사람이 당연히 "어떤 것이 물이냐?"라고 다시 물으면,【그 본질을 물은 것이다.】 대답하기를, "습한 것이 바로 물이다."라고 한다.

今且說水。設有人問。每聞澄之即淸。混之即濁。堰之即止決之即流。而能漑灌萬物。洗滌萬穢。此是何物【擧功能義用而問之】。答云是水【擧名答也】。愚者認名。便謂已解。智者應更問云。何者是水【徵其體也】。答云濕即是水。

---

3 사물四物 : 지·수·화·풍의 사대를 말한다.

원주 궁극적인 본질을 가리키는 것인데, 이 한 말로 문득 정해 버리면, 달리 바꿀 수 있는 글자가 없다. 만일 얼음·파도·고임·흐름·깨끗함·흐림 등이 물이라고 말한다면, 저 질문과 무엇이 다르겠는가.[4]

剋體指也。此一言便之。更別無字可替也。若云氷波凝流淸濁是水。何異他所問之詞。

b) 불법의 명칭과 본체

二佛法名體

도서 불법佛法도 또한 그러하다. 설사 어떤 사람이 묻기를, "모든 경전에서는 언제나 '그것에 미혹하면 더럽고, 깨달으면 깨끗하며, 따라가면 범부이고, 닦으면 성인이다. 능히 세간과 출세간의 일체 모든 법을 낼 수 있다'라고 한다. 이것이 무슨 물건인가?"라고 하면,【공능의 의미를 들어서 질문한 것이다.】 "마음이다."라고 대답한다.【명칭을 들어 대답한 것이다.】 어리석은 사람은 명칭만을 알아서 이미 알았다고 하지만, 지혜로운 사람이 당연히 다시 "어떤 것이 마음인가?" 하고 다시 물으면,【그 본질을 물은 것이다.】 대답하기를, "앎이 곧 마음이다."라고 한다.

佛法亦爾。設有人問。每聞諸經云。迷之卽垢。悟之卽淨。縱之卽凡。修之

---

4 물의 속성인 맑음·흐림·고임·흐름 등이 무엇이냐고 질문했을 때, 그것을 물이라고 한 마디로 단정하여 대답한다면, 그것은 질문의 본질에 이르지 못한 것이다. 어리석은 사람은 물이라는 명칭에 이끌려 그것을 안다고 하지만, 현명한 사람은 그 본질을 꿰뚫으려 한다는 것이다. 파도·얼음·고임·흐름 등을 물이라 한다면, 어리석은 사람의 질문과 다름이 없다는 말이다.

即聖。能生世出世間。一切諸法。此是何物【擧功能義而問也】。答云是心【擧名答之】。愚者認名。便謂已識。知者應更問。何者是心【徵其體也】。答知即是心。

원주 이것은 그 본질을 가리키는 것으로서 이 말이 가장 정확하고 나머지 글자는 맞지 않다. 만일 본성도 아니고 형상도 아니며, 능히 말하고 운동하는 것 등이 이 마음이라고 한다면, 저 질문한 말과 무엇이 다르겠는가.

指其體也。此言最的。餘字不如。若云非性非相。能語言運動等。是心者。何異他所問之詞也。

b. 거듭 의심을 경책함

二並牒責疑

도서 이것으로 미루어 보면, 물의 명칭과 본질은 각각 오직 한 글자이고, 나머지는 모두 의미와 작용이다. 마음의 명칭과 본질도 또한 마찬가지이다. 습하다(濕)는 한 글자가 깨끗함과 탁함 등 만 가지 작용과 만 가지 의미를 꿰뚫듯이, '앎(知)'이라는 한 글자도 또한 탐냄과 성냄, 자비와 인욕, 선악과 고락 등 만 가지 작용과 만 가지 의미를 꿰뚫는다. 요즈음 선禪을 배우는 사람들이 많은 의심을 가지고 말한다. "달마는 단지 마음(心)을 설했는데, 하택은 왜 '앎(知)'을 말했는가?" 이와 같이 의심하는 것은 "단지 우물 가운데 물이 있다고 들었는데, 오늘에야 갑자기 깨달았는데, 왜 우물이 습한가."라고 의심하여 말하는 것과 무엇이 다르겠는가.

以此而推。水之名體。各唯一字。餘皆義用。心之名體亦然。濕之一字。貫於淸濁等萬用萬義之中。知之一字。亦貫於貪嗔慈忍善惡苦樂等萬用萬義之處。今時學禪人多疑云。達摩但說心。荷澤何以說知。如此疑者。豈不似疑云比只聞井中有水。云何今日忽覺井中濕耶。

c. 통하여 깨달을 것을 권면함

三勉勸通悟

도서 물이란 명칭이지 물(의 본질)이 아니며, 습한 것은 물이지 명칭이 아니라는 것을 곧바로 알아야 한다. 그러므로 맑음·흐림·얼음·파도·고임·흐름 등은 그 의미가 통하지 않음이 없는 것이다. 이와 같은 예로 마음(마음이라는 말)이란 명칭이지 마음(본질)이 아니며, 앎은 마음이지 명칭이 아니다. 곧 참됨과 거짓, 더러움과 깨끗함, 선과 악 등은 그 뜻이 통하지 않음이 없는 것이다.

直須悟得。水是名。不是水。濕是水。不是名。即淸濁氷波凝流。無義不通也。以例心是名。不是心。知是心。不是名。即眞妄垢淨善惡。無義不通也。

ⓒ 결론으로 두 종파가 같지 않음을 판단함

二¹⁾結判二宗不同

1) 옘 '二'는 '三'이 되어야 맞다.

도서 공종과 상종은 초학자와 얕은 근기에 대응하기 위한 종파이다. 두 종파는 학자들이 말을 따라 집착을 일으키는 것을 염려하여 단지 명칭을 표해서 그 잘못을 차단한다. 널리 의미의 작용을 가지고 그 뜻을 끌어온 것임을 알 수 있다. 성종性宗은 오래 공부한 학자와 상근기를 대응하기 위한 것으로, 말을 잊고 본체를 알도록 하는 가르침이기 때문에 한마디 말로 바로 보여 주는 것이다.

空宗相宗。爲對初學及淺機。恐隨言生執故。但標名而遮其非。唯廣以義用而引其意。性宗。對久學及上根。令忘言認體故。一言直示。

원주 달마가 "한마디 말로 가리켜 바로 보여 준다."라고 하니, 뒷사람들이 뜻을 알지 못하여 '어떤 말이 이 한마디 말인가?'라고 생각하였다. '곧 마음이 이 부처'라는 말이 한마디 말이라고 하자, "이것은 네 자의 말인데 어떻게 한마디 말이라고 하는가?"라고 하였다.[5]

達摩云。指一言以直示。後人意不解尋思。何言是一言。若言即心是佛。是一言者。此是四言。何名爲一言。

도서 본체를 확실히 인정하고 나서 본체상에 의미의 작용을 비추어 살피기 때문에 통하지 않음이 없는 것이다.

認得體已。方於體上。照察義用。故無不通矣。

○. 여덟째 글(2항목)

八中文二

---

[5] 한자로 즉심시불即心是佛은 네 글자이다. 여기에서는 마음(心)이라는 한 글자가 주어이므로, 대답한 사람의 의도가 심心이라는 한 글자에 있었기 때문에 한 글자라고 말했지만, 듣는 사람은 네 글자(即心是佛)로 이해한 것이다.

ㄱ) 문장을 거듭하여 명칭을 표함

一標名牒章

도서 여덟째, 이제二諦와 삼제三諦가 다르다는 것을 설명한다.

八二諦三諦異者。

ㄴ) 표한 것에 의거하여 분간하고 해석함(2항목)

二依標辨釋二

(ㄱ) 공종의 해석

一空宗所解

도서 공종이 설하는 세간과 출세간 일체 모든 법은 이제二諦를 벗어나지 않는다. 학자들이 다 알기 때문에 인용하여 해석할 필요가 없다.

空宗所說。世出世間一切諸法。不出二諦。學者皆知。不必引釋。

(ㄴ) 성종의 해석(3항목)

二性宗所解三

㉠ 숫자를 듦

一標數

도서 성종은 일체 성상과 자체를 포함하여 총 삼제三諦로 삼는다.

性宗則攝一切性相及自體。摠爲三諦。

ⓛ 형상을 해석함(2항목)

二釋相二

a. 법에 의거하여 바로 밝힘

一約法正明

도서 연기하는 색色 등 제법으로써 속제를 삼고, 연기하는 무자성 제법이 곧 공이라는 것으로써 진제를 삼는다.

以緣起色等諸法爲俗諦。緣無自性諸法即空爲眞諦。

원주 이것(성종)은 공종空宗·상종相宗과 함께 이제二諦의 의미에는 다름이 없다.

此與空宗相宗二諦義無別也。

도서 하나의 참된 심체心體는 공도 아니고 색도 아니지만 공도 되고 색도 될 수 있으므로 중도제일의제中道第一義諦라 한다.

一眞心體。非空非色。能空能色。爲中道第一義諦。

b. 비유로써 예를 들어 밝힘

二以喩例明

도서 그것은 밝은 거울과 같아서 세 가지 의미를 갖추고 있다. 거울 가운데 영상은 청을 황이라 부를 수 없기 때문에 예쁘고 추함이 각각 구별된다. 그러므로 그것은 속제와 같다. 영상에는 자성이 없기 때문에 하나하나가 전부 공하여 진제와 같다. 거울의 본체는 항상 밝아서 공도 아니고, 청·황도 아니지만, 공도 되고 청·황도 될 수 있으니, 제일의제第一義諦와 같다.

其猶明鏡。亦具三義。鏡中影像。不得呼靑爲黃。姸媸各別。如俗諦。影無自性。一一全空。如眞諦。其體常明。非空非靑黃。能空能靑黃。如第一義諦。

ⓒ 인증

三引證

도서 『영락경』·『대품경』·『본업경』 등의 경전에서 설하고 있는 것과 모두 같다. 그래서 천태종은 이러한 삼제三諦에 의지해 삼지三止와 삼관三觀을 닦고 삼덕三德[6]을 성취한다고 설한다.

---

[6] 삼덕三德 : 불과의 공덕을 세 가지로 나눈 것. ① 지덕-평등한 지혜로 일체 것을 다 아는 덕. ② 단덕-일체 번뇌를 다 끊어 남김이 없는 것. ③ 은덕-중생을 구하려는 서원으로 중생을 구하여 해탈케 하는 것.

具如瓔絡大品本業等經所說。故天台宗。依此三諦。修三止三觀。成就三德也。

ㅈ. 아홉째 글(2항목)

九中文二

ㄱ) 문장을 거듭하여 명칭을 표함

一標名牒章

[도서] 아홉째, 삼성三性의 공空과 유有가 다르다는 것에 대해 살펴본다.

九三性空有異者。

ㄴ) 표한 것에 의거하여 분간하고 해석함(2항목)

二依標辨釋二

(ㄱ) 숫자로 명칭을 열거함

一舉數列名

[도서] 세 가지는, 첫째, 변계소집성遍計所執性,

三者謂遍計所執性。

원주 망정은 나와 일체법에 대해 두루 헤아려서 하나하나 실제로 있는 것이라고 집착한다. 마치 어리석은 아이가 거울 속의 사람 얼굴을 보고 그것에 목숨, 형색, 살, 뼈 등이 있다고 집착하는 것과 같다.

妄情於我及一切法。周遍計度。一一執爲實有。如癡孩。鏡中見人面像。執爲有命質碍肉骨等。

도서 둘째, 의타기성依他起性,

依他起性。

원주 이 집착하는 법은 다른 것에 의존하는 여러 가지 연이 서로 인이 되어 일어난다. 전혀 자성이 없어서 오직 허상일 뿐이니 거울 속의 그림자와 같은 것이다.

此所執法。依他衆緣。相因而起。都無自性。唯是虛相。如鏡中影也。

도서 셋째, 원성실성圓成實性이다.

圓成實性。

원주 본각진심本覺眞心이 시각始覺으로 드러난 것으로서, 원만 성취되어 진실하게 상주하니 거울의 밝음과 같다.

本覺眞心。始覺顯現。圓滿成就。眞實常住。如鏡之明也。

(ㄴ) 종파에 의거하여 다름을 분간함

二約宗辨異

도서 공종은, 모든 경전이 언제나 유有를 설하는 것은 변계성과 의타성에 의거한 것이고, 언제나 공空을 설하는 것은 곧 원성실성에 의거한 것이니, 삼법이 다 자성이 없다는 것이다. 성종은, 삼법이 모두 공과 유의 뜻을 갖추고 있다고 말한다. 변계는 망정이 있지만 이치는 없고, 의타는 상相은 있지만 성性은 없으며, 원성은 망정이 없고 이치가 있으며, 상相은 없지만 성性이 있다고 설한다.

空宗云。諸經每說有者。即約遍計依他。每說空者。即是圓成實性。三法皆無性也。性宗即三法。皆具空有之義。謂遍計情有理無。依他相有性無。圓成則情無理有。相無性有。

ㅊ. 열째 글(2항목)

十中文二

ㄱ) 문장을 거듭하여 명칭을 표함

一標名牒章

도서 열째, 불덕佛德의 공空과 유有가 다름을 설명한다.

十佛德空有異者。

ㄴ) 표한 것에 의거하여 분간하고 해석함(2항목)

二依標辨釋二

(ㄱ) 공종의 해석(2항목)

一空宗所解二

㉠ 바로 밝힘

一正明

도서 공종은 '부처는 공空으로 덕을 삼으니, 작은 법도 보리라고 부를 만한 것이 없다. 색으로 보고 소리로 구하는 것이 모두 사도邪道를 행하는 것이다.'라고 주장한다.

空宗說。佛以空爲德。無有少法。是名菩提。色見聲求。皆行邪道。

㉡ 인증

二引證

도서 『중론』에서는 "오음五陰도 아니고 오음을 떠난 것도 아니며, 피차가 서로 있는 것도 아니다. 여래에게는 오음이 있지 않으니, 어느 곳에 여래가 있겠는가. 일체 형상을 떠난 것을 제불諸佛이라 부른다."라고 말하였다.

中論云. 非陰不離陰. 此彼不相在. 如來不有陰. 何處有如來. 離一切相.
即名諸佛.

(ㄴ) 성종의 해석

二性宗所解

도서 성종은 '일체 제불이 자체에 모두 상락아정常樂我淨과 십신十身,[7] 십지十智[8]의 진실한 공덕을 갖추고 있으며, 거룩한 상호와 신통광명이 하나하나 다함이 없다. 본연자성이 스스로 본래 갖추어져 있어 기연機緣을 기다리지 않는다.'고 말한다.

性宗則一切諸佛自體. 皆有常樂我淨. 十身十智. 眞實功德. 相好通光.
一一無盡. 性自本有. 不待機緣.

(다) 열 가지 다름을 총체적으로 결론지음

二[1]摠結十異

1) 역 '二'는 '三'이 되어야 맞다.

도서 열 가지 다름이 뚜렷하고 두 문이 선명하다.

---

7 십신十身 : 불보살의 몸을 그 공덕에 따라 열 가지로 나눈 것. 보리신·원신·화신·역지신·상호장엄신·위세신·의생신·복덕신·법신·지신의 열 가지 몸을 가리킨다.
8 십지十智 : 부처님의 열 가지 지혜. 십종지라고도 한다. 삼세지·불법지·법계무애지·법계무변지·충만일체무변지·보조일체세간지·주지일체세계지·지일체중생지·지일체법지·지무변제불지의 열 가지이다.

十異歷然。二門煥矣。

다. 총체적으로 결론지음

三摠結

과평 3교敎와 3종宗[9]이 일미의 법임을 나타내어 착오와 오류, 의심과 비방의 폐단을 구한다. 바로 이것은 3교와 3종의 총결이다.[10]

三敎三宗。現一味法。救錯謬疑謗之弊。正是三敎三宗摠結也。

도서 3교敎와 3종宗은 일미법이기 때문에 비록 교상을 나누지만 망정에 막히지 않는다. 그러므로 반드시 먼저 3종種 불교에 의거하여 3종宗 선심禪心을 증득한 후에 선과 교를 모두 잊으면 마음과 부처가 함께 고요하다. 함께 고요하면 생각생각이 모두 부처이니 한 생각도 부처의 마음 아님이 없고, 둘 다 잊으면 구절구절이 모두 선이니 한 구절도 선과 교가 아님이 없다. 이렇게 되면 모든 것이 끊어져 붙일 곳이 없다는 말을 들어도 나의 집착하는 망정을 깨뜨리려는 것인 줄 알고, 망념을 쉬고 마음을 닦는다는 말을 들어도 나의 습기를 끊으려는 것인 줄 안다. 망정에 집착함이 깨어지고 진성이 드러나면 모든 것을 다 끊는 종(泯絶無寄宗)이 자성을 곧바로 드러내는 종(直顯心性宗)이고, 습기가 다하여 불도가 성취되면 마음을 닦는 것이 불도를 성취하는 행이 된다. 돈과 점, 공과 유가 이미 어긋남이 없으니, 홍주와 하택, 혜능과 신수가 어찌 서로 계합하지 않겠는가.

---

9 3교敎와 3종宗 : 3교는 공교·상교·성교이고 3종은 공종·상종·성종이다.
10 이상의 주석은 상봉 정원의 『都序分科』에 없다. 추붕의 주석으로 보인다.

만일 이와 같이 통달하면 다른 사람을 위해 설명하는 것이 미묘한 처방 아님이 없고, 다른 사람의 설명을 듣는 것이 묘약 아님이 없을 것이다. 약이 되고 병이 되는 것은 단지 집착하느냐, 통하느냐에 달려 있다. 그러므로 선덕이 말하기를, "집착하면 글자마다 종기와 상처요, 통하면 문장마다 묘약이다."라고 하였다. 통한다는 것은 3종이 서로 어긋나지 않는다는 것을 깨닫는 것이다.[11]

雖分敎相。亦無滯情。三敎三宗。是一味法。故須先約三種佛敎。證三宗禪心以然後。禪敎雙忘。心佛俱寂。俱寂卽念念皆佛。無一念而非佛心。雙忘卽句句皆禪。無一句而非禪敎。如此則自然聞泯絶無寄之說。知是破我執情。聞息妄修心之言。知是斷我習氣。執情破而眞性顯。卽泯絶是顯性之宗。習氣盡而佛道成。卽修心是成佛之行。頓漸空有旣無所乖。洪荷能秀。豈不相契。若能如是通達。則爲他人說。無非妙方。聞他人說。無非妙藥。藥之與病。秖在執之與通。故先德云。執則字字瘡疣。通則文文妙藥。通者。了三宗不相違也。

(2) 해와 행의 시작과 마침(2항목)

二解行始終二

① 불교佛敎에 의거하여 선문禪門을 해석함(2항목)

初約佛敎禪門釋二

---

11 상봉 정원의 『都序分科』에 다음과 같은 글이 있다. "위에서는 선사의 말씀이 부처의 뜻에 부합함을 밝혔다. 공종과 상종의 회회를 마친다."

가. 앞의 것을 거듭하여 질문을 일으킴

初牒前起問

과평 이 질문으로부터 도표 아래의 질문에 이르기까지 앞부분은 돈오를 드러내어 점수를 도와주는 글이다. 돈과 점에 대한 한 사람의 행을 해석하여 선禪 하는 사람(禪者)이 돈종을 지나치게 전파하거나, 강하는 사람(講者)이 점의 의미를 지나치게 드러내는 폐단을 구제하고 있다. 이것은 선이란 글자도 또한 돈과 점이 어긋나고 막히는 데 두루 통한다는 것을 해석한 것이다.[12]

自此問至圖下問。前現頓悟。資於漸修。釋頓漸一人之行。以救禪者偏播頓宗之弊。講者偏彰漸義之弊。此釋禪字。亦通頓漸違妨也。

도서 問 앞에서 부처는 돈교頓教와 점교漸教를 설하고, 선가에서는 돈문頓門과 점문漸門을 열었다고 했는데, 3종種의 교 가운데 무엇이 돈이고, 무엇이 점인지 확실하지 않다.

問。前云佛說頓教漸教。禪開頓門漸門。未審三種教中。何頓何漸。

나. 질문에 의거하여 결론으로 답함 (3항목)

二依問決答三

---

12 이상의 주석은 다른 본에는 없는 내용이다.

가) 부처가 돈교와 점교를 설한 것에 대해 바로 답함(2항목)

一正答佛說頓漸敎二

(가) 총체적으로 답함

一摠答

도서 답 법과 의미의 깊고 얕음은 이미 3종의 선과 교에 다 갖추어져 있지만, 단지 세존의 교를 설하는 의식이 같지 않을 뿐이다. 어떤 때는 이치에 계합하는 돈頓을 설하고, 어떤 때는 근기에 따른 점漸을 설하였기 때문에 다시 돈교와 점교라고 부른 것이지, 3교 외에 별도로 돈과 점이 있는 것은 아니다.

答。法義深淺。已備盡於三種。但以世尊設敎儀式不同。有稱理頓說。有隨機漸說。故復名頓敎漸敎。非三敎外別有頓漸。

(나) 별도로 답함(2항목)

二別答二

㉮ 점교(2항목)

一漸敎二

ㄱ. 교화 받아야 할 근기를 직접 둠

一直擧所被機

과평 결訣[13]에서는 다음과 같이 말했다. 돈에는 다시 둘이 있는데, 점에는 둘이 없는가. 만약 우리 불타가 일생 동안 대기 설법한 측면에서 논한다면, 일대의 점교는 전체가 축기점逐機漸(중생의 근기를 따라 설하는 점교)이다. 만일 점기漸機에 의거하여 과거세 대통지승불大通智勝佛[14]에게 16왕자가, (부왕이 간곡하게 설하는)『법화경』강설을 들은 것이 되풀이되어 흘러온 것이라는 의미에서 논한다면, 일대점교 전체가 화의점化儀漸(중생을 교화하는 형식과 방법에 따라 나눈 점교)이다. 또한 인천교에서 파상교에 이르기까지는 곧 축기점이며, 법화·열반 등은 화의점이다.[15]

訣曰。頓者復有二。漸無二耶。若約吾佛一期對機說邊論之。則一代漸教。都是逐機漸也。若約漸機。過去世於大通智勝佛。十六王子所得聞曲講法華。展轉流來義論。則一代漸教。都是化儀漸也。且自人天至破相。則逐機漸。法華涅槃等。則化儀也。

도서 점차라고 하는 것은 중하의 근기가 그 자리에서 곧바로 원만하고 미묘한 이치를 믿고 깨달을 수 없기 때문에 이들을 위해 설한 것이다.

漸者。爲中下根。即時未能信悟圓妙理者。

---

13 결訣 : 사물의 주요 내용을 운율에 맞추어 표현하는 글로서 쉽게 기억하도록 구성된 문구이다.
14 대통지승불大通智勝佛 : 3천 진점겁 전에 세상에 출현하신 부처님 이름. 아촉·아미타·석가 등 16부처님은 이 부처님 재세 시의 왕자였다고 한다.
15 이상 주석은 추붕의 견해로 여타 본에는 없다.

ㄴ. 교화하는 가르침을 바로 밝힘

二正明能被敎

도서 또 앞에서 인천, 소승, 내지 법상法相【이상은 제1교이다.】과 파상破相【제2교이다.】을 설한 것은, 그 근기가 성숙하기를 기다려 비로소 요의를 설하기 위한 것으로, 『법화경』과 『열반경』 등이 여기에 속한다.

且說前人天小乘。乃至法相【上皆第一敎也】破相【第二敎也】。待其根器成熟。方爲說於了義。即法華涅槃經等是也。

원주 이것(화의점)과 아래의 축기돈교逐機頓敎를 합하면 제3교(현성교)가 된다. 그 화의돈은 총 세 가지를 포섭한다. 서역과 이 나라의 고금 여러 대덕들이 판석한 교가 삼시三時 또는 오시五時가 되는데, 그것은 다만 점교漸敎 한 부류만을 위한 것으로, 『화엄경』 등의 경전은 포함되지 않는다.

此及下逐機頓敎。合爲第三敎也。其化儀頓。即揔攝三般。西域此方古今諸德所判敎。爲三時五時者。但是漸敎一類。不攝華嚴等經。

㉭ 돈교(2항목)

二頓敎二

ㄱ. 숫자로 표함

一數標

도서 돈頓이란 것은 다시 두 가지가 있다. 하나는 축기돈逐機頓이고, 둘은 화의돈化儀頓이다.

頓者。復二。一逐機頓。二化儀頓。

ㄴ. 거듭 해석함(2항목)

二牒釋二

ㄱ) 첫째 글(3항목)

一中文三

(ㄱ) 근기에 따른 오悟와 수修를 듦(2항목)

一擧機悟修二

㉠ 법에 의거하여 바로 드러냄(2항목)

一約法正現二

a. 법을 듣고 단번에 깨달음

一聞法頓悟

도서 축기돈이란, (성인이) 범부 중 상근인 총명하고 지혜로운 자를 만나 참된 법을 바로 보여 주면, 듣는 즉시 단번에 깨달아 (그 과덕이) 전적으로 부처의 과덕과 같게 되는 것을 가리킨다. 이것은 『화엄경』 중의 "초발심시에 곧바로 아뇩보리를 얻는다."라는 말씀과 『원각경』 중의 '관행이 곧 불도의 성취'라는 교설과 같다고 하겠다.

> 逐機頓者。遇凡夫上根利智。直示眞法。聞即頓悟。全同佛果。如華嚴中。初發心時。即時阿耨菩提。圓覺中。觀行即成佛道。

b. 교에 의거하여 점차적으로 닦음

二依敎漸修

과평 논평하여 말한다.

㉾ 만일 상근기로서 영리한 지혜를 지닌 사람이라면, 이른바 지혜와 앎이 뛰어난 사람이니, 반드시 두 교(二敎, 돈교와 점교)의 실천문에 의지할 필요가 없다. 만일 두 교의 실천문에 의거한다면, 앞에서 말한 들뜨고 거친 지혜를 가진 사람을 가리키는 것이니, 반드시 상근의 영리한 지혜를 지닌 자라고 말할 필요가 없다. 그런데 왜 글이 서로 맞지 않는가?

㉠ 앞에서는 실천문의 측면에서 공종과 상종의 사람이 성종을 훼손하는 잘못을 논파하기 위해 두 가지 수행을 갖추어 밝힌 것이고, 지금은 깨달음과 수행의 측면에서 돈과 점이 서로 돕는 의미를 나타내기 위해 두 교 가운데 실천문을 편중해 든 것이다. 위와 아래의 내용이 같지 않은 것에는 깊은 까닭이 있다고 하겠다.[16]

---

16 이 글은 설암 추붕의 논평문이다.

評曰。問。若是上根利智。即所謂惠解明利者。必不依二教行門。若依二教
行門。即前所謂掉擧猛利者。必不曰上根利智。何故。文不相當。答。前就
行門。以破空相宗人毁性之非。故具明二修。今就悟修以現頓。漸相資之
義。故偏擧二教中行門。上下不同。深有所以也。

도서 그러나 처음 시작한 것은 앞의 두 교(돈교와 점교) 중 행문行門과 같다.
점차 범부의 습기를 제거하면, 차차 성인의 덕이 드러난다고 하기 때문이다.

然始同前二教中行門。漸除凡習。漸顯聖德。

ⓒ 비유로써 예를 들어 밝힘

二約喩例明

도서 바람이 대해를 세차게 흔들면 그림자가 나타날 수 없지만 바람이 단
번에 멈추면 파도가 점차로 그치고 그림자가 드러나는 것과 같다.

如風激動大海。不能現像。風若頓息。則波浪漸停。影像顯也。

원주 바람은 미혹한 망정을 비유한 것이고, 바다는 심성을 비유한 것
이며, 파도는 번뇌를 비유한 것이고, 그림자는 공용을 비유한 것이다. (마
명은)『기신론』중에 이것을 하나하나 배합하고 있다.

風喩迷情。海喩心性。波喩煩惱。影喩功用。起信論中。一一配合。

(ㄴ) 경을 모아 결론으로 보여 줌

二會經結現

도서 곧 『화엄경』 일분과 『원각경』, 『불정경』, 『밀엄경』, 『승만경』, 『여래장경』 부류의 20여 부 경전이 이것이다. 근기를 만나면 곧 설하여 선후를 정하지 않는다.

即華嚴一分及圓覺佛頂密嚴勝鬘如來藏之類。二十餘部經是也。遇機即說不之初後。

(ㄷ) 선을 배대하여 같음을 밝힘

三配禪明同

도서 이것은 선문禪門의 '제3 바로 심성을 나타내는 종'과 전적으로 서로 같다.

與禪門。第三直顯心性宗。全相同也。

ㄴ) 둘째 글(2항목)

二中文二

(ㄱ) 화의化儀를 바로 밝힘

一正明化儀

도서 둘째, 화의돈化儀頓이란, 불타가 처음 성도하여 숙세의 연이 성숙한 상근의 사람들을 위하여 성상性相과 사리事理, 중생의 만 가지 미혹과 보살의 만 가지 행, 성현의 지위를 일시에 단번에 설한 것을 말한다. 제불의 만 가지 덕이란, 인因이 과果의 바다를 감싸는 것이고, 초심에 곧 보리를 얻는다는 것은 과가 인의 근원을 관통하는 것이다. 이것은 (수행의) 지위가 모두 성취되어 오히려 보살에 계합하는 것과 같다. 여기에는 오직 『화엄경』 한 경전과 『십지경론』 한 가지 논서만이 해당되니, 돈교라고 부르는 것이다. 나머지는 모두 갖추지 못하였다.

二化儀頓者。謂佛初成道。爲宿世緣熟上根之流。一時頓說性相事理。衆生萬惑。菩薩萬行。賢聖地位。諸佛萬德。因該果海。初心即得菩提。果徹因源。位滿猶稱菩薩。此唯華嚴一經。及十地一論。名爲頓敎。餘皆不備。

원주 앞에서 서술한 외부의 힐난하는 질문 가운데 단번에 깨달아 성불하는 것은 경전을 거스르는 것이라고 한 것에 대해, 내가 여기에서 분명하게 해결하였다.

前叙外難云。頓悟成佛。是違經者。余今於此通了也。

(ㄴ) 의미를 들어 집착을 깨뜨림(3항목[17])

二擧義破執

과평 이 가운데 의미를 드는 데는 두 가지 뜻이 있다. 첫째는 인과가

---

17 3항목 : 바로 아래의 과평의 마지막 문장에 의거하여 추가하였다.

서로 통하는 의미를 바로 밝힌 것이고, 둘째는 선禪과 강講이 각자가 집착하는 견해를 겸하여 깨뜨린 것이다. 글이 세 가지이다.

此中擧義有二意。初正明因果交徹之義。二兼破禪講各執之見也。文三。

㉠ 사법계[18]를 밝힘

一明四法界

도서 그 가운데 설한 모든 법은 전적으로 일심一心의 모든 법이고, 일심은 전적으로 모든 법의 일심이니, 성性과 상相이 원융하고, 하나와 많은 것이 자재한다.

其中所說。諸法是全一心之諸法。一心是全諸法之一心。性相圓融。一多自在。

㉡ 십현문[19]을 밝힘

---

18 사법계四法界 : 이법계·사법계·이사무애법계·사사무애법계의 네 가지를 가리킨다.
19 십현문十玄門 : 십현연기라고도 한다. 법계 중에 사사무애법계의 모습을 표시한 것으로, 이 의미를 통해 화엄 대경의 현묘한 법해에 들어가기 때문에 현문이라고 부르는 것이다. 또 이 10문이 상호 연이 되어 일어나기 때문에 연기라고도 한다. 이 십현문에는 신·구의 구별이 있다. 지엄이 세운 것을 구십현문이라 하고 법장이 계승하여 『五敎章』에 정리한 것을 신십현문이라 한다. 신십현문은 다음과 같다. ① 동시구족상응문同時具足相應門 - 일체 현상이 동시에 상응하고 동시에 원만 구족함. ② 광협자재무애문廣狹自在無礙門 - 공간의 광협이 대립하여 모순되는 것 같지만 그것을 매개로 상즉상입하여 자재무애함. ③ 일다상용부동문一多相容不同門 - 하나는 많은 것을 갖추고 많은 것은 하나를 포용함. ④ 제법상즉자재문諸法相卽自在門 - 관련된 현상의 본체는 일과 일체가 상호 공과 유가 되어 둘이 일체가 되는 것. 서로 융합하고 서로 포섭하여 자재무애함. ⑤ 은밀현료구성문隱密顯了俱成門 - 연기의 현상. 하나가 있어서 모습을 드러낼 때 많

二明十玄門

도서 그러므로 모든 부처와 중생이 서로 교감하고 정토와 예토가 서로 원융하게 통한다. 법마다 모두 피차를 서로 수용하고 타끌마다 다 세계를 포함하니, 서로 용납하고 서로 계합하여 걸림 없이 함께 융합한다.

故諸佛與衆生,[1] 與穢土融通. 法法皆彼此互收. 塵塵悉包含淨土[2]世界. 相入相即. 無碍鎔融.

1) ㉑ 정원淨源의 『禪源諸詮集都序分科』 권하(H8, 826a)에는 '生' 뒤에 '交徹淨土'가 있다. 문맥상으로 보아 이 책에는 앞의 네 글자가 누락된 것 같다. 정원 과본에 따라 이 부분을 보충하여 해석했다. 2) ㉑ '淨土'가 정원의 『禪源諸詮集都序分科』 권하(H8, 826a)에는 없다.

ⓒ 장애 없음을 밝힘

三明無障碍

도서 십현문十玄門을 갖추어 중중무진[20]하니, 장애가 없는 법계라고 부른다.

은 것은 공이 되어 나타나지 않는다. 즉 숨고 드러남이 서로 일체화되어 동시에 성립하는 것. ⑥ 미세상용안립문微細相容安立門 – 연기할 때, 작은 것이 큰 것에 들어가고, 하나가 많은 것을 포섭하여도 혼란하지 않아 하나와 많은 것을 파괴하지 않고 질서 정연한 것. ⑦ 인타라망법계문因陀羅網法界門 – 삼라만상이 일일이 서로 발현하여 중중무진한 것. ⑧ 탁사현법생해문託事顯法生解門 – 깊고 미묘한 이치는 천근한 사법事法에 의지하여 나타난다. 의탁하는 사와 드러나는 이는 다르지도 않고 드러나지도 않는다는 것. ⑨ 십세격법이성문十世隔法異成門 – 모든 시간의 간격도 피차 상즉상입하여 선후 장단이 동시에 구족하여 나타나 시간과 법이 서로 떨어지지 않음. ⑩ 주반원명구덕문主伴圓明俱德門 – 연기하는 모든 현상은 하나를 들면 그것은 주가 되고, 다른 현상은 그 짝이 된다. 이와 같이 서로 주가 되고, 그 짝이 되어 일체 덕을 구족한 것.
20 중중무진重重無盡 : 『화엄경』의 말로서, 일체 존재가 끝없는 상호 관계로 이루어져 있다는 것을 가리킨다.

具十玄門。重重無盡。名爲無障碍法界。

나) 선이 돈점의 문을 연 것을 바로 답함(3항목)

二正答禪開頓漸門三

(가) 앞의 것을 결론짓고 뒤의 것을 일으킴

一結前起後

도서 위의 돈점은 다 부처에 따른 것으로서 교설을 취하여 설한 것이다. 만일 근기를 따라 깨달음과 닦음을 취하여 설한다면, 앞에서 서술한 여러 학자들의 예에서 보는 것처럼 그 뜻하는 바가 또한 같지 않을 것이다.

此上頓漸皆就佛。約敎而說。若就機約悟修說者。意又不同。如前所叙諸家。

(나) 돈과 점을 바로 밝힘(4항목)

二正明頓漸四

㉮ 점漸은 근기를 위하여 세 가지로 대응함

一漸爲機三對

도서 어떤 사람은 먼저 점수로 인해 공능이 성취되면 활연히 단번에 깨닫게

된다고 말하고,

有云。先因漸修功成。而豁然頓悟。

원주 나무를 자르는데 한 조각 한 조각 점점 찍어서 마지막 한순간 단번에 쓰러뜨리는 것과 같다. 또 먼 도성을 찾아가는데 한걸음 한걸음 점점 다가가서 하루에 금방 도착하는 것과 같다.

如伐木片片漸斫。一時頓倒。亦如遠詣都城。步步酋行。一日頓到也。

도서 어떤 사람은 단번에 닦고 점차 깨닫는다고 한다.

有云。因頓修而漸悟。

원주 이것은 사람이 활쏘기를 배우는 것과 같다. 돈이란 화살을 가지고 곧바로 쏘는 것으로, 그 뜻은 과녁을 적중하는 데 있다. 점이란 오래도록 (활을) 쏘면 점차 익숙하여져 (과녁에) 적중하는 것을 가리킨다. 이것(돈수)은 마음을 움직여 단번에 닦는다는 것이지, 공행이 단번에 완성된다는 것을 말하는 것이 아니다.

如人學射。頓者。箭箭直注。意在於的。漸者。久久方始。漸親漸中。此說運心頓修。不言功行頓畢也。

도서 어떤 사람은 점차로 닦고 점차로 깨닫는다고 하였다.

有云。漸修漸悟。

원주 9층의 누대에 오를 때, 점차 높은 곳으로 밟아 오르면 점점 더 멀리 보이는 것과 같다. 어떤 사람이 시에서 "천리안으로 먼 곳을 보려는가. 다시 누각에 한 층 더 오르라."라고 하였다.

如登九層之臺。足履漸高。所見漸遠。故有人詩云。欲窮千里目。更上一重樓也。

도서 등等이라고 한 것은 모두 증오證悟를 말하는 것이다.

等者。皆說證悟也。

㈃ 바로 근기를 위한 한 가지 대응(2항목)

二正爲機一對二

ㄱ. 표하여 둠

一標擧

도서 어떤 사람이 "먼저 단번에 깨닫고 나서야 비로소 점차 닦을 수 있다."라고 하는 것은 알음알이에 의거해 말하는 것이다.

有云。先須頓悟。方可漸修者。此約解言也。

원주 "장애를 끊는다."라는 주장에 따르면, 태양이 단번에 솟을 때 이슬과 서리가 점차 사라지는 것과 같고, "덕을 성취한다."라는 주장에 따르면, 어린아이가 태어날 때 단번에 사지와 육근이 갖추어지지만, 성장하면서 점차 뜻과 기개 그리고 공용을 성취해 가는 것과 같다.

約斷障說。如日頓出。霜露漸消。約成德說。如孩子生。即頓具四肢六根。長即漸成志氣功用也。

ㄴ. 인증

二引證

도서 그러므로 『화엄경』에서는 처음 발심할 때 정각을 성취하고 그 후에 삼현과 십성[21]을 차례로 닦아 증득한다고 설한다. 만일 깨닫지 않고 닦는다면, 참된 닦음이 아닌 것이다.

故華嚴說。初發心時。即成正覺然後。三賢十聖。次第修證。若未悟而修。非眞修也。

원주 진실로 참된 사람들의 행이 아니면 참됨에 계합할 수 없을 것이다. 어찌 참됨을 닦는 수행이 참을 좇아 일어나지 않음이 있겠는가. 그 때문에 저 경은 "만일 이 법을 듣지 못했으면, 다겁多劫에 육도 만행을 닦더라도 마침내 참됨을 증득하지 못할 것이다."라고 설한다.

良以非眞流之行。無以稱眞。何有修眞之行。不從眞起。故彼經說。若未聞

---

21 삼현과 십성 : 삼현은 보살의 수행계위인 52위 중 십주·십행·십회향의 지위에 있는 보살. 십성은 십지 보살을 가리킨다.

此法。多刧修六度萬行。竟不證眞也。

㈤ 돈頓이 근기를 위한 한 가지 대응(3항목)

三頓爲機一對三

ㄱ. 근본문(本門)을 총체적으로 밝힘(2항목)

一揔明本門二

ㄱ) 상근의 출중함

一上根出衆

도서 어떤 사람이 "단번에 깨닫고 단번에 닦는다고 하는 것은 최상의 지혜를 말하는 것으로 근성根性【근기가 수승하기 때문에 깨달음】과 원력【하고자 함이 수승하기 때문에 닦음】이 모두 다 수승한 것을 가리킨다. 하나를 들으면 천 가지를 깨달아 대총지大摠持[22]를 얻으며 한 생각도 일어나지 않아 전후의 구분이 끊어지게 된다.

有云。頓悟頓修者。此說上上智。根性【根勝故悟】樂欲【欲勝故修】俱勝。一聞千悟。得大摠持。一念不生。前後際斷。

---

[22] 대총지大摠持 : 총지에 크다는 말을 붙인 것. 총지란 다라니의 음역으로 한량없는 뜻을 포함하여 잃지 않게 하는 것이다. 선법을 가져 잃지 않게 하고, 악법을 지녀도 일어나지 않게 하는 것을 말한다.

원주 장애를 끊는 것은 한 타래 실을 자르면 만 가닥이 단번에 잘리는 것과 같으며, 덕을 닦는 것은 한 타래 실을 물들이면 만 가닥이 단번에 물드는 것과 같다. 하택은 "생각하는 본체가 없다는 것을 알면 경계를 따라 (사념이) 생하지 않을 것이다."라고 하였으며, 또 "한 생각이 본성과 상응하니, 8만 바라밀행波羅密行이 일시에 함께 작용한다."라고 하였다.

斷障如斬一綟絲。萬條頓斷。修德如染一綟絲。萬集頓色。荷澤云。見無念體。不逐物生。又云。一念與本性相應。八萬波羅密行。一時齊用也。

도서 이 사람의 삼업三業은 오직 홀로 명료하여 나머지 사람은 미치지 못할 것이다."라고 말했다.

此人三業。唯獨自明了。餘人所不及。

원주 『금강삼매경』에서 "공한 마음이 움직이지 않으면 바라밀이 갖추어진다."라고 하였으며, 『법화경』에서는 "부모가 낳아 주신 눈이 삼천세계를 꿰뚫어 본다."라고 하였다.

金剛三昧云。空心不動。具波羅密。法華說。父母所生眼徹見三千界。

ㄴ) 유사한 예를 지적하여 장애를 해결함

二指類通妨

과평 선禪 하는 사람은 "일찍이 점수漸修란 우리가 할 바가 아니다."라고 하면서 거절하여 수용하지 않다가, 지금 돈수頓修란 말을 들은 후에 홀연히 의기양양하여, "오직 이 돈수만이 우리들이 할 바"라고 견고하게 집착하여 버리지 않기 때문에 그것을 해결하여 말하고 있다.

"돈수란 우두 법융이 할 바이지 그대들이 할 바가 아니다. 대개 우두의 공문空門은 숙겁에 범행梵行을 심어 하나의 견지見地를 성취한 것이다. 4조 이후에 일체의 법과 의미가 흉금에서 유출되었다고 하여 마음을 닦고 다스리는 것에 의지하지 않았다. 어찌 계박에 얽힌 돈오자頓悟者와 동년同年 동일同日 선상에서 말할 수 있겠는가."[23]

禪者。嘗謂漸修。非吾所爲。拒以不受。今聞頓修之言。忽然色飛曰。唯此頓修。正是吾輩所爲。堅執不捨。故通之曰。頓修牛頭融之所爲。非汝之所爲。盖牛頭空門。宿植梵行。成就一見。四祖後。一切法義。胷襟流出。而不假修治。豈可與縛地頓悟者。同年而同日道哉。

도서 아울러 사안의 흔적으로 말한다면 우두 법융 대사의 무리와 같다고 하겠다.

且就事跡而言之。如牛頭融大師之類也。

ㄴ. 총설總說을 열어 별설別說을 성립시킴

二開摠成別

도서 이 문에는 두 가지 의미가 있다. (첫째,) 깨달음으로 인해 닦는 것은 해오이고, (둘째,) 닦음으로 인해 깨닫는 것은 증오이다.

---

23 이상의 해설은 설암 추붕의 글이다.

此門有二義。若因悟而修。即是解悟。若因修而悟。即是證悟。

ㄷ. 장애를 해결하여 총체적으로 결론지음

三通妨摠結

과평 힐난하여 말했다.

"위의 내용은 총체적 대응으로서, 닦음과 깨달음이 일시에 이루어지는 것은 숙세에 범행을 닦은 사람이 하는 것이라 말할 수 있다고 하였다. 그런데 오직 이 별문別門의 수행에서는 왜 계박에 얽힌 돈오자가 할 바가 아니라고 하는가?"

이에 대해 아래에 해결하여 말했다.

"별문의 수행은 오늘날 선禪 하는 사람이 하는 바와 유사하다. 그러나 위에서 운운한 것은 금생에 의거하여 논하기 때문에 돈수라고 하는 것이다. 만일 숙세까지 미루어 본다면, 오직 점수이지 돈수란 없다고 하겠다. 지금 돈수한 사람을 보니, 이미 다생에 점수의 훈습이 있었기 때문에 발현된 것으로 보인다. 본래 계박에 얽힌 범부의 돈오돈수는 없으니, 번거롭게 힐문하지 말아야 할 것이다. 원컨대 선 하는 자들은 먼저 돈오하고, 그 다음에 점수하기 바란다."[24]

難云。上來摠對。必是修悟一時。可謂宿植梵行者所爲。唯此別門修。則豈不是縛地頓悟者所爲。故下通云。別門修則雖似今時禪者所爲。然上云云。約今生而論。故云頓修。若推宿世。唯漸修而無頓修。今見頓者。已是多生漸修之熏故發現。本無從具縛地凡夫頓悟頓修者也。不煩設難。願禪者。先

---

24 이상의 해설은 설암 추붕의 글이다.

須頓悟後漸修也。

도서 그러나 위에서 말한 것은 다 금생에 의거하여 논하는 것이다. 만일 먼 숙세의 일을 미루어 생각하면, 오직 점漸이지 돈頓은 없다고 하겠다. 지금 보는 돈이란 것은 이미 다생에 점차적으로 훈습된 것이 발현한 것이다.

然上皆秪約今生而論。若遠推宿世。則唯漸無頓。今見頓者。已是多生漸熏而發現也。

㉣ 돈과 점은 오직 근기에 있음

四頓漸唯在機

도서 어떤 사람이 "법에 돈점이 있는 것이 아니고 돈점은 근기에 있다."라고 하였으니, 진실로 그렇다. 이 이치는 참으로 말에 있지 않다. 본래 근기만을 논하는 것인데, 누가 법체를 말하는가.

有云。法無頓漸。頓漸在機者。誠成此理。固不在言。本秪論機。誰言法體。

(다) 널리 지적하고 간략하게 결론지음

三指廣結畧

도서 돈점의 의의에는 이처럼 많은 문이 있어 문마다 의도가 있으니 억지로 천착할 것이 아니다. 더구나 『능가경』에는 사점四漸과 사돈四頓[25][의미는 점수돈오와 유사하다.]이 있는데, 이것[26]을 오히려 번거롭다고 말할 수 없을 것이다.

頓漸義意。有此多門。門門有意。非強生穿鑿。況楞伽四漸四頓【義與漸修頓悟相類也】。此猶不敢繁云。

다) 돈과 점이 서로 반대되는 것 같다는 의심을 별도로 결론지음(2항목)

三別決頓漸似反疑二

(가) 앞에서 서술한 것을 결정함

一結前所叙

도서 당시의 사람들이 논한 것을 비교하여 보면, 단지 돈점이라는 말만 있지 전반적으로 이를 분석하지 않았다. 교에 따르면 화의의 돈점과 응기의 돈점이 있고, 사람에 따르면 가르치는 방편의 돈점, 근기가 깨달아 들어가는 돈점, 뜻을 내어 수행하는 돈점이 있다.

比見時輩論者。但有頓漸之言。都不分析。就教。有化儀之頓漸。應機之頓漸。就人。有教授方便之頓漸。根性悟入之頓漸。發意修行之頓漸。

(나) 의심을 끊는 것을 바로 밝힘(3항목)

---

25 사점四漸과 사돈四頓 : 이는 성인이 중생을 개오시키는 방법으로, 네 가지 형태가 있다. 점수돈오·돈오점수·점수점오·돈수돈오를 말한다. 『楞伽經』에서는 점수를 아마륵과, 도예가가 질그릇 만드는 일, 생명을 기르는 대지, 기예를 익히는 것으로, 돈오는 거울의 비침, 일월의 비춤, 아뢰야식이 단번에 앎, 불광이 단번에 비춤 등에 비유한다.
26 이것 : 선가의 돈오점수 논쟁을 가리킨다.

二正明決疑三

㉮ 표하여 둠

一標擧

[도서] 그 가운데 오직 먼저 돈오한 후에 점수한다고 말하는 것은 어긋나는 것 같다.

於中唯云。先頓悟後漸修。似違反也。

㉯ 비유로 밝힘

二喩明

[도서] 의심을 끊고자 하는가? 해가 단번에 솟음에 서리와 이슬이 점차 사라지고, 어린아이가 단번에 태어나지만【사지와 육근이 즉시 갖추어짐】뜻과 기개는 점차 확립되는 것을 어찌 알지 못하는가.

欲絶疑者。豈不見。日光頓出。霜露漸消。孩子頓生【四肢六根卽具】。志氣漸立。

[원주] 살과 피부, 여덟 가지 물질,[27] 업과 기예는 모두 점차로 이루어진다.

---

27 여덟 가지 물질(八物) : 여덟 가지는 삶고 익혀서 만든 중국의 여덟 가지 미식으로 다음과 같다. 순오淳熬(밭벼로 지은 죽)·순모淳母(기장쌀로 만든 죽)·포돈炮豚(구운 돼지고기)·포장炮牂(구운 암양의 고기)·도진擣珍(소나 양의 등심을 다져서 만든 음

肌膚八物業藝。皆漸漸成也。

도서 사나운 바람은 단번에 쉬지만 파랑은 점차로 멈추고, 타고난 신분은 단번에 성취되지만 예악禮樂은 점차로 배우는 것이다.

猛風頓息。波浪漸停。訴良頓成。禮樂漸學。

원주 고귀한 집 자손이 아주 어린 시절에 변란을 만나 몰락하여 노예가 되었는데, 본래 자신이 귀한 것을 알지 못하였다. 변란이 진정되자 부모를 찾아서 당일 귀한 몸이 되었지만 행적과 거취는 단번에 고칠 수 없었다. 그러므로 반드시 점차로 배워야 하는 것이다.

如高貴子孫。少小時亂。沒落爲奴。生來自不知貴。時淸父母論得。當日全身是貴人。而行迹去就。不可頓改。故須漸學也。

㈢ 결론으로 찬탄함

三結歎

도서 돈점의 의미도 그것이 요점임을 알아야 한다.[28]

是知頓漸之義。其爲要矣。

---

28 식)·지漬(담근 음식)·오熬(볶은 음식)·간료肝膋(짐승의 간과 곱창을 구운 것). 이 음식들은 굽거나 삶아서 만들기 때문에 요리에 시간이 걸린다. 그래서 점수에 비교된다.
상봉 정원의 『都序分科』에는 다음과 같은 주석이 있다. "위에서 돈오가 점수를 도와줌을 밝혔다. 선과 교의 회회를 마친다."

② 미루어 궁리함에 의거하여 자세히 관찰하고 해석함(3항목[29])

二約推窮仰觀釋

과평 논평하여 말한다. 위에서 비록 선교 두 문에서 돈과 점이라는 한 사람의 행을 바로 밝혔지만 (선과 교의) 양가兩家가 한편으로 집착하여 그 뿌리가 깊고 줄기가 매우 단단하다. 일시에 자르고 뽑아야 하지만 그럴 수 없는 것이 확실하다. 다시 추구하고 관찰하여 (선과 교가) 서로 돕는다는 뜻을 자세히 가르침으로써 치우친 선양과 치우친 전파의 폐단을 없애고자 하는 것이다. 대체로 3종 교의를 깊이 연구하면 일진심체一眞心體일 뿐이고, 불의佛意를 우러러 관찰하여도 일대사인연일 뿐이다. 그러므로 그것은 하나이고 둘이 아니며 인연 또한 하나이지 둘이 아니다. 선禪하는 사람에게 돈오는 무슨 법이며, 강講하는 사람에게 점수는 무슨 법인가. 돈오는 바로 일심一心인 일대사를 단번에 깨닫는 것이고, 점수도 역시 일심인 일대사이다. 어찌 서로 비난하고 서로 배척하여 호나라와 월나라처럼 멀어질 수 있겠는가. 여기에 세 가지 문장이 있다.

評曰。上來雖若禪敎二門。正明頓漸一人之行。然兩家偏執。深根固蔕。一時剪拔。不可必矣。更約推窮仰觀。委諭相資之義。使無偏彰。偏播之弊。大抵推窮三種敎義。一眞心體而已。仰觀佛意。一大事因緣而已矣。然則一而非二也。因緣亦一而非二也。禪者頓悟何法。講者漸修何法耶。頓悟正是頓悟一心一大事。漸修亦是一心一大事也。豈可相非相斥。如胡越之隔。此文三。

---

29 3항목 : 바로 아래의 과평의 마지막 문장에 의거하여 추가하였다.

가. 잠복된 난문을 조용히 해결함(2항목)

一潛通伏難二

가) 서문에 의거, 거듭 힐난함

一約序牒難

과평 힐난하여 말했다.

"처음에 선은 불교를 포섭하여 간략하게 한 것이 아니었다. 본래 차례와 시종이 없었으나, 이 이사理事와 해행解行이 화해함에 이르러 차례와 시종이 있게 되었다. 이제 교와 다름이 없으니, 어찌된 일인가?"
(답) "이에 달마 운운이라 하였다."

難曰。初禪非佛敎攝畧。元無倫序始終。至此理事解行和會。皆有倫序始終。今與敎無異。何也。然達摩云云。

도서 그러나 이 글의 본의를 말하면, 단지 선전禪詮만을 서술하여

然此文本意。雖但叙禪詮。

나) 수집한 것을 들어 의미를 해석함[30]

---

[30] 이 과목은 문맥상 바로 앞에 나오는 『도서』의 본문인 "그러나 이 글의 …… 서술하여"의 앞으로 가는 것이 적절할 것으로 보이지만, 저본의 배치에 따라 이와 같이 처리하였다.

二學集釋疑

도서 달마 1종을 반연하고 있지만 이것은 불법佛法의 통체이다. 그러나 여러 사람들이 서술한 것이 각기 다르기 때문에 지금 모아 하나의 장전으로 만들었다.

이에 이사理事를 모두 구족하고 깨달음과 이해 그리고 수증修證의 문호에 이르기까지 시종이 두루 원만하게 된 것이다. 또한 서술한 요구가 갖추어져 그 의도를 다 했으니, 혈맥血脉이 이어지고 본말의 차례가 정연하게 되었다.

緣達摩一宗。是佛法通體。諸家所述。又各不同。今集爲一藏。都成理事具足。至於悟解修證門戶。亦始終周圓故。所叙之須脩[1]盡其意。令血脉連續。本末有序。

1) ㉠ '脩'는 '備'의 오기인 듯하다.

나. 본말을 알게 함(2항목)

二令解本末二

가) 총체적으로 표함

一摠標

도서 본말과 차례를 알고자 하면, 먼저 이 위의 3종의 돈설頓說과 점설漸說의 가르침 가운데 논한 법이 본래 어디로부터 왔고, 현재 어느 곳에 있는가를 깊이 궁리해야 한다. 또 불타가 설한 이 교설의 의미가 본래 무슨 일을 위한 것인지를 잘 관찰하면, 일대장경의 시종始終과 본말本末이 일시에 밝아져 명료하게 될 것이다.

欲見本末倫序。先須推窮此上三種頓說漸說敎中所論之法。本從何來。見在何處。又須仰觀諸佛。說此敎意。本爲何事。卽一大藏經始終本末。一時洞然明了也。

나) 개별적으로 해석함(2항목)

二別釋二

(가) 교教가 온 곳을 깊이 연구함

一窮敎來處

도서 먼저 교법이 어느 곳으로부터 왔는가를 깊이 연구하여 보자. (교법은) 본래 세존의 일진심체—眞心體로부터 흘러와서 반복적으로 당시 사람들의 귀에 전달되고, 지금 사람들의 목전에까지 이르게 되었다. 그 설한 의미 또한 범부와 성인이 의지하는 일진심체로서 연을 따라 흘러내려 일체 처소와 일체 중생의 신심 가운데 두루 반복하게 될 것이다. 다만 각각 자신의 마음으로 고요히 생각하여 여실한 도리로 사유하면 이와 같고 이와 같이 나타나게 된다.

且推窮敎法從何來者。本從尊一眞心體流出。展轉至於當時人之耳。今時人之目。其所說義。亦祇是凡聖所依一眞心體。隨緣流出。展轉遍一切處。遍一切衆生身心之中。但各於自心靜念。如理思惟。卽如是如是而顯現也。

원주 『화엄경』에서 "이와 같고 이와 같이 사유하면, 이와 같고 이와 같이 나타날 것이다."라고 하였다.

華嚴云。如是如是思惟。如是如是顯現也。

(나) 불타가 설한 의도를 관찰함(2항목)

二觀佛說意二

㉮ 불타의 의도를 바로 밝힘(3항목)

一正明佛意三

ㄱ. 총체적으로 표함

一摠標

[도서] 다음은 불타가 경을 설한 본의를 관찰한다. 세존은 스스로 "나의 본의는 오직 일대사인연을 위하여 세상에 출현한 것이다."라고 말씀하셨다.

次觀佛說經本意者。世尊自云。我本意唯爲一大事因緣故。出現於世。

ㄴ. 별도로 해석함(2항목)

二別釋二

ㄱ) 일대사를 널리 밝힘(4항목)

一廣明一事四

(ㄱ) 일승을 바로 설함(2항목)

一正說一乘二

㉠ 바로 밝힘

一正明

도서 일대사一大事란, 중생으로 하여금 불지견佛知見을 열어 내지 불지견의 도에 들어가게 하고자 한다는 말이다. 모든 존재가 짓는 것은 항상 이 하나의 일[31]을 위한 것이니, 오직 부처의 지견으로 중생에게 보여 깨닫도록 하는 것이다.【운운】 나머지 이승 혹은 삼승은 없으니, 삼세 시방제불의 법도 또한 이와 같다. 비록 한량없는 무수한 방편과 여러 인연 비유와 언사로써 중생을 위해 모든 법을 연설하시지만, 이 법은 모두 일불승[32]을 위한 것이다.[33]

一大事者。欲令衆生。開佛知見。乃至入佛知見道故。諸有所作。常爲一事。唯以佛之知見。示悟衆生【云云】。無有餘乘。若二若三。三世十方諸佛法。亦如是。雖以無量無數方便種種因緣譬喻言詞。而爲衆生。演說諸法。是法皆爲一佛乘故。

---

31 하나의 일 : 모든 존재가 짓는 것은 한 이치를 드러내기 위한 것으로, 한 이치로 한 사람을 교화하기 위한 것이라는 말이다. 길장이 지은 『法華義疏』 권3에 실린 글이다.
32 일불승一佛乘 : 일체중생에게 모두 불성이 있기 때문에 방편인 삼승에 의하지 않고 오직 하나의 불승에 의해서만 성불한다고 한다. 하나의 불승이란 뜻이다.
33 이는 『法華經』 「方便品」의 글이다.

ⓛ 인용하여 해석함(2항목)

二引釋二

a. 이치를 끊어 버리고 수행함

一理絶修證

도서 "그러므로 내가 보리수 아래에서 처음 정각을 이루고 널리 일체중생을 보니 모두 다 정각을 이루었고, 내지 널리 일체중생을 보니 다 반열반般涅槃하여 있었다."

故我於菩提樹下。初成正覺。普見一切衆生。皆成正覺。乃至普見一切衆生。皆般涅槃。

원주 『화엄경』「묘엄품」에서 "불타가 마갈제국摩竭提國 보리도량 중에서 처음 정각을 이루시니, 그 땅이 금강으로 이루어져 견고하였고, 그 보리수는 높고 커서 장엄하였다."라고 설하였다. 「출현품」에서 "여래가 정각을 이루셨을 때 널리 중생을 보니"라고 하는 등의 말씀이 하나하나 글의 내용과 같다.

華嚴妙嚴品云。佛在摩竭提國菩提場中。始成正覺。其地堅固。金剛所成。其菩提樹。高廣嚴顯。出現品云。如來成正覺時。普見衆生等。一一如文。

도서 "널리 일체중생을 보니, 탐·진·치 모든 번뇌 중에 여래의 몸과 지혜가 있어 항상 오염되지 않으며, 모든 덕상德相을 갖추고 있다."『여래장경』의 글

이다.]라고 하였으며, "한 중생도 여래의 지혜를 갖추지 않음이 없지만,

普見一切衆生。貪恚癡諸煩惱中。有如來身智。常無染汚。德相備足【如來藏經文也】。無一衆生而不具有如來智慧。

b. 미혹한 중생에게 열어 보임(3항목)

二迷有開示三

a) 개시함을 바로 밝힘(2항목)

一正明開示二

(a) 오직 본의만을 말함

一唯談本意

도서 단지 망상집착으로 증득하지 못할 뿐이다. 내가 성도聖道로써 가르쳐 그들을 영원히 망상으로부터 떠나게 하고자 한다. 자기의 몸 가운데 여래의 광대한 지혜를 볼 수 있으면 나와 다름이 없을 것이다."[34]라고 하였다.

但以妄想執着。而不證得。我欲[1]敎以聖道。令其永離妄想。於自身中。得見如來廣大智慧。如我無異。

---

34 인용문은 모두 『華嚴經』「出現品」의 문장이지만, 규봉이 두 곳의 인용문을 한 군데 모아 둔 것이다. 즉 "한 중생도……못할 뿐이다."(T10, 272c5~6)와 "내가 성도로써……없을 것이다."(T10, 272c28~273a1)의 두 단락을 한곳에 인용하였다.

1) ㉠ '欲'은 『華嚴經』에는 '當'으로 되어 있지만, 규봉이 어세를 따라 '欲'으로 고쳤다고 아래 주석에서 밝히고 있다.

원주 『화엄경』「출현품」의 글이다. '당當' 자를 '욕欲' 자로 고쳐 그 어세를 따르게 하였다. 『법화경』에도 또한 "내가 본래 세운 서원은 일체중생이 나와 다르지 않다는 것을 알도록 하고자 하는 것이다."라고 하였다.

華嚴出現品文也。唯改當字爲欲字。令順語勢。法華亦云。我本立誓願欲令一切衆。如我等無異也。

(b) 직접 불타의 뜻을 드러냄

二徑現佛意

도서 "드디어 이들 중생을 위해, 보리도량에서 대방광법계[35]에 부합함(稱)【거성去聲이다.】으로써 만행으로 인행의 꽃을 널리 펼쳤으며, 본성을 장엄하여 만덕의 불과를 성취케 하였다.

遂爲此等衆生。於菩提場。稱【去聲】於大方廣法界。敷演萬行因華。以嚴本性。令成萬德佛果。

b) 숙세에 선행을 심어 증입함

二宿植證入

---

35 대방광법계 : 대방광이란 법계를 형용하는 말이다. 법계란 무한히 크고 만법의 모범이 되며 덕이 우주를 관통한다는 의미로, 그러한 공덕을 지니고 있다는 것을 나타내는 말이다.

도서 지난 겁에 나와 함께 선근을 심어 일찍이 내가 겁해 중에 사섭법으로 받아들인 사람들이다.【또「묘엄품」의 글이다.】비로소 내 몸【사자빈신삼매[36]에 든 노사나신】을 보고 내가 설한 것【위에서 설한『화엄』】을 듣고서 곧 믿고 받아들여 여래의 지혜에 들어가게 될 것이다.[37] 내지 서다림逝多林[38]에서 내가 사자빈신삼매에 드니, 대중이 모두 법계를 증득하였다."라고 설하였다.

其有住劫。與我同種善根。曾得我於劫海中。以四攝法。而攝受者【亦妙嚴品文也】。始見我身【頻伸三昧盧舍那身】。聞我所說【說上華嚴】。即皆信受入如來慧。乃至逝多林。我入師子頻伸三昧。大衆皆證法界。

c) 하열한 근기가 눈멀고 귀먹음

三劣機盲聾

도서 먼저 소승을 수습하여 배우는 자와[39]

除先修習學小乘者。

원주 불타가 법화회상에서 "옛날 화엄회중華嚴會中에서, 5백 성문이 귀

---

36 사자빈신삼매師子頻伸三昧 : 혹은 사자분신삼매라고도 한다. 사자분신이란 사자가 재빨리 움직여 그 기세가 당당한 것을 가리킨다. 이것은 여래의 선정을 비유적으로 나타낸 것이다.
37 원문 주석에 이 인용문을 화엄설로 간주하고 있으나 실제는『法華經』「安樂行品」에 있는 글이다.
38 서다림逝多林 : 기원정사가 있는 곳을 말한다. 기원정사는 중인도 사위성 남쪽에 있는 기수급고독원으로, 수달 장자가 부처님께 바쳤다고 한다.
39 상봉 정원의『都序分科』에는 이하에 다음과 같은 주석이 있다. "從地涌出品」의 글이다." 이 경문 또한『法華經』「安樂行品」에 있다.

먹고 눈먼 것같이 부처의 경계를 보지도 못하고 원융한 법을 듣지도 못하였다."라고 설한 것이 이것이다. 다음에 "내가 지금 또한 이 경을 듣고 부처의 지혜에 들어가도록 하였는데, 곧바로 40년 후에 이르러 법화회중에 모두 다 수기를 얻었다."라고 한 것 또한 이것이다.

佛在法華會。說昔在華嚴會中。五百聲聞。如聾若盲。不見佛境界。不聞圓融法是也。次云。我今亦令得聞此經。入於佛慧。即直至四十年後法華會中。皆得授記是也。

도서 탐애의 물속에 빠진 사람 등은 제외한다.

及溺貪愛之水等也。

원주 또 「출현품」에서 "여래의 지혜도 오직 두 곳에서는 이로움을 줄 수가 없다. 그것은 이승二乘이 무위의 깊은 구덩이에 떨어지는 것과, 선근을 파괴하여 불법을 수지하지 못하는 중생이 대사견과 애욕의 늪 속에 빠지는 것이다. 그러나 저들에 대하여 일찍이 싫어하거나 버린 적이 없었다."라고 설하였다. 이를 해석하면, 『화엄』에서 말한 소승을 배우는 사람도 법화회 중에 다시 수기를 얻으며, 또 이 회중이 아니더라도 점차 반복하여 수기를 주게 하였으니, 이것이 '싫어하여 버리지 않는 것이다.'라고 하는 것이다.

亦出現品云。如來智慧。唯於二處。不能爲作生長利益。所謂二乘。墮於無爲廣大深坑。及壞善根。非器衆生。溺大邪見貪愛之水。然亦於彼。曾無厭捨。釋曰。即華嚴所說學小乘者。法華會中。還得授記。及不在此會。亦展轉令與授記。是此云不厭捨也。

(ㄴ) 방편으로 삼승을 보임(3항목)

二權示三乘三

㉠ 근기가 어리석고 우둔함을 보여 줌

一見機癡盲

도서 이와 같이 중생은 모두 근기가 우매하고 오욕락에 집착하여 어리석음에 눈이 멀었으니, 제도하여 해탈시키기 어렵다.

如是衆生。諸根闇鈍。着樂癡所盲。難可度脫。

㉡ 사유하고 칭찬받음

二思惟受譜[1)]

---
1) ㉘ '譜'은 '讚'인 듯하다.

도서 나는 삼칠일 동안 이와 같은 일을 사유하였다. 내가 만일 단지 불승만을 찬탄한다면 저들(소승인)은 괴로움에 빠져 불교를 훼방하고 믿지 않을 것이기 때문에 금방 악도에 떨어질 것이다.[40] 만일 소승으로 제도하면 (교화가) 한 사람에게만 미쳐 내가 간탐에 떨어질 것이 자명하다. 이러한 일은 가볍게 결정할 수 있는 일이 아니어서[41] 진퇴가 어렵게 되었다. 마침내 과거불이 행하

---
40 이 내용은 『法華經』「方便品」의 설이다. 다음 글과의 사이에는 상당한 게송이 생략되었다.
41 『法華經』「方便品」의 글이다.

신 방편력을 곰곰이 생각해 보니, 과거 제불은 그들을 모두 소승으로 유인한 후에 구경일승으로 들어가도록 했다는 것을 알았다. 그래서 내가 지금 얻은 도를 또한 삼승에게 설하리라고 생각하였다. 이때 시방제불이 모두 나타나 범음으로 나를 위로하고 달랬다.

'착하도다. 석가문 제일 도사여, 이 무상법無上法을 얻어 일체 제불을 따라 방편을 쓰도록 하라.'⁴²라고 하였다.

我於三七日。思惟如是事。我若但爲讚於佛乘。彼卽沒在苦。毁謗不信故。疾入於惡道。若以小乘化。乃至於一人我卽墮慳貪。此事爲不可。進退難爲。遂尋念過去佛所行方便力。方知過去諸佛。皆以小乘。引誘然後。令入究竟一乘故。我今所得道。亦應說三乘。我如是思惟時。十方佛皆現。梵音慰喩我。善哉釋迦文。第一之導師。得是無上法。隨一切諸佛。而用方便力。

ⓒ 수순하여 교화를 엶

三隨順開化

도서 "위로하고 달래는 말씀을 내가 듣고, 모든 부처님의 뜻을 따랐기 때문에 비로소 파라나국波羅柰國으로 가서 사제법륜을 굴리게 된 것이다. 교진여 등 다섯 사람을 제도하고 점점 여러 곳에서 (제도한 사람이) 내지 천만 명【양이 끄는 수레와 같다.】에 이르렀다. 또한 연각을 구하는 사람을 위해 십이인연을 설하고,【사슴이 끄는 수레와 같다.】 대승을 구하는 사람을 위해 육바라밀을 설하였다."⁴³

---

42 이상 인용한 경문은 『法華經』「方便品」이지만 필요한 부분만 발췌하였고, 배열도 경문 순서를 그대로 따르지 않았다.
43 『法華經』「方便品」의 글이다.

我聞慰喩音。隨順諸佛意故。方始徃波羅奈國。轉四諦法輪。度憍陳如等五人。漸漸諸處。乃至千萬【如羊車也】。亦爲求緣覺者。說十二因緣【如鹿車也】。亦爲求大乘。說六波羅蜜。

원주 이것은 소가 끄는 수레[44]와 같다. 이 위는 '첫 번째, 밀의密意로 성性에 의해 상相을 설하는 교'에 해당한다. 이 위의 세 수레는 모두 집 안에서 문 밖에 있는 것[45]을 가리켜 말하는 것으로 권교 삼승을 비유한 것이다.【운운】

如牛車也。此上皆當第一密意依性說相教。此上三車。皆是宅中。指云在門外者。以喩權教三乘【云云】。

도서 "중간에 깊고 깊은 반야바라밀을 설하기 위하여 위와 같이 성문聲聞을 가려내고 모든 작은 보살을 향해 나아간 것이다.

中間爲說甚深般若波羅蜜。淘汰如上聲聞。進趣諸小菩薩。

원주 이것은 '두 번째, 비밀한 뜻으로 상相을 깨뜨리고 성性을 드러내는 교教'에 해당한다.

此當第二密意破相顯性教也。

---

44 소가 끄는 수레 : 대승을 구하는 사람을 위해 육바라밀을 설한 것을 말한다.
45 『法華經』「譬喩品」에 있는 말이다. 화택 가운데 놀고 있는 아이들을 구하기 위해 집 안으로 들어간 아버지가 문밖을 가리키며 저곳에 장난감으로 만든 양이 끄는 수레, 사슴이 끄는 수레, 소가 끄는 수레가 있다고 말하는 것을 지칭하는 것이다.

(ㄷ) 셋을 회통하여 하나로 돌아감

三會三歸一

도서 점점 그 근기가 성숙함을 보고 드디어 영취산에서 여래의 지견을 열어 보이고 널리 다 아뇩다라삼먁삼보리의 수기를 주었다."

漸漸見其根熟。遂於靈就山。開示如來知見。普皆與授阿耨多羅三藐三菩 提記。

원주 구경일승究竟一乘은 사구도四衢道[46] 중 흰 소가 끄는 수레와 같다. 권교의 소가 끄는 수레인 대승은, 실교의 흰 소가 끄는 수레인 일승과 같지 않다. 30여 부 경론에 다 분명한 글이 있다.

究竟一乘。如四衢道中白牛車也。權敎牛車大乘。與實敎白牛車一乘不同者。三十餘本經論。俱有明文也。

도서 "삼승의 법신평등을 보이고 일승도一乘道에 들어갔으며, 내가 멸도滅度하고자 함에 이르러 구시라성 사라쌍수 사이에서 크게 사자후를 하고 상주법常住法을 드러내었다. 그리고 결정적으로 말하였다.

'일체중생은 다 불성이 있어서 무릇 이 마음이 있는 자는 확실히 장래에 부처가 될 것이니, 궁극적으로 열반에 들어 상락아정常樂我淨을 얻고 비밀장祕密藏[47] 가운데 안주케 할 것이다.'"

---

46 사구도四衢道: 이 중 사구四衢는 사거리란 뜻으로 고집멸도의 사제四諦를 가리킨다. 소승인은 사제의 이치에 의거하므로 사구도에 비유한다. 『法華經』의 설이다.
47 비밀장祕密藏: 비밀한 법장을 말한다. 불의 경계는 심오하여 범상한 지혜로는 요해할

顯示三乘法身平等。入一乘道。乃至我臨欲滅度。在拘尸那城娑羅雙樹間。作大師子吼。顯常住法。決之說言。一切衆生。皆有佛性。凡是有心。之當作佛。究竟涅槃常樂我淨。皆令安住秘密藏中。

원주 『법화』에서는 삼승을 수용하고, 『열반경』에서는 널리 육도六道를 수용한다. 이와 같이 권교權敎를 회통하여 실교實敎로 들어가는 것은 점차를 따르기 때문이다.

法華且收三乘。至涅槃經。方普收六道。會權入實。須漸次故也。

(ㄹ) 법은 다름이 없음을 보임

四現法無異

도서 "화엄해회華嚴海會 중에 사자빈신삼매에 드신 것은 대중이 단번에 증득함과 다름이 없다."[48]

即與華嚴海會。師子嚬伸。大衆頓證。無有別異。

원주 『법화』와 『열반』은 점교 중 가장 궁극적인 교로서 『화엄』 돈교와 깊고 얕음이 다르지 않으니, 전체가 '세 번째, 진심眞心이 곧 성性임을 드러내 보여 주는 교'이다.

수 없기 때문에 밀密이라 하고, 여래의 심법을 깊이 간직하여 쉽게 설하지 않기 때문에 비秘라고 한다.
48 『涅槃經』의 글이다.

法華涅槃。是漸教中之終極。與華嚴等頓教。深淺無異。都爲第三顯示眞心
即性教也。

ㄴ) 제도하여 마치고 본원으로 돌아감

二度盡還源

도서 "내가 이미 제도하여야 할 사람을 다 제도하였고, 제도되지 않은 사람도 제도 받을 인연을 지었기 때문에 사라쌍수 사이에서 대적멸의 선정에 들어감으로써 근본을 돌이켜 근원으로 돌아가려고 한다. 시방삼세 일체 모든 부처님과 함께 항상 법계에 머물며, 항상 고요하고 항상 비출 것이다."[49]

我旣所應度者。當已度訖。未得度者。已爲作得度因緣故。於雙樹間。入大
寂滅之。返本還源。與十方三世一切諸佛。常住法界。常寂常照也。

과평 논평하여 말한다. 위의 세 장은 전부 경 가운데 불타 자신의 말씀을 기록한 것이다. 단지 초록한 것이기 때문에 연속하여 엮은 곳에 혹 두세 글자를 가감하거나 고쳤을 뿐이다. 오직 화엄을 서술한 한 곳은 1행 반인데, 그것은 불타의 뜻을 바로 드러낸 것이긴 하지만, 불타의 본래 말씀은 아니다.[50]

---

49 『遺教經』의 글이다.
50 위 『都序』 본문에 대한 상봉 정원의 『都序分科』에도 설암 추붕의 『都序科評』과 거의 동일한 문구가 나오고, 추붕에게는 없는 협주 역시 나온다. 이를 모두 소개하면 다음과 같다. 상봉 정원, 『都序分科』, "評曰。上來三紙。全是於諸經中。錄佛自言也。但以抄錄之故。不免於連續綴合之處。或加減改換三字兩字而已。唯叙華嚴處一行半。是以經題徑顯佛意。非佛本語也。【評曰。下三行文皆是註也。半書大文半書註可恠。又是以下落經題二字。學者詳之。】" 여기서 협주 내용을 번역하면 다음과 같다.

評曰。上來三紙。全是於諸經中。錄佛自言也。但以抄錄之故。不免於連續綴合之處。或加減改換三字兩字而已。唯叙華嚴處一行半。是以徑顯佛意。非佛本語也。

ㄷ. 결론으로 권함

三結勸

도서 곧바로 청한다. 불타가 이 본의를 자술한 것을 가지고 앞의 3종 교종을 판단해 해석한다면, 어찌 권權과 실實이 일반이라 할 수 있으며, 시작과 마침이 두 법이라 할 수 있겠는가.[51] 선종도 교종과 다르지 않으니, 누가 그렇지 않다고 하겠는가. 간절히 회회하고자 하는 것은 실제로 이런 이유에서이다. 누가 이 말을 듣고 의심을 없애지 않겠는가. 오히려 집착하여 미혹한다면, 나는 다시 (이 말을) 되풀이하지 않을 것이다.

便請。將佛此自述本意。判前三種教宗。豈得言權實一般。豈得言始終二

"평론한다는 3행의 글은 모두 주석이다. 반은 대문大文으로 쓰고 반은 주석으로 썼으니 괴이하다. 또 '是以' 아래는 '經題' 두 글자가 빠졌다. 학자들은 살펴보라." 이에 따르면 추붕의 『都序科評』에는 '是以' 아래에 '徑顯佛意'라고만 되어 있어서, 정원의 『都序分科』에서 지적한 대로 '經題' 두 글자가 빠져 있음을 확인할 수 있다. 여기서 문제는 추붕의 논평문이 이미 정원의 『分科』에 수록되어 있는 점이다. 정원(1621~1709)은 추붕(1651~1706)보다 30년이 앞서고, 간행 연도도 『都序分科』(1701년)가 『都序科評』(1740년)보다 40년 가까이 앞선다. 따라서 행적으로 보면 이 논평문을 추붕의 것으로 보기가 어렵다. 다만 30년의 연령차에도 불구하고 입적한 시기가 비슷하고, 게다가 정원의 『都序分科』 간행 시(1701년)에 추붕이 생존하고 있었으므로, 이 글을 추붕의 논평으로 보아도 크게 어긋나지 않을 것 같다.

51 '권權'은 중생의 근기에 따른 방편이고, '실實'은 진실법이기 때문에 방편과 진리가 일반이 될 수 없는 것을 말한다. 또 시종이란 진실을 가르치기 위해 방편을 시설한 것이기 때문에 동일 선상에 있으므로 다르다고 할 수 없는 것이다.

法。禪宗例敎。誰謂不然。切欲和會。良由此也。誰聞此說。而不除疑。若猶執迷。則吾不復也。

㉯ 불타의 말씀을 통하여 해석함(4항목)

二通釋佛語四

ㄱ. 앞의 것을 거듭하여 총체적으로 표함

一牒前摠標

도서 그러나 위에서 인용한, 불타가 스스로 "널리 중생을 보니, 모두 정각을 이루었다."라고 하신 말씀과, 또 "근기가 둔하여 어리석고 어둡다."라고 하신 말씀은 말이 서로 어긋나는 듯하다. 다시 그 차례에 따라 통하도록 해석하고자 하였으나, 중간에 불타의 말씀이 섞이어 글이 상반되게 더해졌을까 두렵다. 지금 이후에는 전적으로 윗대 조사인 마명보살에 의거하여 중생심의 깨달음과 미혹함, 근본과 지말, 시작과 끝을 함께 밝혀 다 드러나게 하려고 한다.

그렇게 되면 자연스레 온통 부처의 중생이 시끄러운 생사이고, 온통 중생의 부처가 고요한 열반이며, 온통 돈오의 습기가 생각생각 반연이고, 온통 습기의 돈오가 마음마음 깨달아 비춤이라는 것을 보게 된다. 즉 불타의 말씀이 서로 어긋나는 곳에서 어긋날 것이 없다는 것을 스스로 알게 될 것이다.

然上所引。佛自云。見衆生皆成正覺。又云。根鈍癡盲。語似相違。更欲於其次通釋。恐間雜佛語。文相反加。今於此後。方始全依上代祖師馬鳴菩薩。具明衆生心。迷悟本末始終。悉令顯現。自然見全佛之衆生。擾擾生死。全衆生之佛。寂寂涅槃。全頓悟之習氣。念念攀緣。全習氣之頓悟。心心覺照。即於佛語相違之處。自見無所違也。

ㄴ. 의미를 해석하여 형상을 보여 줌(2항목)

二釋義示相二

ㄱ) 두루 일심이문에 의거하여 서로 어긋남이 없음을 밝힘(4항목)

一通約一心二門明無相違四

(ㄱ) 일심이 이문을 포함함을 밝힘

一明一心含二門

도서 육도 범부와 삼승 현성의 근본이 다 신령하고 밝아 청정한 일법계의 마음[52]이고, 성각性覺[53]의 보배 광명이 각각 원만하니 본래 제불이라 부를 수도 없고, 또한 중생이라 부를 수도 없는 것이다. 다만 이 마음이 신령스럽고 미묘 자재하여 자성을 그대로 유지하지 않는다. 그 때문에 미혹함과 깨달음의 연을 따라 업을 짓고 고통을 받으면 중생이라 부르고, 수도하여 진여를 증득하면 제불이라 부른다. 또 비록 연을 따르지만 자성을 잃지 않기 때문에 항상 허망하지 않고, 항상 변하지 않으며, 파괴할 수 없는 것이다. 이것이 오직 일심이니 진여라고 부르기도 한다. 그러므로 이 일심은 항상 두 문을 갖추고 있어

---

52 일법계의 마음(一法界心) : 진여의 이체인 마음을 말한다. 유일한 만유제법의 근본인 마음이 일법계심이다.
53 성각性覺 : 진성이 본래 깨달아 있다는 말이다. 심체는 본래 망념을 떠나 밝고 영명하며 청정무구하다는 것이다.

잠시도 서로 떠나지 않는다.

謂六道凡夫。三乘賢聖根本。悉是靈明淸淨一法界心。性覺寶光。各各圓滿。本不名諸佛。亦不名衆生。但以此心。靈妙自在。不守自性故。隨迷悟之緣。造業受苦。遂名衆生。修道證眞。遂名諸佛。又雖隨緣。而不失自性故。常非虛妄。常無變異不可破壞。唯是一心。遂名眞如。故此一心。常具二門。未曾暫闕。

(ㄴ) 앞의 것을 이어 그 까닭을 반복하여 해석함

二躡前轉釋所以

도서 단지 수연문隨緣門 중에는 법성이 정해지지 않고 본래 깨닫지 못했기 때문에 번뇌가 시작이 없다고 하는 것이며, 수행하여 깨달으면 번뇌가 끊어져 다하기 때문에 마침이 있다고 설하는 것이다. 그러나 실제로 따로이 시각始覺이 없으며, 불각不覺 또한 없으니, 궁극적으로 평등하기 때문이다. 이 일심은 본래 그대로여서 진眞과 망妄의 두 가지 의미가 있으며, 두 의미 안에 다시 각각 두 의미가 있기 때문에 항상 진여와 생멸 두 문을 갖추고 있는 것이다.

但隨緣門中。凡聖無之。謂本來未曾覺悟故。說煩惱無始。若修證。卽煩惱斷盡。故說有終。然實無別始覺。亦無不覺。畢竟平等故。此一心法爾。有眞妄二義。二義復各二義故。常具眞如生滅二門。

(ㄷ) 네 가지 의미를 묶어 이문을 이룸

三束四義成二門

도서 각각 두 가지 의미란, 진眞에는 불변不變과 수연隨緣[54]의 두 가지 의미가 있고, 망妄에는 체공體空과 성사成事[55]의 두 가지 의미가 있는 것을 말한다. 진은 불변이기 때문에 허망 자체가 본래 공한 것이 진여문이고, 진이 연을 따르기 때문에 망식이 현상을 이룬 것이 생멸문이다.

各二義者。眞有不變隨緣二義。妄有體空成事二義。眞不變故。妄體本空。爲眞如門。由眞隨緣故。妄識成事。爲生滅門。

(ㄹ) 불타의 말씀이 진실임을 결론으로 보여 줌

四結現佛語眞實

도서 생멸이 곧 진여이기 때문에 모든 경전이 "부처도 없고 중생도 없으며 본래 열반이고 항상 적멸한 상이다."라고 설한다. 또 진여가 곧 생멸이기 때문에 경은 "법신이 오도에 유전하는 것을 중생이라 부른다."라고 하는 것이다.

以生滅卽眞如。故諸經說。無佛無衆生。本來涅槃常寂滅相。又以眞如卽生滅。故經云。法身流轉五道。名曰衆生。

ㄴ) 별도로 후문에 근거하여 범성凡聖이 두 모양임을 밝힘(2항목)

---

54 불변不變과 수연隨緣 : 진여자성의 두 측면을 나타내는 말이다. 불변이란 자성이 청정하고 탕연 공적하여 생멸이 없으며 변하지 않는 것이고, 수연이란 이러한 진여가 연을 따라 변하여 생멸을 이루는 것이다. 중생심의 두 측면을 나타내는 말이다.
55 성사成事 : 현상 제법이 성립된다는 말이다. 청정자성이 무명으로 인해 일체의 차별 현상으로 나타나는 것을 가리킨다.

二別就後門具彰凡聖二相三[1]

1) ㉠ '三'은 문맥상 '二'가 되어야 한다.

(ㄱ) 미혹함과 깨달음을 총체적으로 논함

一摠論迷悟

도서 이미 미혹과 깨달음, 성인과 범부가 생멸문에 있다는 것을 알았으니, 지금은 이 문(생멸문)에서 법과 성의 두 모습을 함께 밝히겠다. 곧 진과 망이 화합하여 하나도 아니고 다르지도 않은 것을 아리야식이라고 부른다. 이 식은 범부에게 있는 것으로, 본래 각覺과 불각不覺의 두 의미를 항상 가지고 있는 것이다. 각은 삼승 현성의 본원이고, 불각은 육도 범부의 근본이다.

既知迷悟凡聖。在生滅門。今於此門。具彰凡聖二相。即眞妄和合。非一非異。名阿梨耶識。此識在凡。本來常有覺與不覺二義。覺是三乘賢聖之本。不覺是六道凡夫之本。

(ㄴ) 개별적으로 명칭과 의미를 보임(3항목)

二別示名義二[1]

1) ㉠ '二'는 문맥상 '三'이 되어야 한다.

㉠ 범부의 근본과 지말(3항목)

一凡夫本末三

a. 사람에 의거하여 숫자로 표함

一約人標數

도서 지금 곧 범부의 본말에 총 십중十重(10항목)이 있음을 보여 주려 한다.

今且示凡夫本末。摠有十重。

원주 지금 매 항목(重)마다 꿈의 비유로써 측면 각주를 달아 하나하나 그것을 (본문에) 합편하였다.

今每重以夢喩側脚注。一一合之。

b. 숫자에 의거하여 개별적으로 해석함(2항목)

一¹⁾依數別釋二
―――――――
1) ㉭ '一'은 문맥상 '二'가 되어야 한다.

a) 본각

一本覺

도서 첫째, 일체중생에게는 모두 본각진심이 있다고 한다.

一謂一切衆生。皆有本覺眞心。

원주 단정하고 지혜가 많은 부귀한 사람이 스스로 집 안에 있는 것과 같다.

如一富貴人。端正多智。自在宅中也。

b) 불각(2항목)

二不覺二

(a) 근본불각

一根本不覺

도서 둘째, 선우善友가 열어 보인 것을 만나지 못했기 때문에 그대로 본래 불각이다.

二未遇善友開示。法爾本來不覺。

원주 집 안에 있는 사람이 자고 있으면 스스로 알지 못하는 것과 같다. 논에서는 "본각에 의거하여 불각이 있다."라고 하였다.

如宅中人。睡自不知也。論云。依本覺故而有不覺也。

(b) 지말불각(2항목)

二枝末不覺二

ⓐ 삼세[56]

一三細

도서 셋째, 불각 때문에 자연스럽게 망념이 일어난다.

三不覺故。法爾念起。

원주 잠들면 자연스럽게 꿈을 꾸는 것과 같다. 논에서는 "불각에 의거하여 3종의 형상이 생겨난다."라고 하였으니, 이것이 첫 번째이다.

如睡法爾有夢。論云。依不覺故生三種相。此是初一也。

도서 넷째, 망념이 일어나기 때문에 능견상이 있다.

四念起故。有能見相。

원주 꿈속에서의 생각과 같다.

如夢中之想也。

---

56 삼세三細 : 『大乘起信論』의 설로, 무명업상無明業相·능견상能見相·경계상境界相을 가리킨다. 이 삼세는 일체 현상 제법을 일으키는 근본으로서 무명을 그 원인으로 하고 있다. 무명업상은 주객이 분리되기 이전의 상태로 무명이 진여를 움직이는 것이다. 능견상은 무명업상이 주관과 객관으로 나뉠 때 그 주관적인 측면이다. 경계상은 능견상이 인식하는 객관적인 대상을 말한다. 그것은 허망한 가유假有의 상이다.

[도서] 다섯째, 이러한 견見이 있기 때문에 육근·신체·세계가 헛되이 나타난다.

五以有見故。根身世界妄現。

[원주] 꿈속에서 타향살이하는 몸이 가난의 고통과 여러 가지 좋거나 나쁜 일의 경계를 본다.

夢中別見有身。在他鄕貧苦。及見種種好惡事境。

ⓑ 육추[57]

二六麤

[도서] 여섯째, 이러한 것들이 자신의 생각으로부터 일어남을 알지 못하고 확실하게 있다고 집착한다. 이것을 법집法執이라고 부른다.

六不知此等。從自念起。執爲之有。名爲法執。

[원주] 바로 꿈꿀 때 자연스럽게 꿈속에 보이는 물건에 집착해 틀림없이 실제의 물건이라고 여긴다.

---

[57] 육추六麤 : 중생의 미망迷妄이 일어나는 것은 근본무명으로 인해 나타난 세 종류의 미세한 삼세三細의 상 때문이다. 여기에 다시 삼세 중에 나타나는 경계를 인연하여 6종의 거친 형상이 나타나는 것을 가리킨다. 이는 지상智相·상속상相續相·집취상執取相·계명자상計名字相·기업상起業相·업계고상業繫苦相 등의 여섯 가지이다. 이상은 『起信論』의 설이다.

正夢時。法爾必執夢中所見之物。爲實物也。

도서 일곱째, 법에 대한 고정된 집착으로 자타가 다르다고 보는 것을 아집我執이라고 한다.

七執法之故。便見自他之殊。名爲我執。

원주 꿈을 꿀 때, 타향에서 가난으로 고통 받는 몸이 틀림없이 자기의 본래 몸이라고 믿는다.

夢時必認他鄉貧苦身。爲己本身也。

도서 여덟째, 이 사대가 나의 몸이라고 집착하기 때문에 자연스레 망정에 따르는 모든 경계를 탐하여 애착한다. 나를 이롭게 하려고 망정에 거슬리는 모든 경계에 대해 성내고 혐오하여 나를 해치고 혼란시킬까 두려워한다. 이와 같이 어리석은 망정으로 가지가지 생각하고 비교하여 헤아린다.

八執此四大。爲我身故。法爾貪愛順情諸境。欲以閏我。嗔嫌違情諸境。恐損惱我。愚癡之情。種種計較。

원주 이것이 삼독三毒이니, 꿈속 타향살이 중에 거스르거나 수순하는 등의 일과 같다. 이 또한 탐심과 진심이다.

此是三毒。如夢在他鄉。所見違順等事。亦貪瞋也。

도서 아홉째, 이로 말미암아 선악 등의 업을 짓는다.

九由此故. 造善惡等業.

원주 꿈속에서 어떤 때는 훔치고 빼앗으며 때리고 욕한다. 또 어떤 때는 은혜를 나누고 덕을 베푼다.

夢中或偸奪打罵. 或行恩布德也.

도서 열째, 업을 지으면 피하기 어렵다. 그림자와 메아리가 형체와 소리에 응하는 것처럼 육도의 업에 얽혀 괴로움을 받는다.

十業成難逃. 如影響應於形聲故. 受六道業繫苦相.

원주 꿈속에서 훔치고 빼앗으며 때리고 욕한 과보로 관가에 잡히어 구금되는 형벌을 받고, 은혜를 베푼 과보로 천거를 받아 관직에 오르는 것과 같다.

如夢因偸奪打罵. 被捉枷禁決罰. 或因行恩. 得報擧薦. 拜官署職也.

c. 어리석고 우둔함을 결론으로 보여 줌

三結現癡盲

도서 이상 십중十重이 생기한 차례로 혈맥이 이어지고 행상行相이 매우 분명하게 되었다. 단지 이치에 의거하여 마음을 관하고 미루어 비추면 뚜렷이 볼 수 있을 것이다. 다음으로 깨달은 후에 닦고 증득함을 가리는 데 있어서도 역시 십중이 있다. 망을 뒤집으면 곧 진이니, 별다른 법이 없기 때문이다.

此上十重生起次第。血脉連接。行相甚明。但約理。觀心而推照。即歷然可見。次辨悟後修證。還有十重。翻妄即眞。無別法故。

ⓛ 성현의 시작과 마침(2항목)

二賢聖始終二

a. 장애를 끊는 차례를 밝힘(3항목)

一明斷障次第三

a) 닦아서 끊음을 총체적으로 밝힘

一摠明修斷

도서 그러나 미혹함과 깨달음의 의미가 다르고, 수순하고 거스르는 차례가 다르다. 앞의 것[58]은 진실에 미혹하여 망을 좇는 것이니, 미세함을 따라 차례로 일어나 점점 반복하여 추중에 이른다. 이것[59]은 망을 깨달아 진실로 돌아가는 것이다. 추중을 따라 역 차례로 (망을) 제거하여 가면 점점 미세한 데까지 이르게 된다. 이 (망을) 뒤집는 지혜는 얕은 데에서 깊은 데로 옮겨 가는 것이다. 거친 장애는 버리기 쉬우니 얕은 지혜로도 (망을) 뒤집을 수 있기 때문이며, 미세한 번뇌는 제거하기 어려우니 깊은 지혜라야 끊을 수 있기 때문이다. 그러므로 이 십중은 뒤의 역순 차례를 따라 앞의 십중을 뒤집어 깨뜨리는 것이

---

58 상봉 정원의 『都序分科』에는 이하에 다음의 주석이 있다. "미迷의 십중."
59 상봉 정원의 『都序分科』에는 이하에 다음의 주석이 있다. "오悟의 십중."

다. 오직 이 1항은 앞의 2항[60]과 조금 어긋남이 있으니, 아래에서 곧바로 드러내 보이겠다.

然迷悟義別。順逆次殊。前是迷眞逐妄。從微細順次生起。展轉至麁。此是悟妄歸眞。從麁重逆次以除。展轉至細。以能翻之智。自淺之深。麁障易遣。淺智即能翻故。細惑難除。深智方能斷故。故此十從後逆次。翻破前十。唯此一前二。有少參差。下當顯示。

b) 개별적으로 그 문을 보여 줌(3항목)

二別示其門三

(a) 참되고 청정함을 믿고 앎

一信解眞淨

도서 십중十重에 대해 설명하겠다.
첫째, 중생이 위에서 설한 본각진심을 열어 보이는 선지식을 만나 숙세에 일찍이 들었던 것을 지금 깨달아 아는 것을 말한다.

十重者。一謂有衆生。遇善知識。開示上說本覺眞心。宿世曾聞。今得悟解。

원주 만일 숙세에 일찍이 듣지 않았다면 지금 듣고 반드시 믿지 않을

---

60 이 1항은 앞의 2항 : 이 1항은 오悟의 십중 가운데 제1중을 가리킨다. 앞의 2항 중 1항은 미迷의 십중 가운데 각覺이고, 2항은 불각不覺이다.

것이며, 혹 믿더라도 알지 못할 것이다. 사람마다 모두 불성이 있지만 지금 믿지 않고 깨닫지 못하는 사람들은 이러한 부류에 속한다.

若宿生未曾聞。今聞必不信。或信而不解。雖人人有佛性。今現有不信不悟者。是此類也。

도서 사대四大는 아我가 아니고, 오온이 모두 공하니, 스스로의 진여와 삼보의 덕을 믿어야 할 것이다.

四大非我。五蘊皆空。信自眞如及三寶德。

원주 자기의 마음이 본래 허망하지 않으며 본래 변하지 않는다고 믿기 때문에 진여라고 하는 것이다. 그래서 논에서는 "스스로 자기의 본성을 믿어 마음이 허망하게 움직이는 것인 줄 알면 앞의 경계가 없어질 것이다."라고 하였다. 또 "신심에는 네 종류가 있다. 첫째, 근본을 믿는 것이니, 진여를 즐겨 생각하는 것이다. 둘째, 부처에게는 한량없는 공덕이 있음을 믿는 것이니, 항상 친근하고 공양할 것을 생각한다. 셋째, 법에는 큰 이로움이 있음을 믿는 것이니, 항상 수행을 생각한다. 넷째, 스님을 믿는 것이니, 바른 행을 닦아 자타를 이롭게 하므로 항상 친하고 가까이하기를 즐긴다."라고 하였다.
앞의 1항을 깨닫는 것은 앞의 2항을 뒤집은 것이니, 제1중이다.

信自心本不虛妄。本不變異。故曰眞如。故論云。自信己性。知心妄動。無前境界。又云。信心有四種。一信根本樂念眞如。二信佛有無量功德。常念親近供養。三信法有大利益。常念修行。四信僧能修正行。自利利他。常樂親近。悟前一翻前二。成第一重也。

(b) 보리심을 냄

二發菩提心

도서 둘째, 자비・지혜・원을 발하여 보리를 증득하기를 서원한다.

二發悲智願。誓證菩提。

원주 자비의 마음을 발한다는 것은 중생을 제도하고자 하는 것이고, 지혜의 마음을 발한다는 것은 일체를 깨닫고자 하는 것이며, 서원하는 마음을 발한다는 것은 만행을 닦아 자비와 지혜를 돕고자 하는 것이다.

發悲心者。欲度衆生。發智心者。欲了達一切。發願心者。欲修萬行。以資悲智也。

(c) 수증계위의 차이(4항목)

三修證階差四

ⓐ 믿는 지위

一信位

도서 셋째, 능력에 따라 보시・지계・인욕・정진 및 지관문止觀門을 닦아 신근信根을 증장시킨다.

三隨分修習施戒忍進及止觀門。增長信根。

원주 논[61]에서는 "수행에 다섯 가지가 있어서 이 믿음이 이루어진다."라고 하였다. 지止와 관觀이 합해져서 하나의 행상이 되기 때문에 육도六度가 다섯이 된 것이다.[62]

論云。修行有五。能成此信。止觀合爲一行故。六度唯成五也。

ⓑ 현인의 지위

二賢位

도서 넷째, 대보리심大菩提心이 이것(五度)을 좇아 발현한다.

四大菩提心。從此顯發。

원주 즉 위의 3심이 개발되는 것이다. 논에서는 "신성취발심信成就發心에는 세 가지가 있다. 첫째, 곧은 마음이니, 진여법을 바르게 생각하는 것이다. 둘째, 깊은 마음이니, 모든 선행을 즐겨 익히는 것이다. 셋째, 대비심이니, 일체중생의 괴로움을 뽑아 없애고자 하는 것이다."라고 하였다.[63]

---

61 논:『大乘起信論』이다.
62 육바라밀은 보시·지계·인욕·정진·선정·지혜의 여섯 덕목이다. 그러나『起信論』은 선정과 지혜 둘을 지관 하나로 합하여 모두 5문으로 분류하였다. 여기에서는 이것을 설명하고 있다.
63 상봉 정원의『都序分科』에는 정원의 견해로 보이는 다음과 같은 주석이 있다. "개인적으로 말한다.『華嚴疏』에서 '깊은 마음에는 두 가지가 있다. 첫째, 법에 대해 크고 무거운 것을 깊다고 하는 것이니, 곧 선행을 즐겨 닦는 것이다. 둘째, 이치에 계합하는 것

即上三心開發。論云。信成就發心者。有三種心。一直心。正念眞如法故。二深心。樂習諸善行故。三大悲心。欲拔一切衆生苦故也。

ⓒ 성인의 지위(2항목)

三聖位二

i) 현인과 성인을 합해서 논함

一合論賢聖

도서 다섯째와 여섯째,[64] 법성에는 간탐 등의 마음이 없음을 알아서,

五六以知法性無慳等心。

원주 '등'이라고 한 것은 욕망·성냄·게으름·산란·우치이다.

等者。染欲嗔恚懈怠散亂愚癡也。

도서 육바라밀의 수행을 수순하는 정혜의 힘으로

을 깊다고 하는 것이니, 깊이 이치에 진입하기 때문이다. 곧은 마음이라고 말한 것은 단지 뒤의 한 가지 의미만 있는 것이니, 진여법을 바로 생각하는 것이다. 앞에서 서원하는 마음이라 한 것을 여기서는 곧은 마음이라 하였으며, 여기에서 깊은 마음이라고 한 것을 앞에서는 지혜의 마음이라 하였다. 그러나 양자는 서로 다르다'라고 하였다."

64 다섯째와 여섯째 : 아공과 법공이다. 하나의 항목으로 묶은 뒤, 그 안에서 다시 다섯째와 여섯째로 나누어 설명한다.

隨順修行六波羅蜜。之慧力用。

원주 처음 닦는 것을 지관이라 하고, 성취하는 것을 정혜라고 한다.

初修名止觀。成就名之慧。

도서 아와 법이 둘 다 없어지니,

我法雙亡。

원주 처음 발심할 때, 이미 교리에 의거하여 이집二執(我執·法執)이 공空함을 관하였고, 지금은 정혜의 힘에 의거하여 스스로 공임을 깨닫는다.

初發心時。已約敎理。觀二執空。今即約之慧力親自覺空也。

도서 자신도 없고 타인도 없어서,

無自無他。

원주 아공我空을 증득함이니 제5항이다.

證我空五。

도서 항상 공이고 항상 허상이다.

常空常幻。

원주 법공法空을 증득함이니, 제6항이다. 색色은 공空과 다르지 않고, 공은 색과 다르지 않기 때문에 항상 공이고, 항상 허상인 것이다.

證法空六也。色不異空。空不異色故。常空常幻也。

ii) 오직 본위에 해당됨

二唯當本位

도서 일곱째, 색에 자재하니 일체가 원융하게 통하고,

七於色自在。一切融通。

원주 미혹할 때에는 자기의 마음에 따라 변하는 것인 줄 알지 못하기 때문에 자재하지 못하다. 지금은 이공二空의 지혜로 인하여 통달했기 때문에 원융하게 통하는 것이다.

迷時不知從自心變。故不自在。今因二空智達之。故融通也。

도서 여덟째, 마음에 자재하니 비추지 않는 곳이 없다.

八於心自在。無所不照。

원주 이미 마음 밖에 경계가 별도로 있다고 보지 않는다. 경계란 오직 마음이기 때문에 자재라고 하는 것이다.

旣不見心外別有境界。境界唯心故自在。

ⓓ 불위(2항목)

四佛位二

i) 등각

一等覺

도서 아홉째, 방편을 원만하게 갖추니, 한 생각이 상응하여 마음이 처음 일어남을 깨달으면 마음에 처음이라는 형상이 없다. 미세한 망념을 떠났으니 마음은 항상 머무르며, 미혹한 근원을 깨달았으니 구경의 깨달음이라 부른다.

九滿足方便。一念相應。覺心初起。心無初相。離微細念。心即常住。覺於迷源。名究竟覺。

원주 초발심을 따라 무념을 닦으면, 여기에 이르러 비로소 성취한다. 성취했기 때문에 바로 부처의 지위에 들어간 것이다.

從初發心。即修無念。至此方得成就。成就故。即入佛位也。

ii) 묘각

二妙覺

도서 열째, 마음에 이미 생각이 사라졌으니, 시각과 다를 것이 없다. 본래 평등하여 동일한 깨달음이기 때문에 근본적으로 참되고 깨끗한 마음의 근원(본각)에 조용히 합하게 된다. 그렇게 되면 그 응용이 항하의 모래처럼 무궁하여 미래가 다하도록 항상 법계에 머무니, 간절하게 원하면 곧 통하므로 대각존大覺尊이라 부르는 것이다.

十心旣無念。則無別始覺之殊。本來平等。同二[1)]覺故。冥於根本眞淨心源。應用塵沙。盡未來際。常住法界。感而即通。名大覺尊。

1) ㉙ '二'는 저본底本의 난외欄外에 '一'이라는 주註가 달려 있다.

c) 정각을 이룬 것을 결론으로 삼음

三結成正覺

도서 부처는 달리 부처가 있는 것이 아니라 본래 부처이다. 달리 새롭게 성취된 것이 없기 때문에 "널리 일체중생들을 보니 똑같이 동등한 정각을 이루었다."라고 하는 것이다.

佛無異佛。是本佛。無別新成故。普見一切衆生。皆同成等正覺。

b. 역순이 서로 뒤집어짐을 드러냄(2항목)

二現逆順相翻二

a) 거듭 표함

一牒標

도서 그 때문에 미혹과 깨달음에는 각각 십중이 있으니, 순차와 역차를 서로 뒤집으면 행상이 충분히 드러난다. 이곳의 제1항[65]은 앞의 1항, 2항[66]과 대응되고, 여기의 10항은 앞의 제1항과 부합된다.[67] 나머지 8항은 모두 뒤의 역차를 따라 앞의 8항을 뒤집어 깨뜨리는 것이다.[68]

故迷與悟。各有十重。順逆相翻。行相甚顯。此之第一。對前一二。此十合前第一。餘八皆從後逆次。翻破前八。

b) 개별적으로 해석함(3항목)

二別釋三

(a) 처음의 1항을 자세히 밝힘(2항목)

一詳明初一二

ⓐ 앞의 1항과 2항이 대응되는 이유를 해석함

一釋對前一二致由

---

65 오悟의 십중과 미迷의 십중을 비교하는 것이다. 여기서의 1항은 오悟의 본각이다.
66 1항, 2항 : 1항은 본각이고, 2항은 불각이다.
67 오悟의 십중은 결국 앞의 제1항인 본각과 부합한다.
68 본각과 불각을 제외한 나머지 미와 오의 8중을 가리킨다. 8중은 서로 대응되어 미의 8중을 뒤집으면 오의 8중이 된다.

도서 제1항 가운데 깨달음(悟)은 앞의 제1항의 본각本覺으로, 앞의 제2항 불각不覺을 뒤집은 것이다. 앞에서는 불각이 본각과 어그러져 진과 망이 서로 어긋나기 때문에 양중으로 전개하였지만, 지금은 깨달음이 (본각과) 깊이 부합한다. 부합하여 서로 수순하기 때문에 달리 처음 깨달음이 없게 된다. 따라서 그것을 합하면 하나가 되는 것이다.[69]

一中悟前第一本覺。翻前第二不覺。前以不覺。乖於本覺。眞妄相違故。開爲兩重。今以悟卽冥符。冥符相順。無別始悟故。合之爲一。

ⓑ 역차逆次가 어긋나는 이유를 해석함

二釋逆次參差所以

도서 또 만일 역순의 차례에 의거하면, 여기서의 1항은 앞의 10항을 합하여 뒤집은 것이다.[70] 지금 돈오문 중에서 이치로는 반드시 본체를 바로 인정해야 하지만, 앞의 본래 미한 것을 뒤집었기 때문에 앞의 1항과 2항에 대응되어야 한다.[71]

又若據逆順之次。此一合翻前十。今以頓悟門中。理須直認本體。翻前本迷故。對前一二。

원주 위에서 어긋난다고 한 것이 곧 이것이다.

---

69 깨달으면 본각과 다르지 않으므로 본각과 시각은 하나가 된다.
70 여기서의 1은 본각이다. 본각은 앞의 미迷의 십중 전체를 뒤집은 것이다.
71 앞의 1은 본각이고 2는 불각이다. 오悟의 십중이 미함을 깨달았기 때문에 앞의 1과 2 둘에 대응된다고 하는 것이다.

上云參差。即是此也。

(b) 나머지 8항을 대응하여 뒤집음

二對翻餘人[1)]

---
1) ㉠ '人'은 상봉 정원의 『都序分科』에 '八'로 되어 있다. '八'의 오기인 것 같다.

도서 제2항의 생사 괴로움을 두려워하고 삼심三心[72]을 내는 것은, 자신을 제도하고 타인도 제도하는 것이다. 그러므로 그것은 앞의 제10항 육도생사六道生死에 대응된다. 제3항의 수행과 제5항의 실천은 앞의 제9항 업을 짓는 것을 뒤집은 것이고, 제4항의 삼심을 내는 것은 앞의 제8항 삼독을 뒤집은 것이다.

二中由怖生死之苦。發三心。自度度他故。對前第十六道生死。三修五行。翻前第九造業。四三心開發。翻前第八三毒。

원주 자비심은 성냄을 뒤집은 것이고, 지혜로운 마음은 어리석음을 뒤집은 것이며, 서원하는 마음은 탐애를 뒤집은 것이다.

悲心翻嗔。智心翻癡。願心翻貪。

도서 제5항의 아공을 증득함은 앞의 제7항 아집을 뒤집은 것이고, 제6항의 법공을 증득함은 앞의 제6항 법집을 뒤집은 것이며, 제7항의 색이 자재함은 앞의 제5항 경계를 뒤집은 것이다. 또 제8항의 마음이 자재함은 앞의 제4항 능견能見을 뒤집은 것이고, 제9항의 망념을 떠남은 앞의 제3항 망념이

---
72 삼심三心 : 『起信論』에서는 직심·심심·대비심이라고 한다.

일어남을 뒤집은 것이다.

五證我空。翻前七我執。六證法空。翻前第六法執。七色自在。翻前第五境界。八心自在。翻前第四能見。九離念。翻前第三念起。

(c) 성불로 결론지어 해석함[73] (2항목)

三結釋成佛二

ⓐ 시각과 본각이 둘이 아님

一始本不二

도서 그러므로 제10항의 성불은 부처에게 다른 체성이 있는 것이 아니라, 단지 시각始覺이 앞의 제2항 불각을 뒤집은 것으로 앞의 제1항 본각과 부합한다. 시각과 본각은 둘이 아니고 오직 진여가 드러난 것뿐이니, 법신대각法身大覺이라 부른다. 그러므로 처음으로 깨달음(初悟, 곧 始覺)과 (법신대각은) 두 체성이 있는 것이 아니다. 역순의 차례가 어긋나는 것은 바로 이 때문이다.

故十成佛。佛無別體。但是始覺。翻前第二不覺。合前第一本覺。始本不二。唯是眞如顯現。名爲法身大覺。故與初悟無二體也。逆順之次參差。正由此矣。

---

73 이하에 상봉 정원의 『都序分科』에는 다음과 같은 주석이 있다. "앞의 1에서는 깨달음의 본각을 해석하고 불각의 이유를 뒤집어 시각의 모양을 밝혔다. 여기의 십중에는 별도로 시각과 다름이 없음을 해석한 것이다. 근원으로 돌아가고 근본에 합하는 모양을 밝혔기 때문에 말이 번거롭고 중복되는 것 같지만 뜻은 그렇지 않다."

ⓑ 인과가 다름이 없음

二因果無殊

도서 제1항은 인因이 과果의 바다를 감싸는 것이고, 제10항은 과果가 인因의 근원을 꿰뚫어 통하는 것이다. 『열반경』에서는 "발심과 필경(열반) 두 가지는 구별되지 않는다."라고 하였으며, 『화엄경』에서는 "처음 발심할 때에 곧 아뇩보리를 얻는다."라고 하였으니, 바로 이 의미이다.

一即因該果海。十即果徹因源。涅槃經云。發心畢竟二不別。華嚴經云。初發心時即得阿耨菩提。正是此意。

ⓒ 다하여 가지런히 보게 함(5항목)

三盡令齊觀五

a. 도표의 뜻을 밝힘

一明爲圖意

도서 그러나 비록 역순이 서로 마주 대하고 전후가 서로 조명하여 법과 의미가 밝게 드러나지만, 오히려 글은 정리되지 못했고, 뜻이 함께 드러나지 않아 머리와 꼬리가 서로 맞지 않게 되었으니, 정연하게 볼 수 없지 않을까 두렵다. 지금 그림으로 도표를 만들어 법성의 본말과 대장경의 종취宗趣가 일시에 마음의 거울에 나타나도록 하려고 한다.

然雖逆順相對。前後相照。法義昭彰。猶恐文不頓書。意不並現。首尾相隔。不得齊覩。今畫之爲圖。令凡聖本末。大藏經宗。一時現於心鏡。

b. 그림을 보는 차례를 정함

二定圖看次

[도서] 이 도표의 머리는 중간에 있으니, '중생심衆生心' 세 글자가 이것이다. 이 세 글자를 따라 읽으면, 양편으로 나뉜다.

此圖頭在中間。云衆生心三字是也。從此三字讀之。分向兩畔。

c. 그림에 표기하는 뜻이 있음을 분간함

三辨畫有表

[도서] 붉은 획은 깨끗하고 미묘한 법을 나타내고, 검은 획은 더러움에 물든 법을 나타낸 것으로 일일이 혈맥을 찾아 상세하게 하였다. 붉은 획으로 된 이 'ㅇ' 기호는 깨끗한 법인 십중의 차례를 기록한 것이고, 검은 획으로 된 '●' 기호는 물든 법인 십중의 차례를 기록한 것이다.

朱畫表淨妙之法。墨畫表垢染之法。一一尋血脉詳之。朱爲此號。[1] 記淨法十重之次。墨爲此號。[2] 記染法十重之次。

---
1) ㉠ '號' 앞에 『新脩大藏經』에 수록된 『都序』(T48, 410b13)에는 'ㅇ'이 더 들어가 있다. 이를 번역에 반영하였다. 2) ㉠ '號'의 앞에 『新脩大藏經』에 수록된 『都序』(T48, 410b13)에는 '●'이 더 들어가 있다. 이를 번역에 반영하였다.

d. 글의 출처를 나타냄

四現文出處

도서 이 기호는 본론의 글이고, 이 점은 의미로 설한 논의 글이다.[74]

此號是本論之文。此點是義說論文。

e. 바로 도표를 그림(3항목)[75]

五正畫爲圖三

a) 중생심

一衆生心

---

[74] 이 문장에 나오는 '기호'와 '점'의 의미는 분명하지 않다. 宇井伯壽, 『禪源諸詮集都序』 (岩波書店, 1939), p.136에서도 이에 대해 불명不明이라고 보았다. 한편 이지관李智冠 의 『四集私記』(해인총림 승가대학, 1991), p.219에 따르면, '本論之文'은 『大乘起信論』 의 본문을 뜻하고, '義說論文'이란 『大乘起信論』의 본문을 그대로 인용한 것이 아니라 의미에 따라 인용하였다는 뜻이다.

[75] 원문의 과목은 다시 세 가닥으로 분과되어 있다. 그것은 ① 중생심, ② 생멸문, ③ 진여 문이다. 생멸문과 진여문은 중생심에서 나뉘었기 때문에 이와 같이 3과로 나누는 것은 오류인 것 같다. 목판 판각 과정의 오류로 판단되지만 원문 과목을 그대로 따랐다.

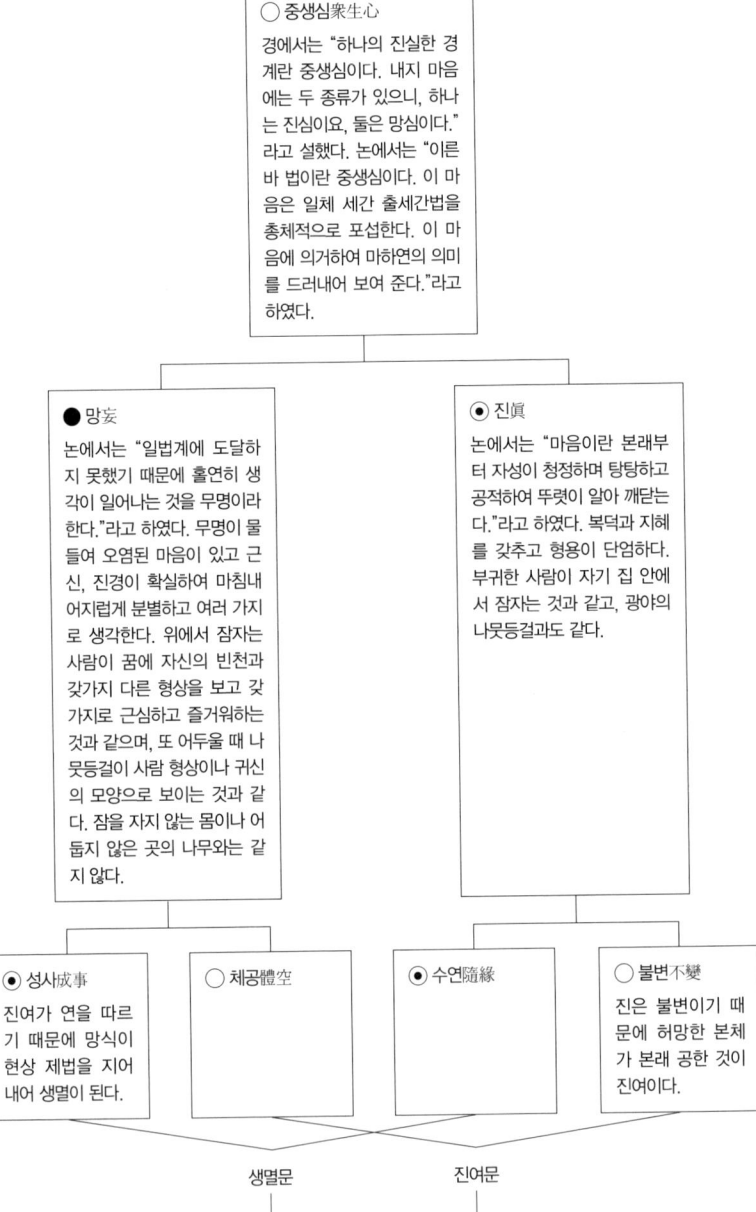

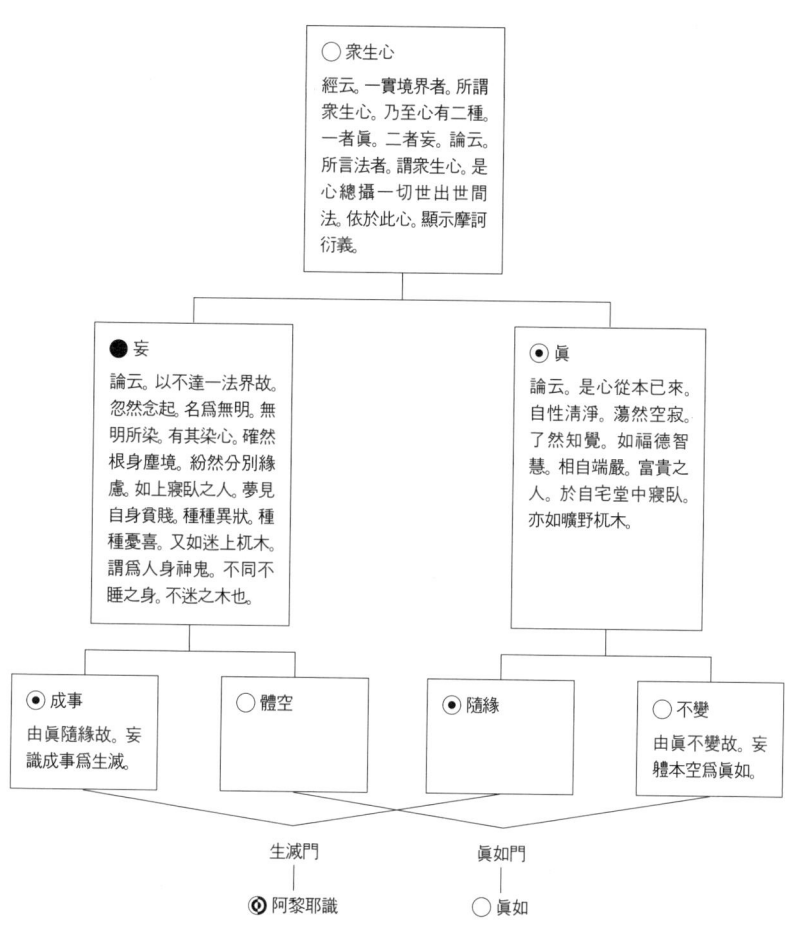

도서 이상은 계위를 표시하고【이 도표 중 계위를 표한 것이다. 중생심이라고 하는 것은 속박된 불성이다. 본론과 경에서는 이를 모두 여래장이라 하였다.】의미의 문【진과 망에 각각 두 가지 의미가 있으니, 진여문과 아리야식의 근본 의리이다.】을 설명한 것이다. 두 가지 측면은 표시한 마음 가운데 성性【진여】·상相【아리야】·염染【불각위不覺位 중 모든 법】·정淨【각 중의 모든 법】의 법체이다. 미혹할 때에도 무루의 깨끗하고 미묘한 덕용이 단지 숨어 있을 뿐 멸하지 않기 때문에 진여 본각은 유루식 가운데 있다.【일체 중생에게 다 불성이 있다는 것은 이 의미이다.】 깨달을 때는 유루의 물든 상이 반드시 없어져야 하기 때문에 무명·식상·망념·업과 등이 진여문에는 있지 않다. 오직 깨끗하고 미묘한 덕용만이 홀로 진여심 중에 있으니, 그것을 부처라고 한다.

此上是標位。【標此圖中之位也。云衆生心者。是在纒佛性。本論及經。皆目爲如來藏】及義門。【眞妄下。各二義。是眞如及梨耶識根本義理】兩畔是所標心中。性【眞如】相【梨耶】染【不覺位中諸法】淨【覺中諸法】法體也。迷時無漏淨妙德用。但隱而不滅。故眞如本覺。在有漏識中。【一切衆生皆有佛性。是此義也。】悟時。有漏染相必無故。無明識相妄念業果等。不在眞如門也。唯淨妙德用。獨在眞如心中。名之爲佛也。

b) 생멸문(2항목)

二生滅門中二

(a) 불각위不覺位 중의 제법諸法

一不覺位中諸法

[도서] [미迷의 십중十重]-이것은 진여에 혼미하여 망념을 따르는 것이니, 미세微細한 것으로부터 차례로 생기하여 점차 추상麤相에 이르는 모양이다.

迷有十重。此是迷眞逐妄。從微細順次生起。展轉至麤之相。

```
                          ◉
                         아려야식
                          │
            ┌─────────────┴─────────────┐
            ●                           ⊙
            불                           각
            각                          삼승현성의 근본
         육도범부의 근본
```

	1. 本本覺각	2. 不불覺각	3. 念염起기	4. 見견起기	5. 境경現현	6. 執집法법	7. 執집我아	8. 煩번惱뇌	9. 造조業업	10. 受수報보
	○	◐	◐	◐	◐	◐	◐	●	●	●
	일체중생에게 모두 본각진심이 있는 것을 말한다. 단정하고 지혜가 많은 부귀한 사람이 자기 집안에 있는 것과 같다.	선우가 열어 보임을 만나지 못하여 본래부터 깨닫지 못하는 것을 가리킨다. 논에서는 "불각에 의하여 마음이 움직이는 것이 삼세의 상相이다. 잠을 자면 저절로 꿈을 꾸는 것과 같다. 이것이 첫 번째이다.	불각 때문에 저절로 생각이 일어난다. 논에서는 "움직임에 의하여 마음이 움직이며, 움직이지 않으면 볼 수 없다."라고 하였다.	생각이 일어나기 때문에 능견이 있다. 이것은 꿈속에서 생각하는 것과 같다. 논에서는 "움직임에 의하여 볼 수 있으며, 움직이지 않으면 볼 수 없다."라고 하였다.	견이 있기 때문에 근신 세계가 헛되이 나타난다. 그것은 마치 꿈 가운데 자신의 몸이 타향에서 가난한 괴로움과 갖가지 좋아하고 싫어하는 일의 경계를 보는 것과 같다.	경계란·자기의 마음으로부터 일어나는 것인 줄 알지 못하고 실제로 있다고 집착하는 것을 법집이라고 부른다. 바로 꿈을 꿀 때 자연스럽게 꿈에서 보는 물건이 실제로 있는 것이라고 집착하는 것과 같다.	법이 정해진 것이라고 집착하는 까닭에 자타가 다르다고 보며, 스스로 헤아려 아我라고 생각한다. 꿈을 꿀 때 타향에서 꿈을 받는 몸이 자기의 본래 몸이라고 확실하게 믿는 것과 같다.	사대가 나의 몸이라고 집착하여 망정에 따르는 경계에는 탐하여 애착하고, 망정에 어긋나는 경계에는 성내고 어리석게 비교하고 탐애하는 것이다.	삼독이 격발하여 선악 등의 업을 짓는다. 어떤 사람이 꿈속에서 훔치고 빼앗으며 때리고 욕설하거나, 혹은 은혜를 베풀고 덕을 펴는 등과 같다.	업을 지으면 피할 수 없는 것이다. 그림자와 메아리가 형상과 소리를 따르는 것과 같이 육도의 업에 계박되는 괴로움을 받는다. 이미 받은 몸은 끊을 수 없는 법이 아니기 때문에 대처할 방법이 없다. 꿈속에서 훔치고 빼앗으면 붙잡혀 구금되고 벌을 받기도 하고, 혹은 은혜를 베푼어 벼슬에 천거되어 관직을 받기도 하는 것과 같다.

하권 • 297

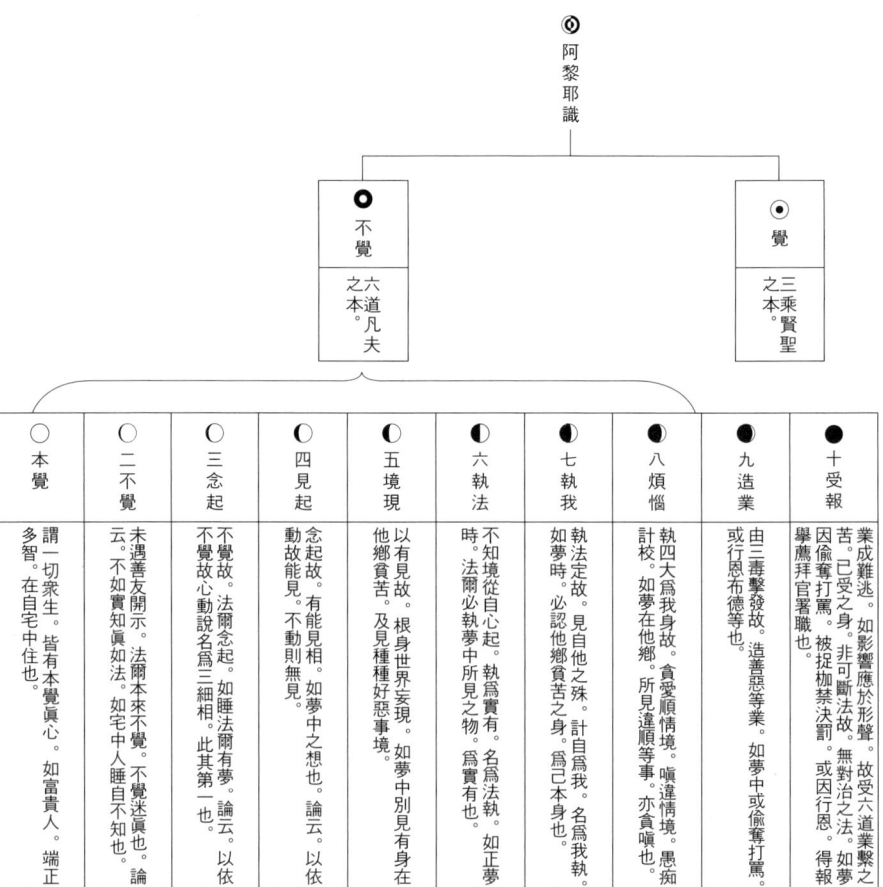

(b) 각위覺位 중의 제법諸法 (3항목)

二覺位中諸法三

ⓐ 돈오

一頓悟

                                ◉
                                각

	1. 頓돈悟오本본覺각	10. 成성佛불	9. 離이念념	8. 心심自자在재	7. 色색自자在재	6. 法법空공	5. 我아空공	4. 開개發발	3. 깨달음을 닦아 오행을 닦음	2. 괴로움을 두려워하여 발심함
돈오頓悟	●	○	◐	◐	◐	◐	◐	◐	◐	●	점수漸修

| 앞의 1항을 깨닫는 것은 앞의 2항을 뒤집은 것이니, 제1중이다. | 증득하면 근원에 조용히 계합하니 (응용이 무궁하고 미래가 다하도록 항상 법계에 머문다. 근본이 되는 진실하고 깨끗한 마음을 곧 통하니 대각존이라 부른다. | 방편을 원만히 갖추니 음이 항상 머무르며 미혹한 근원을 깨닫는 것을 구경각이라 한다. 초발심으로부터 무념無念을 수행하여 여기에 이르면 비로소 성취한다. | 심에 자재한 지위(제9지)이다. 바깥에 확실한 실제의 경계가 있다고 보지 않기 때문에 일체에 자재하여 비추지 않음이 없다. 미세한 생각을 떠나 | 색에 자재한 지위(제8지)이다. 이미 경계란, 자기 마음이 현현한 것임을 증득했기 때문에 색과 공이 다르지 않다는 것을 깨닫는다. 아집을 떠났기 때문에 따라서 수행한다. | 법은 체성이 없기 때문에 항상 공하고 항상 허망하니, 색과 공이 다르지 않다는 것을 깨닫는다. | 진여의 이치에 대한 깊은 이해가 현전하여 당음이 형상을 떠난 것이다. 자성 자체가 탐냄과 물듦도 없고, 성냄과 어름도 없으며, 항상 고요하고 항상 비추다는 것을 알기 때문에 보시·지계·인욕·정진·선정·지혜의 육도六度를 따라서 수행한다. | 곧 앞의 비悲·지智·원願의 삼심을 지금 개발하는 것이다. 『논에서는 "믿음의 성취는 삼심의 개발이다."라고 하였다. 첫째, 직심 直心은 진여법을 바로 생각하는 것이고, 둘째, 심심深心은 모든 선행을 즐겨 익히는 것이고, 셋째, 비심悲心은 중생의 괴로움을 없애 주고자 하는 것이다. | 오행이란, 첫째, 능력에 따라 베풂, 둘째, 십악을 경계함이니, 출가하면 곧 두타행을 익히는 것이고, 셋째, 다른 고뇌를 참음, 넷째, 일체 경계를 만나 오직 마음임을 바로 생각하여 세간의 생각이 일어나는 것을 깨달아 앞으로 멈추고, 뒤의 생각이 일어나지 않게 한다. 다섯째, 고요한 곳에 머무르며 지관을 행함이다. 일체의 즐거워할 것이 없다고 관찰한다. | 비悲·지智·원願의 마음을 일으켜 대보리심을 증득할 것을 서원하며 점차 보살의 해행을 닦는다. 『논에서는, 비심을 발하는 것은 일체법을 요달하기 위함이고, 지심을 발하는 것은 만행을 닦아 자비와 지혜를 돕기 위한 것이다.'라고 하였다. |

하권 • 299

◉ 覺

頓悟 ──────────────────────────────── 漸修

一 頓悟本覺	十 成佛	九 離念	八 心自在	七 色自在	六 法空	五 我空	四 開發	三 修五行覺	二 怖苦發心
悟前一。翻前二。爲第一重。	證而實無有覺之異。本來平等。同一覺故。冥於根本眞淨心源。應用塵沙。盡未來際。常住法界。感而卽通。名大覺尊。	滿足方便。一念相應。覺心初起。心無初相。離微細念。心卽常住。覺於迷源。名究竟覺。從初發心。卽修成就。	心自在地。不見外有定實之境。故於一切自在無所不照。	色自在地。已證境是自心所現故。於色自在融通。定慧力用。我法雙亡。	法無性故。常空常幻。悟色空不異也。離我執故。無自無他。	於眞如理。深解現前所修離相。以知性體。無慳無染。嗔離念。常寂常照故。隨順修行施戒忍進禪慧六度。	卽前悲智願心。今開發也。論云。信成就發三心。一直心。樂習諸善行故。二深心。欲拔衆生苦故。三悲心。	五行。一隨分施。二戒十惡。若出家。卽習頭陀。三精進不怠。四止觀住靜止一切境。正念唯心觀察。五止觀住靜止一切境。正念唯心觀察。能止後念。令其不起也。	發悲智願。推證大菩提。漸修菩薩解行。論云。發悲心者。欲度衆生。發智心者。欲了達一切法。發願心者。欲修萬行。以資悲智也。

도서 돈오頓悟

중생이 선지식의 열어 보임을 만나 위에서 설한 본각진심을 숙세에 일찍이 들었기 때문에 지금 사대가 아我가 아니며, 오온이 다 공하다는 것을 깨달아 4종 신심을 일으키는 것을 말한다.

(4종 신심이란,) 첫째, 근본을 믿는다. 진여의 법을 즐겨 생각하기 때문이다. 둘째, 부처에게는 무량공덕이 있다는 것을 믿는다. 항상 공양하기를 생각하기 때문이다. 셋째, 법에는 큰 이익이 있다는 것을 믿는다. 항상 수행을 생각하기 때문이다. 넷째, 승려는 바른 수행을 할 수 있다고 믿는다. 항상 정진을 가까이하고 즐겨 게으름이 없기 때문이다.

謂有衆生。遇善知識開示。上說本覺眞心。宿世曾聞。今得悟解。四大非我。五蘊皆空。發起四種信心。一信根本。樂念眞如法故。二信佛有無量功德。常念供養。三信法有大利益。常念修行。四信僧能正修行。常樂親近。精進無厭。

ⓑ 점수

二漸修

도서 [오오의 십중]-이것은 망념을 깨닫고 진여로 돌아가는 것이다. 추중을 따라 역차례로 끊어 없애 점점 미세한 상에까지 이른다.

悟有十重。此是悟妄歸眞。從麁重逆次斷除。展轉至細之相。

ⓒ 삼대

三三大

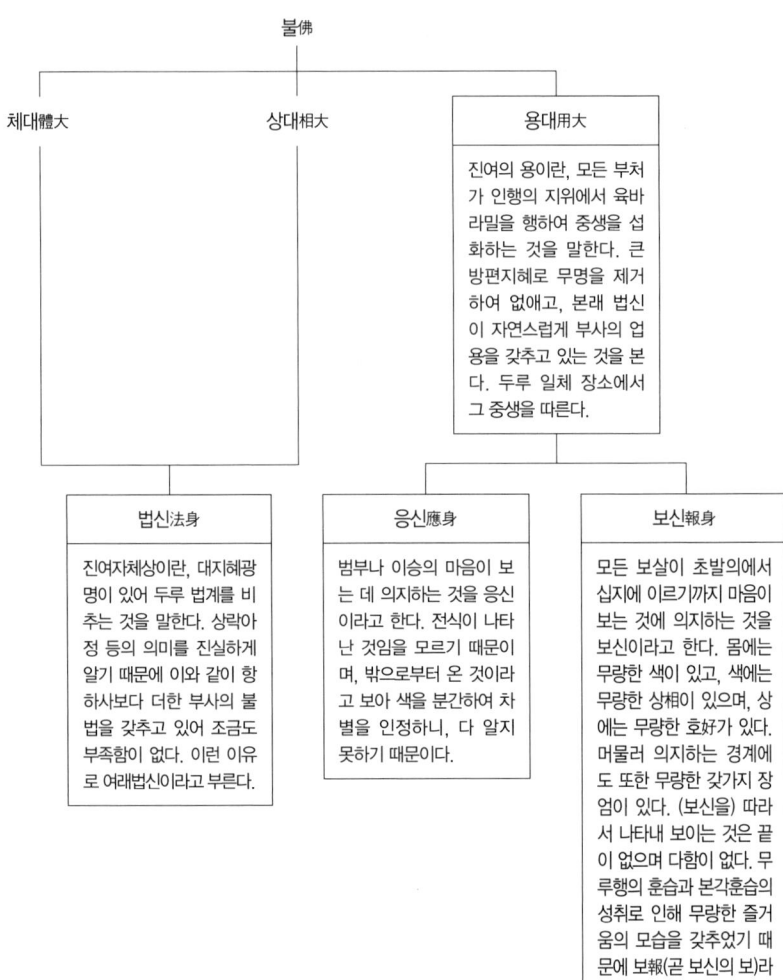

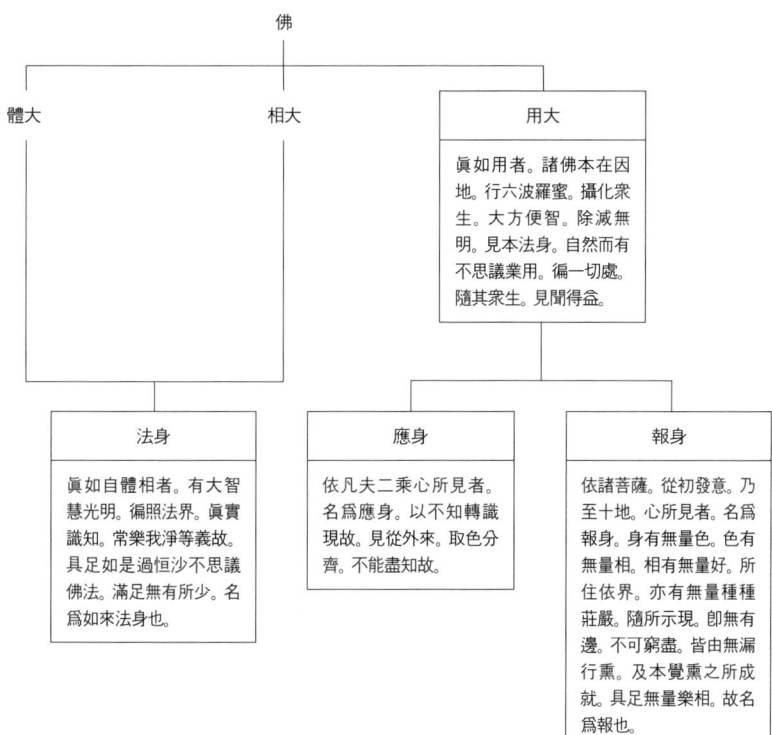

c) 진여문

三眞如門

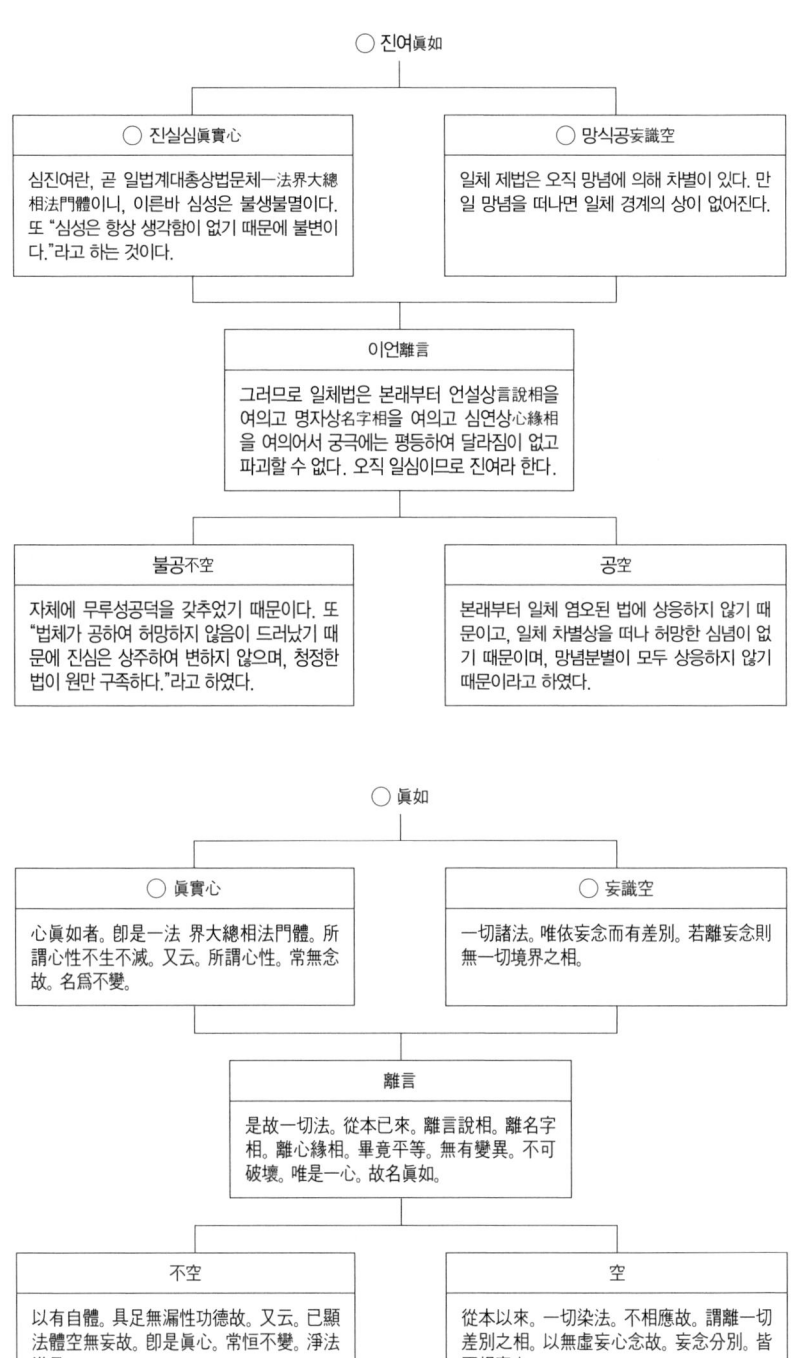

ㄷ. 스스로 의심을 풀게 함[76]

三使自決疑

도서 앞에서 서술한 것을 자세히 연구하고, 이 도표를 상세히 살펴야 할 것이다. 자타를 비교하여 성현과 같은가 다른가, 진眞인가 망妄인가, 또 나는 지금 어느 문에 있고 부처는 어떤 지위에 있는가, 응당 별체別體인가, 다시 같은 근원인가를 생각해야 한다. 그렇게 하면 자연스럽게 범부에도 집착하지 않고, 성위聖位에도 어긋나지 않으며, 애견에 탐착하여 빠지지 않고, 불심佛心을 남에게 미루어 사양하지도 않을 것이다.

詳究前述。諦觀此圖。對勘自他。及想聖賢。爲同爲異。爲妄爲眞。我在何門。佛在何位。爲當別體。爲復同源。即自然不執着於凡夫。不借濫於聖位。不耽滯於愛見。不推讓於佛心也。

ㄹ. 막힌 것을 해결하여 결론으로 설명함(2항목)

四通妨結說二

ㄱ) 중생과 불이 평등하다는 의문을 해결함

---

76 상봉 정원의 『都序分科』에는 이 글 아래에 다음과 같은 주석이 있다. "어떤 사람이 의심하여 말했다. 법신은 속박에 얽힘과 속박에서 벗어남을 통하여 부르는 명칭으로 중생심을 가리킨다. 당연히 응신도 부처가 응한 자취이니, 중생심을 가리킨다. 진실로 믿을 수 없는 것은, 만일 실제로 (법신이) 중생심이라면, 제불은 몸에 따르는 지혜의 신통광명과 훌륭한 말솜씨의 미묘한 작용으로 하나하나 뜻대로 하지만, 중생은 이와 반대이니, 어떻게 그와 같다고 하겠는가. 그러므로 아래에서 그것을 통하게 한다."

初通生佛齊等難

도서 그러나 처음 십중十重은 일대장경이 대치對治하는 법신 가운데【제1중이다.】번뇌의 병이 생기는 근본 이유에 관한 것이다.【다음 삼중이다.】그것이 점점 증가하여【아법我法의 이집二執】추중【삼독三毒 조업造業】에 이르면 지혜가 사라지는 상태가 된다.【과보를 받음】뒤의 십중은 법신이 처방을 믿고 약을 복용하여【앞의 삼중이다.】병이 낫는 데 관한 것【보리심을 개발하는 것】이다. 병이 차도가 있으면 요양하고 휴식하여【육바라밀】점점 줄어들어【6부터 9까지】평상 상태를 회복【성불】하게 된다.

마치 어떤 사람이【속박된 법신】모든 감각기관이 갖추어져【항하사 공덕】강건하고【상주불변하여 허망함이 물들일 수 없음】재능【항하사 묘용】이 많았지만 홀연히 병을 얻는다.【무시무명】점점 병이 커져【그 다음의 7중】숨이 끊어졌는데,【제10중】오직 심장만은 따뜻하였다.【아뢰야식 중 무루지의 종자】뜻밖에 좋은 의사【대선지식】를 만나니, 의사는 아직 생명이 남아 있다는 것을 알고,【범부의 마음이 곧 부처임을 봄】신통한 묘약을 먹여【처음 듣고는 믿지 않았으나 자주 설하니 버리지 않음】뜻하지 않게 환자를 소생시킨 것과 같다.【깨달아 앎】처음에는 말조차 할 수 없었지만【처음 깨달은 사람이 설법할 때 다른 사람의 힐난하는 질문에 대한 대답이 실제로 정확하지 않다.】점점 말하는 데까지 이른다.【법을 알아서 설함】점차 주변을 걸어 다닐 수 있게 되어【십지와 십바라밀】바로 평상을 회복하게 된다.【성불】그가 안 재능은 무엇이든 못하는 일이 없게 되었다.【신통광명의 일체종지】

然初十重。是一藏經所治法身中【第一重也】。煩惱之病生起元由【次三重也】。漸漸加增【我法二執】。乃至麁重【三毒造業】慧滅之狀【受報】。後十重。是法身信方服藥【前三重也】病差【菩提心開發】將理方法【六波羅密】。漸漸減退【從六至九】。乃至平復【成佛】之狀。如有一人【在纏法身】。諸根具足【恒沙功德】。強壯【常住不變妄不能染】多藝【恒沙妙用】。忽然得病【無始無明】。漸漸加增【其次七重】. 乃至氣絶【第十重也】. 唯心頭暖【賴耶識中無漏智種】. 忽遇良醫【大善知識】. 知其命在【見凡夫人卽心是佛】. 强灌神藥【初聞不信頻說不捨】. 忽然蘇醒【悟解】. 初未能言【初悟人說法答他問難悉未的也】. 乃至漸語【解說法也】. 漸能行李【十地十波羅蜜也】. 直至平復【成佛】. 所解技藝. 無所不爲【神通光明一切種智】.

도서 법으로 일일이 배대하여 합하면 무슨 의심인들 제거하지 못하겠는가. 곧 일체중생이 신통작용을 할 수 없는 것은 단지 업식의 미혹한 병에 걸린 것이지, 자기의 법신이 미묘한 덕성을 갖추지 않아서 그런 것이 아니라는 것을 알아야 한다.

지금 어리석은 사람이 힐난하여 물었다.

"그대가 이미 돈오했다면 곧 부처인데 어떻게 방광放光을 하지 않는가?"

(대답했다.)

"그것은 병을 회복하지 않은 사람에게 본래 지닌 재주를 부리라는 것과 무엇이 다르겠는가."

以法一一對合. 有何疑事而不除也. 卽知一切衆生. 不能神通作用者. 但以業識惑病所拘. 非己法身. 不具妙德. 今愚者難云. 汝旣頓悟卽佛. 何不放光者. 何殊令病未平復之人. 便作身上本藝.

ㄴ) 반대로 설명하는 데 따른 힐난을 해결함(2항목)

二通隨反具說難二

(ㄱ) 비유에 의거하여 바로 답함

一約喩正答

도서 그러나 세간에서 의사가 처방하는 데도 먼저 병세를 묻고 맥을 짚는다. 만일 병 상태의 경중을 살피지 않는다면 어떻게 처방전에 대한 시비를 가리며, 치료의 심천에 의거하지 않고 어떻게 요양하는 법칙을 논할 수 있겠는가.

然世醫處方。必先候脉。若不對病狀輕重。何辨方書是非。若不約痊愈淺深。何論將理法則。

(ㄴ) 법의 예에 의거하여 결론함

二約法例結

도서 법法의 의사도 또한 그러하다. 그 때문에 지금 미迷와 오悟의 각 십중 본말을 갖추어 서술하게 될 것이다. 앞의 경론을 가지고 세 종류의 심천을 통합하고 서로 대조하면 손바닥 가리키는 것처럼 쉬울 것이다.

法醫亦爾。故今具述迷悟。各十重之本末。將前經論。統三種之淺深。相對照之。如指與掌。

다. 해解와 행行을 결론으로 권함(2항목)

三結勸解行二

가) 총체적으로 서술함

一總叙

도서 모든 학자들에게 권하노니, 스스로의 마음을 편안하게 하여 행할 때는 임의대로 한 길(門)을 따르더라도, 이해할 때는 반드시 통달하여 걸림이 없어야 한다. 또 협소하게 치우치는 것을 염려한 나머지, 넓고 아득한 것을 좇아 지향할 곳을 잃어버리는 일이 없어야 할 것이다.

勸諸學者。善自安心。行即任隨寄一門。解即須通達無碍。又不得慮其偏局。便莽蕩無所指歸。

나) 개별적으로 밝힘(2항목)

二別明二

(가) 비유에 의거하여 앎에 걸림이 없기를 권함

一約喩勸解無碍

도서 원류를 깊이 살피어 쉬운 것부터 분간하도록 하라. 반드시 같은 가운데 다르고, 다른 곳에서 같은 것을 보아야 할 것이다. 거울의 영상이 천차만별이라도 아름답고 추함에 집착하지 말 것이며, 거울의 밝음은 한 모습이니 청색과 황색을 가리지 말아야 한다. (금으로 만든) 천 개의 그릇도 한가지로 황금이니 금의 성질이 없어지는 것이 아니며, 하나의 구슬에 천 가지 영상이 비치지만, 본래 영상은 섞이어진 것이 아니다.

洞鑑源流。令分菽麥。必使同中見異。異處而同。鏡像千差。莫執好醜。鏡明一相。莫忌靑黃。千器一金。雖無阻隔。一珠千影。元不混和。

(나) 일에 의거하여 행을 폐하지 못함을 밝힘(3항목)

二約事明行不廢三

㉮ 행문을 표하여 일으킴

一標起行門

[도서] 뜻을 세우고 마음 쓰는 것을 허공계와 같이 하고, 잘못을 막고 생각 살피는 것을 잠시도 잊지 않아야 한다.

建志運心。等虛空界。防非察念。在毫釐間。

㉯ 세심하게 닦을 것을 바로 밝힘(2항목)

二正明審修二

ㄱ. 경계를 살펴 수행을 권함

初驗境勸修

[도서] 사물을 보고 소리를 듣는 것이 그림자 같고 메아리 같다고 스스로 생각하는가. 몸을 움직이고 뜻을 드는 것이 불법佛法이라고 스스로 헤아리는 가. 좋은 반찬이나 거친 밥을 싫어하거나 좋아함이 없는지 스스로 생각하는

가, 덥고 서늘하며 차갑고 따뜻함을 면하고 피하려 하는가를 스스로 살펴보는가. 번영과 쇠망, 폄훼와 기림, 칭찬과 나무람, 괴로움과 즐거움에 이르기까지 그것이 실제로 망정의 일종인가를 하나하나 살피고 스스로 반조하는가.[77] 반드시 스스로 헤아려 이와 같이 하지 않으면, 색은 그림자 같지 않고 소리는 메아리 같지 않을 것이다. 설사 실제로 돈오한다고 하여도 마침내 점수해야 할 것이니, "가난한 사람이 종일 다른 사람의 돈을 세지만, 자신에게는 반 푼의 돈도 돌아오지 않는다."라는 경우만도 못할 것이다.[78]

見色聞聲自思。如影響否。動身擧意自料。爲佛法否。美饍糲飡自想。無嫌愛否。炎涼凍暖自看。免避就否。乃至利衰毀譽稱譏苦樂。一一審自返照。實得情意一種否。必若自料。未得如此。卽色未似影。聲未似響也。設實頓悟。終須漸修。莫如貧窮人。終日數他寶。自無半錢分。

ㄴ. 옛말을 인용하여 득도를 권함

二引古勸得

도서 육조 대사는 "부처가 일체법을 설한 것은 일체 마음을 제도하기 위함이지만, 나에게 일체의 마음이 없으니 어떻게 일체법이라 하겠는가."[79]라고 하였다. 요즈음 사람들은 단지 이 말을 가지고 듣고 배우는 것을 가벼이 여기고 도무지 스스로 관觀을 하지 않으니, 실제로 이것이 무심無心인가. 무심은 팔풍

---

77 상봉 정원의 『都序分科』에는 이 글 아래에 다음과 같은 주석이 있다. "하는 바를 징계하는 것이다."
78 상봉 정원의 『都序分科』에는 이 글 아래에 다음과 같은 주석이 있다. "점수를 권한 것이다."
79 상봉 정원의 『都序分科』에는 이 글 아래에 다음과 같은 주석이 있다. "조사의 말을 인용한 것이다."

八風도 움직일 수 없는 것이다. 습기가 다하지 않아 성내는 마음이 저절로 일어날 때라도 다른 사람을 꾸짖거나 원수처럼 여기는 마음이 없어야 한다. 탐심이 저절로 일어날 때라도 추구하여 얻으려는 마음이 없어야 하며, 다른 사람의 번영과 명예를 볼 때라도 질투하거나 그 수승함을 구하려는 마음이 없어야 (무심이라) 하는 것이다. 어느 때나 자기에게 근심과 배고픔과 추운 마음이 없으면, 다른 사람이 (자신을) 가볍게 보고 천하게 여기는 것을 두려워하는 마음이 없어진다. 내지 갖가지 이러한 것들이 없으면 일체 마음이 없다고 할 수 있으니, 이것을 수도라고 부른다.[80] 역경이나 순경에 대하여 전적으로 탐함과 성냄, 좋아함과 싫어함이 없으면 도를 얻었다고 할 수 있을 것이다.[81] 각각 반조하여 병이 있으면 치료하고, 병이 없으면 약을 쓰지 않아야 한다.

六祖大師云。佛說一切法。爲度一切心。我無一切心。何須一切法。今時人但將此語。輕於聽學。都不自觀。實無心否。無心者。八風不能動也。設習氣未盡。嗔念任運起時。無打罵讐他心。貪念任運起時。無營求令得心。見他榮盛時。無嫉妬求勝心。一切時中。於自己。無憂飢凍心。無恐人輕賤心。乃至種種此等。亦得名爲無一切心也。此名修道。若得對違順等境。都無貪嗔愛惡。此名得道。各各返照。有病即治。無病不藥。

㉰ 문답으로 절실히 권함(2항목)

三問答切勸二

ㄱ. 망이 공한데 왜 닦는가를 물음

---

80 상봉 정원의 『都序分科』에는 이 글 아래에 다음과 같은 주석이 있다. "무념을 닦는 것이다."
81 상봉 정원의 『都序分科』에는 이 글 아래에 다음과 같은 주석이 있다. "증득이다."

一妄空何修問

도서 問 탐하고 성냄 등이 공하므로 일체 마음이 없다고 하면서 왜 반드시 대응하여 치료해야 한다고 하는가?

問。貪嗔等卽空。便名無一切心。何必對治。

ㄴ. 체는 공한데 현상이 성립되는 것에 대해 답함(2항목)

二體空成事答二

ㄱ) 묻는 것에 바로 답함

一正答所問

도서 答 만일 그렇다면 그대가 지금 중병을 만나 고통으로 괴로워한다고 하자. 아프고 괴로움이 공하여 병이 없을 텐데, 왜 반드시 약을 쓰고 치료하는가. 탐하고 성냄이 항상 공하지만 업을 발생케 하고, 업 또한 공하지만 괴로움을 불러올 수 있다. 괴로움 또한 공하지만 이렇게 참기 어렵기 때문에 앞의 그림 중에서 본체本體가 공하지만 현상이 이루어진다고 한 것이다.

答。若爾汝今忽遭重病痛苦。痛苦卽空。便名無病。何必藥治。須知貪嗔常空。而能發業。業亦空而能招苦。苦亦空。只麽難忍。故前圖中云。體空成事。

원주 나뭇등걸의 귀신이(나뭇등걸을 귀신으로 잘못 앎) 전적으로 공하지만, 여기에 놀란 사람이 도망가다가 땅에 넘어져 머리가 깨어지고 이마가 찢

어지는 것과 같다.

如杌木上。鬼全空只麽驚人。得奔走倒地。頭破額裂。

ㄴ) 반복하여 결론으로 경책함

二反覆結責

도서 업이 공하지만 공한 것이 이렇게 업을 짓는다. 태우고 삶는 지옥의 고통도 또한 공하지만, 공한 것이 이렇게 고통스러운 것임을 알아야 한다. 만약 고통을 감당해야 할 사람이라고 한다면, 지금 어떤 사람이 불로 태우고 칼로 자른다 하더라도 어떻게 고통을 면할 수 있겠는가. 지금 도를 배우는 사람을 보니, 한마디 거슬리는 말을 듣고도 오히려 감당하지 못한다고 하는데, 어떻게 태우고 자르는 것을 흔쾌히 감당하겠는가.

若以業卽空。空只麽造業。卽須知地獄燒煮痛楚亦空。空只麽楚痛。若云亦任楚痛者。卽現今設有人。以火燒刀斫。汝何得不任。今觀學道者。聞一句違情語。猶不能任。豈肯任燒斫乎。

원주 이와 같은 경우가 십중팔구이다.

如此者。十中有九也。

3) 유통으로 총 결론함(2항목)

三摠結流通二

(1) 서술한 것을 모아 다 회통함(2항목)

一集序具通二

① 질문

一問

도서 問 위에서 서술한 것은 3종種의 교教와 3종宗의 선禪, 열 가지 이유와 열 가지 다름, 윤회와 닦아 증득함, 그리고 각각의 십중은 이치가 궁극적이지 않음이 없고, 사상事相이 갖추어지지 않음이 없다. 연구하고 찾아 잘 음미하면 충분히 마음을 닦을 수 있는데, 왜 반드시 다시 장경과 모든 선의 게송을 읽어야 하는가?

問。上來所叙三種教。三宗禪。十所以十別異。輪廻及修證。又各十重。理無不窮。事無不備。斫尋翫味。足可修心。何必更讀藏經及諸禪偈。

② 대답(2항목)

二答二

가. 질문을 뒤집어 답을 취함

一翻問奪答

도서 答 중생의 번뇌 병이 각각 같지 않아 그 수가 미진과 같으니, 어찌 8

만 번뇌뿐이겠는가. 모든 성인의 방편에는 헤아릴 수 없는 문門이 있고, 일심一心의 성상性相에는 수없는 의미가 있으니, 위에서 서술한 것은 단지 강령만을 든 것이다. 또한 그것을 통합하면 그동안 진술한 것을 벗어나지 않지만, 그것을 사용하면 천의 변화와 만의 형세가 된다. 앞선 현철과 뒤따른 준걸이 각각 장점이 있고, 옛날의 성자와 지금의 현자가 각각 이점이 있기 때문에 여러 학자들의 훌륭한 기록을 모두 모으게 되었다. 그러므로 그 종도가 불안해하는 것은 고쳐 바꾸지 않았고, 뜻의 형세로 보아 잃어버리고 빠진 것만을 주석하여 온전하게 하였다. 문자가 번거롭고 중복된 것은 주석으로 변별하였으며, 여기에 언제나 일가一家의 첫머리[82]마다 주석을 붙여 대의를 논평하였다. 벼리를 끌어올리는 것은, 그 뜻이 그물망을 펼치는 데 있으니, 그물망을 버리고 벼리를 놓아둔다는 것은 있을 수는 없는 일이다.

答。衆生惑病。各各不同。數等塵沙。何唯八萬。諸聖方便。有無量門。一心性相。有無量義。上來所述。但是提綱。雖統之。不出所陳而用之。千變萬勢。況先哲後俊。各有所長。古聖今賢。各有所利。故集諸家之善記。其宗徒有不安者。亦不改易。但遺闕意勢者。注而圓之。文字繁重者。注而辨之。仍於每一家之首。注評大意。提綱意在張綱。不可去網存綱。

원주 『화엄경』에서는 "대교의 그물을 펼쳐서 인천의 고기를 건져 열반의 언덕에 놓아둔다."라고 하였다.

華嚴云。張大敎綱。[1] 漉人天魚。置涅槃岸。
──────────
1) ㉠ '綱'은 '網'의 오자인 듯하다.

────────────────────────
82 첫머리 : 선종에 여러 종파가 있기 때문에 『禪源諸詮集』 본문에는 한 종파를 설명할 때마다 첫머리에 논평을 붙인 것으로 보인다.

도서 옷깃을 드는 것은 그 뜻이 옷을 입는 데 있으니, 옷을 버리고 옷깃을 취할 수는 없는 일이다. 만일 단지 모으기만 하고 서술하지 않는다면 벼리가 없는 그물이고, 서술만 하고 모으지 않는다면 그물 없는 벼리와 같다고 하겠다. 잘 생각하고 살펴서 힐난하는 질문(難問)으로 혼란을 일으키지 말아야 할 것이다.

擧領意在着衣。不可棄衣取領。若但集而不叙。如無綱之綱。[1] 若只叙而不集。如無綱[2]之綱。思之悉之。不煩設難。

1) ㉠ '綱'은 '網'의 오자인 듯하다. 2) ㉠ '綱'은 '網'의 오자인 듯하다.

나. 권고를 따라 다 통함

二從勸俱通

도서 그러나 자신을 극복하고 혼자 선善을 지키는 사람이라면 널리 찾을 필요가 없지만, 만일 다른 사람의 스승이 되고자 한다면, 반드시 두루 본말에 통해야 한다. 학문을 좋아하는 사람이라면 책을 읽을 때, 이것이 어떤 종과 어떤 교설의 의미인가를 반드시 하나하나 자세히 살펴야 한다. 만일 그것을 적용하는 데 어긋나지 않는다면 모두 묘약이 되지만, 적용에 착오가 생기면 도리어 독(惡)【음은 '오汚'이다.】이 될 것이다.

然克己獨善之輩。不必遍尋。若欲爲人之師。直須備通本末。好學之士。披閱之時。必須一一詳之。是何宗何敎之義。用之不錯。皆成妙藥。用之差互。皆成返惡【音汚】。

(2) 차례에 따랐음을 총 결론함(4항목)

二摠結綸次四

① 이유를 표하여 서술함(2항목)

一標叙由致二

가. 표하여 일으킴

一標起

도서 그러나 결집한 차례는 그 배열을 바꾸지 않았다.

然結集次第。不易排綸。

나. 바로 밝힘(4항목)

二正明四

가) 도에 들어가는 차례

初入道次第

도서 도에 들어가는 방편에 의거하면, 먼저 본심을 열고, 다음에는 이사理事에 통하며, 그 다음에 법의 미묘함을 찬탄하고 세상의 허물은 꾸짖는다.

다음에 닦아 익힐 것을 권하고 경책하며, 마지막으로 이를 대응하여 다스리는 방편과 점차적인 문호를 보이는 것도 합당하다고 하겠다. 이와 같은 순서에 의거하여 편찬하도록 하려는 것이다.

據入道方便。即合先開本心。次通理事。次讚法勝妙。呵世過患。次誡修習。後示以對治方便漸次門戶。欲令依此編之。

나) 당해 종파의 불편함

二當宗不便

도서 이에 스승과 제자의 차례가 전도됨을 깨닫고 도리어 편하지 않았다. 곧 6대 이후에 많은 사람들이 일진一眞[83]을 기술했지만, 달마 대사는 도리어 사행四行[84]을 가르쳤다. 손자가 책의 첫머리에 오고, 조부가 말편末篇이 되어야 하니, 그것은 옳은 일이 아니다.[85]

---

83 일진一眞 : 일一이란 평등하여 둘이 아니라는 뜻이고, 진眞은 참된 진여라는 말이다. 곧 허망하지 않은 불변의 진리를 가리킨다.
84 사행四行 : 보리달마의 설이다. 달마는 이입理入과 행입行入이라는 이입설二入說을 주장했다. 사행이란 이입 중 행입의 실천 방법이다. 먼저 이입二入이란 관과 행으로 진성과 하나가 되는 것이다. 이입理入은 이리에 계합하여 무분별하고 적연 무위함에 머문다는 말이고, 행입行入이란 비록 진성에 계합했지만 아직은 증득의 단계가 아니기 때문에 대승의 실천행으로 그것을 구체화하기 위해 필요한 것이다. 그것이 사행으로 사행은 괴로운 과보에 대해 원망이 없는 보원행, 연을 따르되 마음에 증감이 없는 수연행, 모든 유를 버리고 생각을 쉬어 구함이 없는 무소구행, 집착이 없고 피차가 없는 칭법행의 네 가지 행을 가리킨다.
85 일진은 근본이고 사행은 방편이다. 근본부터 서술하면 일진을 말한 후대의 선사가 첫머리에 와야 하고, 연대순으로 하면 달마가 첫머리인데 달마는 지말을 설했으니, 편자의 고민이 여기에 있는 것이다.

乃覺師資昭穆顚倒。反不穩便。且如六代之後。多述一眞。達摩大師。却敎四行。不可孫爲部首。祖爲末篇末篇。

다) 제가諸家가 통하지 않음

三諸家不通

도서 수일간 이 일을 생각하여 달마종 지류枝流에 속하는 바깥 종파[86]를 책의 첫머리에 두고자 하기도 하고, 또 저 여러 학자가 가르친 선禪과 그 서술한 이치를 중심으로 모으려 하기도 하였으나, 대대로 스승이 되고 모든 곳에 통할 만한 떳떳한 방법이 아니었다. 혹은 수련의 공으로 증득에 도달함으로써 그것을 사람들에게 보여 주고,【구나求那·혜조慧稠·와륜臥輪의 부류】 혹은 성인의 가르침을 듣고 읽어 그 알음알이로 대중을 거두어 교화하기도 한다.【혜문 선사의 부류】 혹은 그 행적을 낮추고 그들의 뜻에 맞추어 일시에 어리석은 무리를 경책하고,【지공志公·부 대사傳大士·왕범지王梵志의 부류】 혹은 그 지조를 높이고 법을 지켜 일국의 궤범승이 되기도 하였다.【여산 혜원의 부류】 그 찬술한 것이, 어떤 것은 궁극적인 도를 읊어 노래한 것이고, 어떤 것은 미혹한 법부를 탄식한 것이며, 어떤 것은 단지 의미만을 해석하고, 어떤 것은 행行만을 장려한 것이었다. 또 어떤 때는 모든 교를 망라하지만 마침내 지남이 되지 못하고, 어떤 때는 하나의 길만을 지나치게 찬탄하여 일이 대중에게 통하지 않았다. 모두 선문에 영향을 주는 불법의 나팔 소리지만, 만일 처음부터 끝까지 그러한 가르침에 의지하는 것이 석가의 법이라고 한다면, 그것은 반드시 옳은 일이 아니다.

---

[86] 바깥 종파 : 선의 정맥이 아닌 방계의 종파를 가리킨다.

數日之中。思惟此事。欲將達摩宗枝之外爲首。又以彼諸家所敎之禪。所述之理。非代代可師通方之常道。或因修鍊功至證得。卽以之示人【求那慧稠臥輪之類】。或因聽讀。聖敎生解。而以之攝衆【慧聞禪師之類】。或降其迹而適性。一時間警策群迷【志公傳大士王梵志之類】。或高其節而守法。一國中軌範僧侶【廬山遠公之類】。其所製作。或詠歌至道。或嗟嘆迷凡。或但釋義。或唯勸行。或籠羅諸敎。竟不指南。或偏讚一門。事不通衆。雖皆禪門影響。佛法笙簧。若始終依之。爲釋迦法。卽未可也。

[원주] 천태교가 넓고 커서 시종을 갖추었지만 이 전집 안에는 넣지 않았다.

天台之敎廣大。雖備有始終。又不在此集內也。

라) 마땅히 달마가 으뜸이 됨

四宜首達摩

[도서] 마음으로 전하여 이은 것은 오직 달마종뿐이다. 마음은 법의 근원이니, 어떤 법이 갖추어지지 않았겠는가. 닦는 선행禪行은 한 문門에 국한된 것 같지만, 전한 마음의 종지는 실제로 삼학三學[87]에 통한다. 거듭 그 시작된 근원을 찾는다면,

以心傳嗣。唯達摩宗。心是法源。何法不備。所修禪行。似局一門。所傳心宗。實通三學。況覆尋其始。

---

87 삼학三學 : 불교에서 닦아야 할 세 가지 실천도. 계·정·혜의 셋이다.

원주 시작은 가섭과 아난이다.

始者。迦葉阿難也。

도서 친히 석가의 뜻을 받은 것이다. 대대로 서로 이어 한 사람 한 사람 직접 전해 줌으로써 37세,

親稟釋迦。代代相承。一一面授三十七世。

원주 어떤 사람은 천축에 이미 38조가 있었다고 한다. 『육조전』 서문에 잘 분석되어 있다.

有云。西國已有三十八祖者。六祖傳序中。即具分析。

도서 나의 스승에까지 이르게 되었다.

至于吾師。

원주 멀리 생각하니, (종밀이) 석가의 38대 적손이 된 것이 얼마나 다행한 일인가.

緬思。何幸爲釋迦三十八代嫡孫也。

② 바로 차례를 밝힘

二正明次第

도서 그러므로 지금 모아 엮은 차례는 먼저 달마 1종을 기록하고, 다음에는 여러 학자들의 잡문을 편집하여 싣고, 뒤에는 종통으로 인가한 성교聖敎를 기록하여 넣었다. 성교를 뒤에 둔 것은 세상에서 관리의 조문條文에 조판曹判이 먼저이고, 존관尊官이 조판의 뒤인 것과 같다.

故今所集之次者。先錄達摩一宗。次編諸家雜述。後寫印宗聖敎。聖敎居後者。如世上官司文案。曹判爲先。尊官判後也。

원주 오직 베껴 쓴 글에서 정확히 맞는 것이 10여 권뿐이다.

唯寫文剋的者。十餘卷也。

③ 계박을 풀어 머무름이 없음

三解縛無住

도서 해당 종파 중에 높고 낮은 순서를 배열하고, 그것을 전개하여 차례를 삼았다. 그중에 돈과 점이 서로 사이에 끼어들고 이리와 행행이 서로 참여하면서 번갈아 계박을 푸니, 자연히 마음에 머무름이 없게 될 것이다.

就當宗之中。以尊卑昭穆。展轉倫序。而爲次第。其中頓漸相間。理行相叅。遞相解縛。自然心無所住。

원주 『정명경』에서는 "선미禪味에 탐착하는 것은 보살의 계박이고, 방편이 생기는 것은 보살의 해탈이다."라고 하였으며, 또 『유가론』에서는 "자비가 증장하고 지혜가 증장하는 것이 서로 계박을 푸는 것이다."라고 하였다.

淨名云。貪着禪味。是菩薩縛。以方便生。是菩薩解。又瑜伽說。悲增智增。互相解縛也。

④ 현재의 법이 오래 머묾

四現法久住

도서 깨달음과 수행의 도가 이미 갖추어지니, 해解와 행行이 여기에 원만히 통하게 된 것이다. 다음으로 제가들의 주장을 별도로 살펴, 견문을 넓힌 후에 성교聖敎를 받들어 읽고 시종을 인가한다면, 어찌 이에 의지하지 않고 정법이 오래 머물겠는가.

悟修之道。旣備解行。於是圓通。次傍覽諸家。以廣見聞然後。捧讀聖敎。以印始終。豈不因此。正法久住。

3. 회향으로 총결함

三摠結回向

도서 나의 뜻에는 비록 구하는 바가 없지만, 법을 보호하는 마음은 신神의 섭리도 나를 꺾을 수 없을 것이다. 이어받은 공은 선조先祖도 나를 버리지 않을 것이며, 법을 베푼 은혜는 후학도 나를 저버릴 수 없을 것이다. 등지지 않고 굴하지 않으며 버리지 않으니, 함께 모두 같은 인연으로 속히 제불의 회상에 모이기를 원하는 바이다.

在余之志。雖無所求。然護法之心。神理不應屈我。繼襲之功。先祖不應捨我。法施之恩。後學不應辜我。如不辜不屈不捨。即願共諸同緣。速會諸佛會矣。

선원제전집도서 하권

禪源諸詮集都序 卷下

후발

　규봉 선사가 선의 근원이 되는 전적을 모으고 두 권의 서문을 지어 법이 원만하게 이루어지게 한 것은 선교학자들이 치우친 견해를 벗어나 정견을 얻도록 하기 위한 것이다. 이것은 여래가 가르침을 편 이후에 일찍이 없었던 일이라 하겠다. 그 글은 간략하지만 뜻이 풍부하여, 말세의 미천한 학자는 통발에 집착하여 고기를 놓치고, 수학水鶴[88]을 구분하지 못하여 걱정과 의심을 해결할 수가 없었다.

　설암 대사는 서산의 제5대 법손이다. 몸은 교법의 바다에 노닐고 마음은 선법의 심오함에 물드니, 종문의 비조이고 교의敎義의 지남이라고 존중받았으며 재가자나 출가자 모두 규봉이 다시 태어났다고 칭송하였다. 대사는 강석 중에나 길을 갈 때, 선정 중에도 마음은 언제나 이『도서』에서 떠나지 않았다.

　(대사는) 마침내 여기에 과목을 내고 해석을 붙여 20여 장을 기록하니, (학자들이)『도서』의 근본을 제대로 이해하게 된 것이다. 이『과평』은『도서』의 구슬을 꿰는 줄이요, 인도와 천도의 안목으로 평가되니, 우리들 해동 학자와 모든 종장들이 다 이 글 원문 아래에 주석을 붙이고 목판으로

---

[88] 수학水鶴 : 부처님의 말씀을 제대로 알지 못하여 잘못 전하는 경우를 가리킨다. 아난 존자가 죽림정사에서 어떤 비구가 "사람이 백 년을 살면서 수로학水老鶴을 보지 못하면 하루를 살아도 그것을 보는 것만 같지 못하다."라는 게송 외우는 소리를 듣고, "인생이 백 년을 살면서 생멸법生滅法을 알지 못하면 하루를 살아도 그것을 아는 것만 같지 못하다."라는 부처님의 게송을 잘못 이해하고 있다는 것을 알고, 비구에게 바로 가르쳐 주었다는 고사에서 나온 말이다. 그 비구는 생멸법을 수로학이라고 잘못 알고 있었다. 수학을 구분하지 못한다는 말은 바른 법과 그른 법을 구별하지 못하는 어리석은 사람들이라는 뜻이다.

간행하여 유포하기를 원하지 않는 사람이 없었다. 이에 그 문하에서 법을 받은 성곡당城谷堂 민기敏機 대사가 법사의 노고를 생각하고 학자들의 간절한 염원을 받들어 판에 새겨 전하게 된 것이다. 이로써 안목을 잃은 학자들에게 안목을 얻게 하고, 바른 길을 잃은 학자들에게 길을 찾도록 하니, 불조사의 남은 광명을 부축하시고 나라의 평안을 도우신 일이라고 할 수 있을 것이다.

쯧쯧! (눈병을 고치는) 설암의 수술칼에 감동하고 안막을 제거하는 성곡의 수술 솜씨에 경탄하여 발문을 쓰니, 원컨대 불조사의 큰 지혜에 계합하여, (이 글이) 저절로 나머지 세계에도 전파 유통됨으로써 억만년 묻히지 않기를 바랄 뿐이다.

건륭 2년 정사(1737) 자자월自恣月(음 7월) 일 청월 국선淸月國禪이 기록함.

後跋

圭峰禪師。集禪源而作序兩卷。而令法成圓。使禪敎學者。免偏僻得正見。自如來闡敎之後。未之有也。然而文署義富。此末葉淺識。執筌忘魚。不分水鶴。未訣尤豫。雪嚴大士。西山第五孫也。身遊敎海。心染禪綱。而宗門鼻祖。敎義指南。道俗緇徒。謂之圭峰重成也。或講席。或途中。或禪定。留心此序。出科解釋。記於二十餘紙。而歸根矣。此是一序之珠線。人天之眼目也。吾東學者。及諸宗匠。皆以莫不願注於元文之下。而刊板流布。於是其遊閫授法。城谷堂敏機大士。慕法師之劬勅。聽學者之希願。鋟梓流傳。使學者。失眼目者得眼。失正路者得路。可以資佛祖之餘光。兼裨國祚之恒安。拙。感其雪嚴之金鎞。慶其城谷之刮膜而跋之。伏願如契佛祖之大智。自爾傳之通之於餘界。億萬祀而不埋云尔。

　乾隆二年丁巳。自恣月日。淸月國禪。誌。

산중종사 : 지준·계심·국선·정우·해안·처흠·각심·각준·희원·천십·강흠·여기·금호·성안.

사주 : 가선 천열·통정 정심.

삼강 : 총섭 통정 혜원·통정 위계·의학·영오.

서사 : 성균관 학사 김□.

동문조성 : 포일·굉활·세추·해운·각준·지문·신균·도흠·강흠·진성·희원·일관·육화·법훈·팔순·선해·처휴·현우·응성·의량.

대공덕주 : 등계 대선사 민기.

대시주 : 사당 신연화.

각자 : 통정 별훈·한준·한흥규·김삭부리.

건륭 5년 경술(1740) 3월 일 평안도 영변부 묘향산 보현사 유진留鎭.

山中宗師。智俊。戒諶。國禪。淨祐。海眼。處欽。覺心。覺俊。希遠。天什。講欽。呂機。錦灝。性岸。

寺主。嘉善天悅。通政淨心。

三綱。摠攝通政惠元。通政偉戒。義學。靈悟。

書寫。成均進士金□。

同門助成。抱一。宏闊。世樞。海雲。覺俊。知文。信均。道欽。講欽。震性。希遠。一貫。六和。法訓。八淳。禪海。處休。玄祐。應性。義亮。

大功德主。登階大禪師敏機。

大施主。社堂信蓮華。

刻字。通政別訓。漢俊。韓興奎。金朔夫里。

乾隆五年庚戌。三月日。平安道。寧邊府。妙香山。普賢寺。留鎭。

찾아보기

가섭迦葉 / 86, 322
각覺 / 270
강서江西 / 45, 90, 125
건율타야乾栗陁耶 / 109
견실심堅實心 / 109
경산徑山 / 124
계빈국罽賓國 / 86
고종高宗 / 149
공교空敎 / 183
공문空門 / 242
공종空宗 / 194, 202
『과평科評』 / 326
『광백론』 / 154
구경일승究竟一乘 / 262
구나求那 / 122, 320
권교權敎 / 82, 88
궤범승軌範僧 / 320
규봉圭峯 / 42, 326
『금강경』 / 87
『금강삼매경』 / 182, 241
『기신론』 / 175, 182, 186, 197, 201, 231

『능가경』 / 63, 87, 110, 186, 244
능견상能見相 / 273

달마達摩 / 43, 68, 87
대총지大摠持 / 240
대통지승불大通智勝佛 / 227
『대품경』 / 217
『도서都序』 / 50, 326
돈교頓敎 / 71, 225
돈문頓門 / 71, 225
돈설頓說 / 250
돈수頓修 / 241, 243
돈오頓悟 / 243

ㄴ

남선南侁 / 90, 122
남악 혜사 / 69
남종北宗 / 115

ㅁ

마명馬鳴 / 43, 86, 176
마하반야摩訶般若 / 79
망념 / 273
망상을 쉬고 마음을 닦는 종(息妄修心宗) / 118, 121
『맹자』 / 46
무감無減 / 194
무념無念 / 130, 285
무멸無滅 / 194
무상無相 / 194

무생無生 / 194
무생법인無生法印 / 161
무애지無碍智 / 166
무위無爲 / 194
무증無增 / 194
무착無着 / 158, 161
문수文殊 / 176
물(水) / 210
미혹을 끊고 고를 멸하는 교 / 136
민절무기종泯絕無寄宗 / 155
『밀엄경』 / 110, 175, 232
밀의로 상相을 깨뜨리고 성性을 드러내는 교(密意破相顯性敎) / 118, 151
밀의로 성性에 의거하여 상相을 설하는 교(密意依性說相敎) / 118, 133, 147, 261

바로 심성을 드러내는 종宗 / 175
『바사론』 / 142
반주삼매般舟三昧 / 65
배휴裵休 / 41
『백론』 / 154
백비百非 / 184
번뇌장煩惱障 / 146
『범망경』「심지법문품」 / 63
『법계론』 / 175
법공法空 / 67, 284
『법구경』 / 182
법무애변法無碍辯 / 195
법상法相 / 228
법집法執 / 274
『법화경』 / 173, 175, 227, 228, 241, 263

법화회상 / 257
변계소집성遍計所執性 / 218
보당保唐 / 90, 122
『보성론』 / 164, 172, 173, 175
보시 / 280
『보장론』 / 174
본각진성本覺眞性 / 61
본각진심本覺眞心 / 219, 271
『본업경』 / 217
부 대사傅大士 / 320
북수北秀 / 90, 122
북종北宗 / 115
불각不覺 / 270, 273
불변不變 / 269
불성佛性 / 63
『불성론』 / 175
불언량佛言量 / 97
불요의不了義 / 82
『불정경』 / 175, 232
비량比量 / 97

사공四空 / 67
사구四句 / 184
사구도四衢道 / 262
사돈四頓 / 244
사등四等 / 185
사변四辯 / 185
사색四色 / 67
사선四禪 / 68, 99
사섭법四攝法 / 145
사유수思惟修 / 61

사점四漸 / 244
사제교四諦教 / 139
삼관三觀 / 44, 69, 217
3교敎 / 93, 223
삼덕三德 / 217
삼량三量 / 97
삼론三論 / 154
삼문三門 / 43
삼시三時 / 228
삼십이상三十二相 / 115
삼십칠조도품三十七助道品 / 115
삼장三藏 / 86
삼제三諦 / 69, 215~217
3종宗 / 93, 223
삼지三止 / 69, 217
삼학三學 / 321
삼현三賢 / 239
상교相教 / 183
서산西山 / 326
석가釋迦 / 86, 322
석두石頭 / 90, 124
선나禪那 / 61
선나리행제전집禪那理行諸詮集 / 59
선십宣什 / 90, 122
선원禪源 / 62
『선원제전집』 / 60
선장禪藏 / 42
선전禪詮 / 249
설상교설相教 / 186
설암雪巖 대사 / 326
성곡당城谷堂 민기敏機 대사 / 327
성교性教 / 183
성사成事 / 269
성종性宗 / 195, 202, 222

소지장所知障 / 146
속제俗諦 / 194
수연隨緣 / 269
수연문隨緣門 / 268
수학水鶴 / 326
『승만경』 / 110, 164, 175, 197, 232
시각始覺 / 219
식으로써 대경을 깨뜨리는 교 / 143, 147
신성취발심信成就發心 / 281
신수神秀 / 43, 149
실교實教 / 82, 88
심생멸心生滅 / 104
심성을 바로 드러내는 종(直顯心性宗) / 118, 125
심소心所 / 108
심진여心眞如 / 104
십가十家 / 90
십력十力 / 185
십성十聖 / 239
십육관선十六觀禪 / 65
『십이문론』 / 154
십중十重 / 276
『십지경』 / 196
『십지경론』 / 175, 233
십현문十玄門 / 235

아공我空 / 67
아난阿難 / 322
아뇩보리阿耨菩提 / 79
『아함경』 / 142
앎 / 129, 211

『여래장경』 / 175, 232, 254
여래장장식如來藏藏識 / 63
여래청정선如來淸淨禪 / 67
여산 혜원 / 149, 320
연려심緣慮心 / 107
『열반경』 / 56, 63, 175, 202, 228, 263, 291
『열반경론』 / 175
염불삼매念佛三昧 / 65
『영락경』 / 217
오시五時 / 228
오장심五藏心 / 107
5조 대사 / 149
와륜臥輪 / 320
완전히 소멸하여 붙일 것이 없는 종(泯絶無寄宗) / 118, 123
왕범지王梵志 / 320
요의了義 / 82
용수龍樹 / 43, 86, 158, 161
우두牛頭 / 44, 90, 122, 124, 242
우파국다 / 86
『원각경』 / 175, 230, 232
원교圓敎 / 50
원성실성圓成實性 / 219
유가유식瑜伽唯識 / 147
유식관唯識觀 / 145
유식교唯識敎 / 158
육단심肉團心 / 107
육도六度 / 145, 185
육조 대사 / 311
『육조전』 / 322
의무애변義無碍辯 / 195
의타기성依他起性 / 219
이공二空 / 145
이伊 자의 3점 / 116

이장二障 / 146
이제二諦 / 215
인욕 / 280
인천교人天敎 / 135, 227
일대사一大事 / 253
일대시교一代時敎 / 43
일불승一佛乘 / 253
일진심체一眞心體 / 251
일체지一切智 / 166
일행삼매一行三昧 / 67, 182

자연지自然智 / 166
장식藏識 / 109
점교漸敎 / 71, 225
점문漸門 / 71, 148, 225
점설漸說 / 250
점수漸修 / 241, 243
정려靜慮 / 61
『정명경淨名經』 / 72, 182, 323
정진 / 280
정혜定慧 / 61
제다가提多迦 / 86
제바提婆 / 158
제일의제第一義諦 / 217
조나稠那 / 90
『주례』 / 46
『주역약례周易畧例』 / 50
중도제일의제中道第一義諦 / 216
『중론』 / 154, 221
증오證悟 / 238
지계 / 280

지공志公 / 320
지관문止觀門 / 280
『지도론』/ 154
『지론』/ 195, 209
진성眞性 / 133
진성종眞性宗 / 155
진실심眞實心 / 109
진심이 곧 성性임을 드러내 보여 주는 교
  (現示眞心卽性教) / 119, 163, 263
진여삼매眞如三昧 / 67
진제眞諦 / 194
질다야質多耶 / 108
집기심集起心 / 108

천친天親 / 158
천태天台 / 44, 69, 90, 122, 125
천태종天台宗 / 217
청변淸辯 / 159, 161
청월 국선淸月國禪 / 327
체공體空 / 269
초발심初發心 / 285
최상승선最上乘禪 / 67
축기돈逐機頓 / 229
축기돈교逐機頓教 / 228
축기점逐機漸 / 227

파상破相 / 228
파상교破相教 / 158, 186, 227

팔식八識 / 107
팔정八定 / 68, 99

하택荷澤 / 45, 90, 99, 125, 179
『해심밀경』/ 147
현량見量 / 97
현종玄宗 / 149
혈맥血脉 / 250
혜능 / 43
혜문慧聞 / 320
혜조慧稠 / 122, 320
호법護法 / 159, 161
홍주洪州 / 99
『화엄경』/ 77, 175, 186, 196, 228, 230,
  232, 233, 239, 251, 263, 291, 316
  「묘엄품」/ 254, 257
  「문명품」/ 170, 201
  「출현품」/ 166, 254, 256, 258
  「회향품」/ 170, 201
화엄회중華嚴會中 / 257
화의돈化儀頓 / 229, 233
화의점化儀漸 / 227
『황정경』「오장론」/ 107, 108
흘리타야紇利陀耶 / 107

한글본 **한국불교전서**

조·선·출·간·본

조선1 작법귀감
백파 긍선 | 김두재 옮김 | 신국판 | 336쪽 | 18,000원

조선2 정토보서
백암 성총 | 김종진 옮김 | 4X6판 | 224쪽 | 12,000원

조선3 백암정토찬
백암 성총 | 김종진 옮김 | 4X6판 | 156쪽 | 9,000원

조선4 일본표해록
풍계 현정 | 김상현 옮김 | 4X6판 | 180쪽 | 10,000원

조선5 기암집
기암 법견 | 이상현 옮김 | 신국판 | 320쪽 | 18,000원

조선6 운봉선사심성론
운봉 대지 | 이종수 옮김 | 4X6판 | 200쪽 | 12,000원

조선7 추파집·추파수간
추파 홍유 | 하혜정 옮김 | 신국판 | 340쪽 | 20,000원

조선8 침굉집
침굉 현변 | 이상현 옮김 | 신국판 | 300쪽 | 17,000원

조선9 염불보권문
명연 | 정우영·김종진 옮김 | 신국판 | 224쪽 | 13,000원

조선10 천지명양수륙재의범음산보집
해동사문 지환 | 김두재 옮김 | 신국판 | 636쪽 | 28,000원

조선11 삼봉집
화악 지탁 | 김재희 옮김 | 신국판 | 260쪽 | 15,000원

조선12 선문수경
백파 긍선 | 신규탁 옮김 | 신국판 | 180쪽 | 12,000원

조선13 선문사변만어
초의 의순 | 김영욱 옮김 | 4X6판 | 192쪽 | 11,000원

조선14 부휴당대사집
부휴 선수 | 이상현 옮김 | 신국판 | 376쪽 | 22,000원

조선15 무경집
무경 자수 | 김재희 옮김 | 신국판 | 516쪽 | 26,000원

조선16 무경실중어록
무경 자수 | 성재헌 옮김 | 신국판 | 340쪽 | 20,000원

조선17 불조진심선격초
무경 자수 | 성재헌 옮김 | 신국판 | 168쪽 | 11,000원

조선18 선학입문
김대현 | 성재헌 옮김 | 신국판 | 240쪽 | 14,000원

조선19 사명당대사집
사명 유정 | 이상현 옮김 | 신국판 | 508쪽 | 26,000원

조선20 송운대사분충서난록
신유한 엮음 | 이상현 옮김 | 신국판 | 324쪽 | 20,000원

조선21 의룡집
의룡 체훈 | 김석군 옮김 | 신국판 | 296쪽 | 17,000원

조선22 응운공여대사유망록
응운 공여 | 이대형 옮김 | 신국판 | 350쪽 | 20,000원

조선23 사경지험기
백암 성총 | 성재헌 옮김 | 신국판 | 248쪽 | 15,000원

조선24 무용당유고
무용 수연 | 이상현 옮김 | 신국판 | 292쪽 | 17,000원

조선25 설담집
설담 자우 | 윤찬호 옮김 | 신국판 | 200쪽 | 13,000원

조선26 동사열전
범해 각안 | 김두재 옮김 | 신국판 | 652쪽 | 30,000원

조선27 청허당집
청허 휴정 | 이상현 옮김 | 신국판 | 964쪽 | 47,000원

조선28 대각등계집
백곡 처능 | 임재완 옮김 | 신국판 | 408쪽 | 23,000원

조선29 반야바라밀다심경략소연주기회편
석실 명안 엮음 | 강찬국 옮김 | 신국판 | 296쪽 | 17,000원

| 조선 30 | 허정집
허정 법종 | 성재헌 옮김 | 신국판 | 488쪽 | 25,000원

| 조선 31 | 호은집
호은 유기 | 김종진 옮김 | 신국판 | 264쪽 | 16,000원

| 조선 32 | 월성집
월성 비은 | 이대형 옮김 | 4X6판 | 172쪽 | 11,000원

| 조선 33 | 아암유집
아암 혜장 | 김두재 옮김 | 신국판 | 208쪽 | 13,000원

| 조선 34 | 경허집
경허 성우 | 이상하 옮김 | 신국판 | 572쪽 | 28,000원

| 조선 35 | 송계대선사문집·상월대사시집
송계 나식·상월 새봉 | 김종진·박재금 옮김 | 신국판 | 440쪽 | 24,000원

| 조선 36 | 선문오종강요·환성시집
환성 지안 | 성재헌 옮김 | 신국판 | 296쪽 | 17,000원

| 조선 37 | 역산집
영허 선영 | 공근식 옮김 | 신국판 | 368쪽 | 22,000원

| 조선 38 | 함허당득통화상어록
득통 기화 | 박해당 옮김 | 신국판 | 300쪽 | 18,000원

신·라·출·간·본

| 신라 1 | 인왕경소
원측 | 백진순 옮김 | 신국판 | 800쪽 | 35,000원

| 신라 2 | 범망경술기
승장 | 한명숙 옮김 | 신국판 | 620쪽 | 28,000원

| 신라 3 | 대승기신론내의약탐기
태현 | 박인석 옮김 | 신국판 | 248쪽 | 15,000원

| 신라 4 | 해심밀경소 제1 서품
원측 | 백진순 옮김 | 신국판 | 448쪽 | 24,000원

| 신라 5 | 해심밀경소 제2 승의제상품
원측 | 백진순 옮김 | 신국판 | 508쪽 | 26,000원

| 신라 6 | 해심밀경소 제3 심의식상품 제4 일체법상품
원측 | 백진순 옮김 | 신국판 | 332쪽 | 20,000원

| 신라 12 | 무량수경연의술문찬
경흥 | 한명숙 옮김 | 신국판 | 800쪽 | 35,000원

| 신라 13 | 범망경보살계본사기 상권
원효 | 한명숙 옮김 | 신국판 | 272쪽 | 17,000원

| 신라 14 | 화엄일승성불묘의
견등 | 김천학 옮김 | 신국판 | 264쪽 | 15,000원

| 신라 15 | 범망경고적기
태현 | 한명숙 옮김 | 신국판 | 612쪽 | 28,000원

| 신라 17 | 대승기신론소기회본
원효 | 은정희 옮김 | 신국판 | 536쪽 | 27,000원

| 신라 18 | 미륵상생경종요 외
원효 | 성재헌 외 옮김 | 신국판 | 420쪽 | 22,000원

| 신라 19 | 대혜도경종요 외
원효 | 성재헌 외 옮김 | 신국판 | 256쪽 | 15,000원

| 신라 20 | 열반종요
원효 | 이평래 옮김 | 신국판 | 272쪽 | 16,000원

고·려·출·간·본

| 고려 1 | 일승법계도원통기
균여 | 최연식 옮김 | 신국판 | 216쪽 | 12,000원

| 고려 2 | 원감국사집
충지 | 이상현 옮김 | 신국판 | 480쪽 | 25,000원

| 고려 3 | 자비도량참법집해
조구 | 성재헌 옮김 | 신국판 | 696쪽 | 30,000원

| 고려 4 | 천태사교의
제관 | 최기표 옮김 | 4X6판 | 168쪽 | 10,000원

| 고려 5 | 대각국사집
의천 | 이상현 옮김 | 신국판 | 752쪽 | 32,000원

고려 6 법계도기총수록
저자 미상 | 해주 옮김 | 신국판 | 628쪽 | 30,000원

고려 7 보제존자삼종가
고봉 법장 | 하혜정 옮김 | 4X6판 | 216쪽 | 12,000원

고려 8 석가여래행적송·천태말학운묵화상경책
운묵 무기 | 김성옥·박인석 옮김 | 신국판 | 424쪽 | 24,000원

고려 9 법화영험전
요원 | 오지연 옮김 | 신국판 | 264쪽 | 17,000원

※ 한글본 한국불교전서는 계속 출간됩니다.

설암 추붕雪巖秋鵬
(1651~1706)

설암 추붕은 강동江東 사람으로 속성은 김씨이다. 법흥사의 종안宗眼에게 출가하여 체발하였고, 벽계 구이碧溪九二 선사에게 경론을 배웠다. 외모는 가냘프고 허약하였지만 눈빛만은 맑고 빛났던 것으로 전해진다. 계행이 청정하였으며, 사람들을 대할 때는 누구에게나 평등하여 귀천을 두지 않았다고 한다. 당대 화엄대가로 명성이 높았던 월저 도안月渚道安(1638~1715)을 찾아가니, 도안이 단번에 인정하고 의발을 전수하였다. 추붕은 10여 년간 월저의 문하에 머무르며 수학한 후 남방으로 내려와 불법을 홍포하였다. 또한 추붕은 동시대의 백암 성총栢庵性聰(1631~1700)이 임자도荏子島에서 불경을 수습한 이래(1681년) 새롭게 전개된 불교학 연구의 학풍을 성총과 함께 이끌어 간 인물이기도 하다. 추붕은 세수 56세(1706년)로 입적하기 전 『선원제전집도서과평』 외에 많은 시와 글들을 남겼다. 이러한 시문을 모은 것이 『설암잡저雪巖雜著』 3권과 『설암선사난고雪巖禪師亂藁』 2권이다. 그는 비교적 이른 나이에 입적하였지만, 학문에 대한 열정과 후진 양성의 간절한 뜻은 학자들의 사표가 되기에 부족함이 없었다.

옮긴이 이정희

동국대학교 대학원에서 「원효의 실천수행관 연구」로 박사학위를 취득하고, 동국대학교 불교문화연구원의 교수로 재직하였다. 논문으로 「원효의 三性說을 통한 空有 사상 종합」, 「『십문화쟁론』과 관련된 몇 가지 문제점」 등이 있고, 역서로 원효의 『십문화쟁론』과 『미타증성게』 등이 있다.

증의 및 윤문
황금연(전 동국대학교 불교학술원 전임연구원)